财政与金融

主　编　韩小红　施　阳
副主编　王　冰　李　鹏　杨　静
　　　　成　铖　朱　微

北京理工大学出版社
BEIJING INSTITUTE OF TECHNOLOGY PRESS

版权专有　侵权必究

图书在版编目（CIP）数据

财政与金融/韩小红，施阳主编．—北京：北京理工大学出版社，2019.8（2021.8 重印）
ISBN 978－7－5682－7292－6

Ⅰ.①财…　Ⅱ.①韩…②施…　Ⅲ.①财政金融－高等学校－教材　Ⅳ.①F8

中国版本图书馆 CIP 数据核字（2019）第 146147 号

出版发行 / 北京理工大学出版社有限责任公司	
社　　址 / 北京市海淀区中关村南大街 5 号	
邮　　编 / 100081	
电　　话 /（010）68914775（总编室）	
（010）82562903（教材售后服务热线）	
（010）68944723（其他图书服务热线）	
网　　址 / http：//www.bitpress.com.cn	
经　　销 / 全国各地新华书店	
印　　刷 / 三河市天利华印刷装订有限公司	
开　　本 / 787 毫米×1092 毫米　1/16	
印　　张 / 14.5	责任编辑 / 潘　昊
字　　数 / 345 千字	文案编辑 / 潘　昊
版　　次 / 2019 年 8 月第 1 版　2021 年 8 月第 3 次印刷	责任校对 / 周瑞红
定　　价 / 39.80 元	责任印制 / 施胜娟

图书出现印装质量问题，请拨打售后服务热线，本社负责调换

前　言

本书由教授财政与金融课程的教师及企事业单位人员共同编写，可作为财经类高等院校经济、贸易、投资、会计等专业的理论课教材，也可作为其他专业开设财政金融类选修课程的选用教材。

本书重点阐述了财政、金融两大领域的基本知识、基础理论和基本原理，是适用于安排在同一学期学习财政和金融两大方面知识课程的备选教材。

本书涵盖了财政与金融两大领域的内容：财政部分主要阐述社会公共需要、公共物品、公共财政、财政职能、财政收支、财政支出、政府预算的管理、财政体制的相关概念；金融部分主要阐述金融的基本概念、金融机构的概述、金融监管机构的内容、金融市场的内容、货币供求的相关问题、国际金融的概念、财政政策和货币政策的内容。本书遵循内容全面、通俗易懂的编写原则，经过认真、细致的推敲与设计，财政部分加入大量案例分析，将抽象的财政知识通过鲜活的案例加以巩固和理解。金融部分囊括了大量的知识拓展、习题及习题解析，通过知识拓展将金融部分的发展脉络一一呈现给广大读者，通过习题设计及答案解析让任课教师和学生们能更加轻松地完成本课程的授课和学习。这样的设计既体现本层次教材的特点，满足本层次教学的需要，又做到原理上严谨、内容上新颖、结构科学合理、文字精练朴实。

本书由山东青年政治学院的韩小红、施阳担任主编，烟台经济技术开发区古现街道办事处的王冰，青岛恒星科技学院的李鹏，山东青年政治学院的杨静、成铖，大庆师范学院的朱微担任副主编。

本书在编写过程中，吸取了广大财政与金融理论研究者的研究成果，也借鉴了很多有关财政与金融研究的网络资料，在此表示感谢。

本书限于首次编写，难免出现不足之处，敬请广大师生给予批评指正，以便更好地服务于广大师生。

编　者

目 录

第一章 财政导论 (1)
第一节 市场与政府 (1)
第二节 财政概述 (7)
第三节 财政职能 (9)

第二章 财政支出 (17)
第一节 财政支出概述 (17)
第二节 财政支出的主要内容 (21)
第三节 财政支出绩效评价 (24)

第三章 财政收入 (30)
第一节 财政收入概述 (30)
第二节 税收收入 (32)
第三节 非税收入 (37)
第四节 公债 (39)

第四章 财政体制 (45)
第一节 财政体制概述 (45)
第二节 分税制财政体制 (49)
第三节 政府间转移支付 (54)

第五章 政府预算 (63)
第一节 政府预算概述 (63)
第二节 政府预算的分类 (64)
第三节 政府预算的程序 (67)

第六章 金融导论 (75)
第一节 金融与金融体系 (75)
第二节 货币 (78)
第三节 信用 (85)
第四节 利率 (90)

第七章 金融机构 (101)
第一节 金融机构体系 (101)
第二节 中央银行 (104)
第三节 政策性银行 (111)
第四节 商业银行 (114)
第五节 金融监管机构 (123)

第八章 金融市场 (128)
第一节 金融市场概述 (128)

第二节　金融工具 …………………………………………………………（129）
　　第三节　货币市场 …………………………………………………………（133）
　　第四节　资本市场 …………………………………………………………（133）
　　第五节　外汇市场与黄金市场 ……………………………………………（137）
第九章　货币供求 ………………………………………………………………（142）
　　第一节　货币供应 …………………………………………………………（142）
　　第二节　货币需求 …………………………………………………………（146）
　　第三节　货币均衡 …………………………………………………………（153）
第十章　国际金融 ………………………………………………………………（162）
　　第一节　国际收支 …………………………………………………………（162）
　　第二节　外汇 ………………………………………………………………（175）
　　第三节　国际货币体系 ……………………………………………………（184）
第十一章　财政政策与货币政策 ………………………………………………（200）
　　第一节　财政政策 …………………………………………………………（200）
　　第二节　货币政策 …………………………………………………………（205）
　　第三节　财政政策与货币政策的配合 ……………………………………（212）

第一章 财政导论

市场作为资源配置的方式，若能达到效率和公平这两个目标，市场运作的效果就是令人满意的。但现实是市场并非万能，会存在市场失灵的情况。而市场失灵的出现则为政府介入市场进行调控提供了理论基础。令人遗憾的是，政府也存在政府失灵的情况。我们面临的，不是要在完美的市场和完美的政府之间进行选择，而是要在不完美的市场和不完美的政府之间进行选择，故政府介入市场是非常有必要的。

政府介入市场调控经济活动，需要大量的人力、物力和财力的配合，这便引出了财政。通过本章的学习，你将理解市场失灵和政府失灵；理解财政的相关概念和特征；理解财政的职能。

第一节 市场与政府

一、社会公共需要

市场与政府作为两种资源配置方式，它们的运行机制是不同的，但它们的目的或目标却是相同的，即都是为了满足人类社会的需要，实现公平与效率兼顾的目标。人类社会的需要尽管五花八门，但从最终需要来看无非是两类需要：一类是私人个别需要，一类是社会公共需要。在现代市场经济条件下，由市场提供私人物品用于满足私人个别需要，由以政府为代表的国家公共部门提供公共物品用于满足社会公共需要。

（一）社会公共需要的特征

1. 非加总性

社会公共需要是社会公众在生产、生活和工作中的共同需要，它不是普遍意义上的个人个别需要的简单数学加总。

2. 无差异性

为了满足社会公共需要而提供的公共物品，可以无差别地由多人共同享用，即多增加一人享用该产品的边际成本为零。并且一个人或一些人享用这种公共物品，并不排斥其他人共同享用。

3. 代价的非对称性

社会成员享用为满足社会需要的公共物品，无须付出任何代价，或只需支付少量与提供这些公共物品的所费不对称的费用。

4. 外部性

为满足社会公共需要而提供的公共物品一般具有外部效应。外部效应是指某个消费者的消费行为或生产者的生产行为给其他消费者或生产者带来利益或损失。外部效应往往会导致公共物品供给的过度与不足。

5. 整体性

社会公共需要由所有社会成员作为一个整体共同提出，而非由某一个体或组织单独或分别提出。

6. 强制性

社会公共需要只能依托政治权力动用强制性的手段得以实现，而非遵从个人意愿通过市场交换的行为加以实现。

（二）社会公共需要的层次

保证社会公共需要是一国公共财政的职责，分为三个层次：

第一层次，完全的社会公共需要，如国防、外交、公安、司法、行政管理、普及教育、卫生保健、基础科学研究和生态环境保护等。这类需要是最典型、最基本、最纯粹的社会公共需要，是社会公共需要的最高层次。

第二层次，准社会公共需要。这类需要是介于社会公共需要和私人个别需要之间，在性质上难以区分的一些需要，其中一部分或大部分要由政府补助才能得以满足，如高等教育、保险基金、抚恤救济金、价格补贴等，都属于这类需要。这是社会公共需要的第二层次。

第三层次，视同社会公共需要，如邮政、电信、民航、铁路、公路、煤气、电力、钢铁等。这些需要虽然具有社会公共需要的特征，但在享用这些需要的同时，需要社会成员支付一定的费用，这是社会公共需要的第三层次。

二、市场失灵

按照传统的经济学理论，市场是一种有效率的运行机制。但市场机制也有其本身固有的缺陷，当竞争性制度不能提供帕累托效率结果时，市场失灵便会出现，此时需要政府的介入。市场失灵为政府介入或干预经济运行提供了必要性和合理性的依据，这也是分析和研究政府与市场关系的基础。

由此我们可以给市场失灵下一个简单的定义，即市场失灵是指市场无法有效率地配置资源。市场失灵又可分为两大类：一类是技术市场失灵，是内在于市场体系的配置无效率问题，如垄断；另一类是社会市场失灵，即虽然在技术上是有效率的市场，但仍会产生令一部分人不满意或不接受的情况，如收入不公、价格水平不稳定等。也正是社会市场失灵的存在和日益凸显，才促使马斯格雷夫以及后来的经济学家把政府干预从资源配置领域扩大到其他领域，相应的财政职能也得到了丰富和发展。

（一）资源配置领域的市场失灵

1. 公共物品

公共物品具有非排他性和非竞争性的特征。这意味着市场定价机制遇到困难，因为市场机制排斥那些不愿意支付现行价格的人消费某种产品或服务。但是若存在非排他性，卖方便不可能向买方索取价格，因为后者在任何情况下都可以免费消费，这就是所谓的"搭便车"现象。但是从另一角度讲，利用市场机制排斥人们享用公共物品则是低效率的，因为多一个人消费并不增加成本，亦即允许更多的人消费公共物品的边际成本为零。

因为公共物品具有以上性质，所有人都相信无论自身对社会是否做出贡献，都能从公共物品中得到益处，因而不愿意主动付费。正因为如此，私人企业也就没有动力生产和销售这类物品或服务，即便提供，数量也会不足。这一事实为政府的介入提供基本依据。从本质上讲，生产公共物品与市场机制的作用是矛盾的，但公共物品是全社会成员所必须消费的产品，它的满足状况也反映了一个国家的福利水平。鉴于此，公共物品生产滞后与社会成员需要之间的矛盾则显得十分尖锐。

2. 外部性

外部性也称外部效应或溢出效应。外部性概念的定义问题至今仍然是一个难题。有的经济学家把外部性概念看作经济学文献中最难定义的概念之一。

外部性具有正外部性和负外部性之分。当出现正外部性时，生产者的成本大于收益，利益外溢，生产者得不到应有的效益补偿；当出现负外部性时，生产者的成本小于收益，受损者得不到效益补偿。故外部性的存在导致完全依靠市场竞争不可能形成理想的效率配置。

无论正外部性导致的某些供应不足还是负外部性导致的某些供应过度，均会造成资源配置的低效率，此时便需要政府对市场机制进行干预。政府既可以采用法律手段和行政手段进行干预，也可以利用经济手段来矫正外部性。政府采取的经济手段主要是税收和财政补贴：对正外部性给予适当补助鼓励，对负外部性加税以缩小产量。除上述之外，还有另外的处理方法：合并与外部性有关的企业，使外部性内部化；通过重新分配产权，由私人交易自行解决。

著名的科斯定理指出，只要交易无障碍（交易费用为零），不管最初产权归属，市场机制所导致的均衡最终就会达到资源的最优配置，即帕累托最优。

3. 规模收益递增

为了保证市场机制能够发挥调节经济的作用，必须有充分的竞争。然而在现实生活中，产品之间总是有差别的，存在着不同程度的不可替代性，并且交通费用等交易成本也往往阻碍着资源的自由转移。这些都会增强个别厂商影响市场的能力，从而削弱市场的竞争性。

例如像自来水、电话、供电等自然垄断行业，大规模的生产可以降低平均成本，提高收益，即存在行业的规模经济。在这些领域内，一旦某个公司占领了一定的市场，实现了规模经营，就会阻碍潜在的竞争者进入。因为新进入该行业的公司，由于生产达不到一定的规模，成本会高于现有的大公司。因此，在规模经济显著的行业，特别容易形成（自然）垄断。在存在垄断的情况下，垄断者凭借自身的垄断优势，往往使产品价格和产出偏离社会资源的最优配置要求，其后果是剥夺了消费者剩余，造成社会福利的净损失，既不公平也不效率。为此，各国都致力于削弱垄断的势力，如制定反垄断法或通过政府自己生产（公共生产）或公共定价办法，来达到更高效率的产出。西方国家法律凡认定为企业存在垄断行为，就一定要对其进行制裁，常见的办法就是将现有的垄断公司进行拆分。

政府干预最常见的措施：通过规定价格或收益率来管制垄断；在垄断行业建立公共企业，并从福利或效率角度而不是盈利角度出发制定价格。

4. 风险与不确定性

竞争性市场体系有效的一个前提是存在完全确定性。就是说，无论是消费者还是生产者都假定在确定性的情况下知道所有商品和生产要素的现行价格和未来价格。在现实中，未来的事件是不确定的，未来的价格也是如此，它们依附于偏好、人口、技术等的变化以及各种偶然事件。

风险与不确定性现象在经济生活中无处不在。它们至少使市场体系产生两个问题：①市场供应不足，特别表现在资本市场上。对于低息或无息贷款（学生贷款、农业贷款等）私人不愿意提供；私人保险市场亦如此。②缺乏足够的信息。

应对风险与不确定性，政府可采取的干预措施：介入风险大的市场，以弥补市场之不足；通过有效的财政措施鼓励非政府部门勇于承担风险。同时为弥补信息不足，政府应提供一些必要的信息。

（二）经济运行领域的市场失灵

1. 失业

在竞争性市场条件下，企业对劳动力的需求取决于两个因素：雇用劳动力所能带来的收益和雇用劳动力应支付的工资。当增加雇用劳动力所带来的利润大于为此支付的工资时，企业对劳动力的需求增加。企业最终雇用劳动力数量是实际工资与劳动力的边际物质产量相等时的数量。

失业是由需求不足和工资刚性造成的，市场机制不可能自动地使经济趋于充分就业均衡。

当经济运行中出现大量失业、陷入经济衰退时，政府采取适当的反失业政策，以增加就业、降低失业率。政府可以采取以下措施：采用扩张性财政政策，刺激总需求，从而增加对劳动力的需求；利用各种收入政策，直接或间接地调控工资水平，消除由真实工资水平过高引起的失业；为劳动力直接提供或支持、鼓励非政府部门提供有关劳动力市场的信息，或通过人力投资，提高劳动力素质，以减少结构性失业。

2. 通货膨胀

宏观经济学将通货膨胀分为需求拉动的通货膨胀和成本推进的通货膨胀。当对产品和服务的需求超过了在现行价格条件下可能的供给时，一般物价水平会上升，就产生了需求拉动的通货膨胀。市场机制虽然能够对这种通货膨胀做出反应，但单靠市场机制的作用力度是不够的，而且时滞较长，这就需要政府干预。

供给方面的通货膨胀成因主要有两方面：工会得到较高的工资；垄断行业的企业得到较高的价格。此两方面造成成本（利润）推进型通货膨胀。

政府为消除通货膨胀都会采取强力措施。对于抑制需求拉动型通货膨胀，政府财政政策的效力较大而且较为直接，因为政府购买性支出直接构成总需求的一部分，税收也是增减可支配收入的直接因素。因此，政府可通过减少购买性支出和（或）增加税收的方法来减轻通货膨胀压力。在抑制成本推进型通货膨胀时，紧缩性财政政策的效力是有限的。因为政府依靠紧缩性财政政策在减少总需求的同时，也可能限制投资支出率，减缓劳动生产率的增长，使总供给增长缓慢，最终可能会加重通货膨胀的压力。因此，在消除这种通货膨胀时，政府可能要采取一些管制措施，如工资管制和价格管制等。

（三）收入分配领域的市场失灵

市场经济的自动运行，不可能实现帕累托最优。即使市场经济能够达到帕累托最优，也需要政府干预。因为市场机制追求的是资源配置效率而没有顾及公平。即市场机制能够保证过程的公平，但不能保证结果的公平。

一般来说，收入分配涉及两个层次的内容：一是功能收入分配，二是规模收入分配。

功能收入分配又称要素收入分配，它研究劳动、资本、土地等生产要素所得的收入在国民收入分配中所占的份额，即从收入来源的角度来研究收入分配。

规模收入分配又称个人或家庭收入分配，它研究处于不同阶层的个人或家庭得到的收入在国民收入中所占的份额，即从收入所得者的规模与所得收入规模之间关系的角度研究收入分配。显然人们通常所讲的收入分配是指后一层意思，即规模收入分配。即处于不同阶层的个人或家庭所得到的收入有多大差距。不过二者有一定的联系：规模收入分配受功能收入分配的制约。这在私有制国家表现得特别明显。所以这就更需要政府在功能收入分配的差距表现得特别大时，通过调节规模收入分配以达到公平分配的目的。

所谓收入分配不公，是指在特定时期内收入和财富的分配与社会公认公平标准不相符合的状态。

是什么原因造成了收入分配差距悬殊呢？在理论上，影响收入分配的因素可分为：受教育和训练的机会；天赋能力；财产所有权；操纵市场的能力；其他偶然因素（如疾病、事故和其他不幸等）。一般来说，这些因素都属于机会不公平。机会公平就是每个人都以同样的机会开始生活、获得收入。

收入分配差距的大小可以作为收入分配公平与否的测量尺度。但是，人们对于价值的判断影响对"公平"的理解。而价值判断在不同的社会、不同的时期、不同的地点，甚至在相同情况下不同的人，都会有不同的价值判断标准。为了解不同阶层的个人或家庭所得收入差距的大小，经济学界通常使用洛伦兹曲线进行衡量，其指标是基尼系数。

洛伦兹曲线用以比较和分析一个国家在不同时代或者不同国家在同一时代的财富分配情况，该曲线作为一个总结收入和财富分配信息的便利图形方法得到广泛应用。通过洛伦兹曲线，可以直观地看到一个国家收入分配平等或不平等的状况。如图1-1所示，画一个矩形，矩形的高衡量社会财富的百分比，将之分为五等份，每一等份为20%的社会总财富。在矩形的长上，将所有家庭从最贫者到最富者自左向右排列，也分为五等份，第一个等份代表收入最低的20%的家庭。在这个矩形中，将每一等份的家庭所有拥有财富的百分比累计起来，并将相应的点画在图中，连接所有的点得到的曲线就是洛伦兹曲线。图形的底边（横轴）代表收入获得者在总人口中的百分比，图形的左边（纵轴）显示的是各个百分比人口所获得收入的百分比。图形的对角线为均等线，即收入分配绝对平等线，现实中是不存在的。实际收入分配曲线（洛伦兹曲线）都在均等线的右下方。

基尼系数是根据洛伦兹曲线得出的判断收入分配公平程度的指标。如图1-1所示，设实际收入分配曲线和收入分配绝对平等曲线之间的面积为A，实际收入分配曲线右下方的面积为B，则A除以$(A+B)$的商即为基尼系数，其大小介于0和1之间。基尼系数的大小表示收入分配不平等的程度。若一国基尼系数为0，则表示该国收入分配绝对平等；若一国基尼系数为1，则表示该国收入分配绝对不平等。若是介于0和1之间，则基尼系数越大，表示收入分配越不平等；基尼系数越小，表示收入分配越趋于平等。

收入分配不公平可能会导致许多严重的后果。如贫富悬殊会对经济可持续发展产生阻力，阻碍市场健康发展，影响社会稳定，甚至威胁到政权体制。所以，政府必须适度干预收入分配，缩小贫富差距，实现收入分配的相对公平。

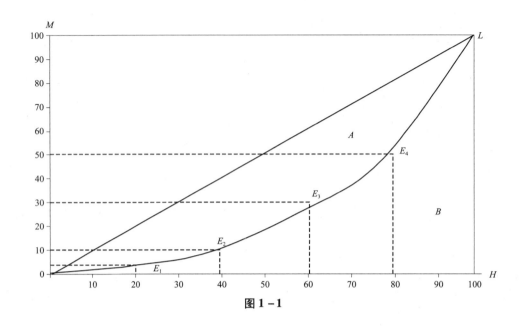

图 1-1

三、政府失灵

为解决市场失灵,政府需要介入市场进行干预。但政府干预并非万能的,也有其局限性,即也会失灵。所谓政府失灵,指政府为弥补市场失灵而对经济、社会生活进行干预的过程中,由于政府行为自身的局限性和其他客观因素的制约而产生的新缺陷,进而无法使社会资源配置效率达到最佳的情景。概括地讲,政府失灵包括以下几种情况:

由于行为能力和其他客观因素制约,政府干预经济活动达不到预期目标。

政府干预经济活动达到了预期目标,但效率低下,或者说成本昂贵,导致资源并未得到充分有效地利用。

政府干预经济活动达到了预期目标,也有较高的效率,但带来事先未曾预料到的副作用。

某些外部性问题或国际性经济贸易问题,一国政府无力独自解决,如核利用中的污染问题、国际贸易纠纷问题等。

20世纪60年代以来,人们逐渐开始关注并探讨政府公共决策的特点,对政府干预的作用及其局限性有了崭新的认识。这里我们主要介绍两方面的内容:公共决策主体的局限性和投票悖论。

(一)公共决策主体的局限性

在资源配置方面,提供公共产品的公共部门与私人部门不同。私人部门提供产品的供求关系完全由价格机制进行传导,在竞争充分的市场上,价格机制的最终结果是有效率的。而公共产品的供给决策是由政治家及其任命的官员做出的,而需求决策则可以理解为纳税人以政治选票进行公共选择的过程,即纳税人依据一定的规则,共同确定集体行动方案。但是无论是经济市场的私人部门还是政治市场的公共部门,其参与活动的最终目的都是一样的,即追逐自身利益的最大化。作为公共产品的需求方,纳税人按照规定的投票规则和程序对公共产品决策的备选方案进行投票。但是备选方案的信息主要依靠政治家和媒体免费提供,故其没有方案的完全信息,其投票结果并不一定是最优的;而作为公共产品的供给方,主要是政治家和官员，官员由当选政治家任命，具体负责公共产品的生产和供给。政治家和官员追求的目标不同，故制定的公共产品供给决策也不同，即便相同的决策，官员执行的结果也会不同。并且由于信息不对称，政治家往往很难监督官员的行为。综上，在提供公共产品的政治市场上，无论是公共产品的需求方还是供给方，在做决策时均存在一定的局限性。

（二）投票悖论

在现实的公共决策过程中，一项提案是否通过，人们偏好用多数票规则进行表决，最基本、最常用的多数票规则是简单多数票规则，即假如一项提案能够获得半数以上的赞成票，则该提案就获得通过。而当提案数大于2时，简单多数票规则要求对提案进行两两比较，并按照比较结果的传导性，最终确定通过的提案。即假如a被认为优于b，b被认为优于c，若投票止于此，则a一定优于c。但现实情况是，在面临多个提案时，传导机制未必有用，即多数票决策规则并非总能达成明确的结果。假如现在面临三个提案a、b、c，a被认为优于b，而b被认为优于c，而c被认为优于a，若是这样的情形，则投票结果不存在。这意味着简单多数票规则将无法得出明确的结果，即投票结果不存在，这即为投票悖论。仔细分析不难得出，投票的最终结果与投票顺序有关。故假如人们事先就知道这种影响，他们就会在投票之前选择对自己有利的投票顺序，这也是公共决策的局限性之一。

由以上分析可知，市场和政府均会存在低效率甚至无效率的情况，即失灵。尽管人们常寄希望于政府机制这只"看得见的手"，但是一个缺乏必要规范与制约的政府不仅难以使市场经济运作得更好，反而经常使事情变得更糟。

可见，依靠政府解决市场失灵是不现实的。现实情况是，我们并不是要在不完美的市场与完美的政府之间选择，也不是要在完美的市场与不完美的政府之间选择，而是要在不完美的市场与不完美的政府之间选择，或者说，要在不完美的程度、失灵的程度以及类型之间进行抉择。因此，只有正确认识政府失灵，意识到各种机制的局限，才能在制度设计与创新方面更有作为，最终让公共产品供给的政治决策更有效率地运转。

第二节 财政概述

前面提到市场存在市场失灵的情况，故需要一定程度的政府干预和财政介入，以矫正市场失灵的问题。虽然政府机制同样存在失灵的情况，但对于经济的宏观调控是不可或缺的。

一、财政的概念

财政（Government Finance）是指国家（政府）集中一部分社会资源，用于为市场提供公共物品和服务，满足社会公共需要的分配活动或经济行为，是与市场经济体制相适应的一种财政管理体制。它有三个基本构成要素：主体、客体和目的。

（一）财政主体

就现代财政分配的主体来看，"国家财政论"与"公共财政论"的学者们并无多大分歧，一致认同国家或政府在财政收支活动中负有特殊重要地位，国家或政府就是财政分配的主体，其他社会组织、经济组织、文化组织、企业、事业单位所进行的分配活动，不属于财政分配活动，只有以国家为主体的分配活动，才是财政分配活动。这里所讲的分配，既包括生产要素的分配，通常指资源配置；也包括生产成果的分配，即对单位和个人的收入分配的安排和调整。

(二) 财政客体

财政客体即财政分配的对象，是国民生产总值（GNP），主要是指国民收入的一部分。在社会商品总价值量中，财政分配的主要对象是 C+V+M，也就是一定时期一国新创造的价值量。其中，"M"是剩余价值，是财政分配资金的最主要来源。"C"被马克思称为补偿基金的部分，即生产资料消耗的部分，1985 年国家取消集中企业折旧基金以后，基本上不再构成财政收入的来源。

(三) 财政目的

财政目的即国家或政府为什么要进行财政分配。"国家财政论"者认为，是保证社会公共需要。目前保证社会公共需要的范围主要是三方面：一是公共权力方面，即国家行政管理机构的费用，国防、外交、公检法等的支出需要；二是公共事业福利方面，即普及教育、公共卫生、基础科学、环境保护、社会保障、扶贫救济等的支出需要；三是公共基础设施方面，包括各种国有铁路、高速公路、机场、海港、码头，江河湖海治理，各种水利设施和防灾减灾设施等的支出需要。

二、财政的主要特征

从生产关系的角度看，财政是以国家或政府为主体的分配关系，这是财政的本质。同时它具有以下几方面特征：

(一) 公共性

财政着眼于满足社会公共需要。财政的职能范围是以满足社会公共需要为口径界定的，凡不属于或不能纳入社会公共需要领域的事项，财政无须介入；凡属于或可以纳入社会公共需要领域的事项，财政就必须涉足。

(二) 非营利性

在市场经济条件下，政府作为社会管理者，其行为的动机不是也不能是取得相应的报偿或盈利，而只能以追求公共利益为己任。表现在财政收支上，财政收入的取得，要建立在为满足社会公共需要而筹集资金的基础上；财政支出的安排，要始终以满足社会公共需要为宗旨。

(三) 法制性

法制性即财政收支行为规范化。财政以满足社会公共需要为基本出发点，与全体社会成员的切身利益直接挂钩。不但财政收入要来自社会成员的缴纳，财政支出要用于向社会成员提供公共物品和服务的事项，而且财政收支出现差额带来的成本和收益，最终仍要落到社会成员的身上。既然大家的事情大家都有份，社会成员对于国家财政的运作便有强烈的监督意识，从而要求和决定着政府财政收支行为的规范化：以法制为基础、全部政府收支进预算、财税部门总揽政府收支。

三、我国财政体系的建设和完善

我国社会主义市场经济的建立和发展，必然要建立有中国特色的社会主义公共财政。而这是一个渐进的过程，最重要的一个问题就是政府职能的转变。只有真正把政府职能转变到经济调节、市场监管、社会管理和公共服务上来，才能完善中国特色社会主义财政体系。

（一）加强经济调节职能

加强政府经济调节职能，必须确定政府经济管理权限，按照市场经济要求，政府退出经济管理范围，交由市场去管理。政府是宏观经济调控的主体，政府职能转变是提高宏观经济调控能力的基本前提。而进一步转变政府经济职能的着力点，是按照市场经济的要求继续推进政企分开，同时积极推进政资分开，逐步建立管资产和管人、管事相结合的国有资产管理体制，把政府经济职能真正转变为以宏观调控为重心。在我国市场经济条件下，政府经济调节职能得到加强，政府利用经济手段为全社会提供更多社会需求的公共产品。只有加强政府经济调节职能，才能推动我国经济社会又好又快地发展。

（二）加强市场监管职能

作为政府职能转变重点之一的市场监管，是指政府通过法律法规并依法对包括一般商品市场（消费品市场和生产资料市场）和生产要素市场（金融市场、劳动力市场、技术与信息市场、房地产市场、产权市场等）中的一切行为进行监管。在市场经济条件下，市场是配置资源的主要方式。但实践证明，市场不是万能的，市场有失灵的时候，政府的职能就是通过规范与监管市场，解决市场无法解决的问题。因此，在当前形势下，要以市场为中心，凡是市场能提供的产品和能满足的需求，尽量由市场来提供，而政府则要加强自身的市场监管职能，在市场失灵的领域发挥应有的作用。

（三）加强社会管理职能

在建设社会主义市场经济中，发挥市场对资源配置的基础作用，使生产关系适应生产力的发展要求。而政府进行社会管理，制定和执行有利于市场经济健康发展的法律和法规，调节全社会的收入分配，协调地区之间的差异，解决就业压力，促进市场健康协调发展。

（四）加强公共服务职能

所谓公共服务是指满足人民生活、生存与发展的直接需求，能使人民受益或享受。公共服务不同于政府的经济调节、市场监管、社会管理，这些政府行为的共通之处是不能使人民的某种具体需求得到满足。加强政府的公共服务职能就要不断扩大就业，加强对就业的指导和扶持；不断扩大社会保障的覆盖面，加快建立和完善与经济发展水平相适应的社会保障体系；不断加大对教育的投入，提高政府公共教育服务水平，尤其是要提高义务教育的质量和普及程度等。只有这样，政府才能在市场失灵的领域内更好地为人民提供产品和服务，提升人民的幸福感，并最终促进经济社会的和谐发展。

第三节 财政职能

财政职能是指财政作为国家依托政治权力分配社会产品，调节经济活动的重要手段所具有的职责和功能，是由财政本质所决定的，是不以人的意志为转移的。财政具有资源配置、收入分配、稳定经济三大职能。

一、资源配置职能

（一）资源配置职能的概念

所谓资源配置，是指通过对现有的人力、物力、财力等社会经济资源的合理调配，实现资源结构的合理化,使其得到最有效地使用,获得最大的经济效益和社会效益。财政的资源配置职能是指政府通过财政收支以及相应的财政税收政策,调整和引导现有经济资源的流向和流量,以达到资源的优化配置和充分利用,实现最大的经济效益和社会效益的功能。

(二) 资源配置职能的内容

1. 公共产品

公共产品是理论抽象的,在实践中通常把国防作为例子,但通常把法律设施、环境保护、行政管理服务、基础科学研究等也视作公共产品。

2. 准公共产品

准公共产品是指既有公共产品的特征,又有私人产品特征的产品,如教育、医疗等。对于准公共产品来说,政府需要参与资源配置,但通常产品的一部分成本需要由消费者(如受教育者)直接承担。由于准公共产品是由政府提供的,故生产准公共产品的部门是政府职能的延伸。

3. **自然垄断行业产品**

自然垄断行业产品的资源配置比较复杂,有时可以是财政从事资源配置,有时可以是市场从事资源配置,但实行政府管制。究竟采取何种方式,要以效率优先的原则视具体情况而定。

(三) 资源配置职能的目标

资源配置职能的目标是资源达到最有效的利用,即实现帕累托最优。帕累托最优(Pareto Optimality),也称为帕累托效率(Pareto Efficiency),是指资源分配的一种理想状态,假定固有的一群人和可分配的资源,从一种分配状态到另一种分配状态的变化中,在没有使任何人境况变坏的前提下,使至少一个人的境况变得更好。帕累托最优是公平与效率的"理想王国"。

(四) 资源配置职能的方式

财政资源配置方式是指政府提供公共产品的决定方式和资金供应方式。公共产品的决定方式也就是公共决策(公共选择)。公共产品多种多样,每个人的需求也都不一样,而且公共产品消费得多,私人产品的消费就要减少,反之亦同,因此公共产品的选择是有限的。财政分配形成既定的格局,其决定的原则是效率,而效率在实践中是通过政治程序决定的。政治程序要有效率,关键是要体现人民群众的意愿,政治程序的民主和科学可以使政府资源配置达到效率状态。

政府资源配置的资金提供方式也是通过政治程序完成的。既然是政府资源配置,当然由政府提供资金。政府一旦决定提供公共产品,就通过公共预算和预算外资金向公共部门提供资金。但政府的资金是通过法律法规从再生产领域取得的,公共部门则从事公共产品的具体生产与管理。因此,公共部门的组织和管理对于公共产品的生产效率有重要的意义。由于公共部门是依法组织起来的,公共部门的管理也是依法进行的,因此也要遵循市场效率的原则。即用尽可能少的资源生产出尽可能多的公共产品,或者生产某种满足需求的公共产品尽可能少用资源。政府筹措资金虽然采取无偿的形式,但是从效率法则的角度看,每个人给政府提供的资金应该等于其从公共产品中获得的收益。

对于公共产品的效率来说,由资源配置效率和生产效率组成。而资源配置方式实质上是财政运行机制,是一定制度建构下的必然反映。因此,提高公共产品的供给效率,实质上涉及政治体制的民主化、科学化和法制化的问题。

(五)资源配置职能的必然性

在市场经济体制下,起主导作用的是市场配置。从总体上说,市场配置是有效率的。但是,市场并不是完美无缺的,仅仅依靠市场机制并非在任何情况下都能实现资源的合理配置,它需要与财政配置相配合,才能达到整个社会资源的最佳配置。

在市场经济条件下,之所以必须进行财政资源配置,是因为:

(1)许多社会公共需要和公共产品无法通过市场来提供和满足,这些领域需要政府进行财政资源配置。

(2)市场配置有一定的盲目性,经济活动主体往往容易从自身的当前的经济利益出发,产生短期行为。而市场提供的错误信息,往往又会使经济活动主体步入歧途,这样必然会影响资源的合理配置和有效使用,故财政的资源配置便显得十分必要了。

二、收入分配职能

(一)收入分配职能的概念

财政收入分配职能是指通过财政分配活动实现收入在全社会范围内的公平分配,将收入差距控制在社会可以接受的范围内。收入分配职能是财政的最基本和最重要的职能。在社会再生产过程中,既存在着凭借生产要素投入参与社会产品分配所形成的社会初次分配过程,也存在着凭借政治权力参与社会产品分配所形成的社会再分配过程。初次分配是市场经济领域的分配活动,财政再分配则是政府经济领域的分配活动。两个领域收入分配的原则与机制是完全不同的,在收入分配中如何处理公平与效率的关系也不相同。

(二)收入分配职能的内容

1. 调节个人之间的收入分配关系

市场机制并非万能的,它对个人收入的分配尽管能体现效率准则,但却难以兼顾社会公平。由于人们的初始禀赋不同,即人们最初所拥有的财产不同,后天形成的劳动能力不同,会导致就业机会存在差异,进而造成社会成员之间收入的悬殊。这种收入差距不利于社会经济的发展,需要政府财政加以协调,故调节个人之间的收入分配关系成为财政收入分配职能的首要内容。

2. 调节部门及产业间的收入分配关系

现实生活中,由于各部门、各产业的特点和拥有社会资源的不同,其经营成本不同,最终造成相互之间存在利润的差距。按照市场的价值规律,社会资源会逐渐流入收益率较高的行业和部门,这必将破坏部门或产业间客观存在的均衡关系。为了促进经济的健康发展,必须调节部门及产业间的利益水平,这也是政府财政收入分配职能的重要内容之一。

3. 调节地区间的收入分配关系

在市场经济条件下,经济条件不同的地区由于要素禀赋不同,一定会形成收入分配不均的情况,进而导致本地区的社会成员所享受的福利悬殊,而生产要素向收入高的地区流动,更会加剧这种地区间收入的差距。这种差距不利于社会的和谐发展。要想缩小这种收入差距,仅仅依靠市场是难以完成的,必须让政府介入,通过财政的收入分配职能加以实现。

(三) 收入分配职能的目标

收入分配职能的目标是实现公平分配，而公平分配包括经济公平和社会公平两个层次。

经济公平，是市场经济的内在要求，强调的是要素投入和要素收入相对称，它是在公平竞争的环境下由等价交换来实现的。例如在个人收入分配上，实行按劳分配，即个人的劳动投入与劳动报酬相对称。

社会公平，是指将收入差距控制在现阶段社会各阶层居民能接受的合理范围内。平均不等于公平，甚至是社会公平的背离。

(四) 收入分配职能的手段

1. 税收

税收作为财政参与国民收入分配和再分配最常用的手段，通过降低高收入者的收入水平发挥促进收入分配公平的职能，尤其是一些具有所得税和财产税性质的税种，可以起到直接调节个人收入与财富水平的作用。此外，对主要由高收入者消费的产品或劳务课以重税，而对低收入者普遍消费的生活必需品实行低税、免税，甚至给予价格补贴也是普遍采用的办法。

2. 转移支付

转移支付是指将财政资金直接地、无偿地分配给特定的地区、单位和个人。作为一种直接的收入分配方式，转移支付通过提高低收入者的收入水平来改变收入分配不公的程度，一般有明确的受益对象和支付范围。具有转移支付性质的支出项目主要包括各种专项拨款和各类补贴支出，社会保障支出中的一些支出项目，如最低生活保障支出也具有转移支付性质。

3. 公共支出

通过提供公共物品向公众分配社会福利，也可对收入分配结果起到调节作用。例如，通过政府直接投资或给予补贴的方式，为那些能够使低收入家庭普遍获益的公共基础设施和服务提供资金，从而提高低收入者的社会福利，也是促进社会公平的有效手段。

(五) 收入分配职能的必然性

市场经济领域中的初次分配，贯彻的是"效率优先，兼顾公平"的原则。在一般情况下，我们对公平的理解主要是社会产品分配结果的公平。但结果的公平本身，受制于起点的公平和规则及过程的公平。没有起点的公平和规则及过程的公平，不可能真正实现结果的公平。市场经济之所以坚持效率优先，是因为：首先，市场经济中的初次分配依据的是生产要素的投入，生产要素的拥有者将自身拥有的生产要素投入生产过程，并凭借这种生产要素的投入参与生产结果的分配。而社会成员对生产要素拥有的数量与质量都不相同，这种起点的不同必将影响到结果分配，这实际上就是起点的不公平。在这种情况下，市场经济领域的初次分配不可能强调结果分配的公平，市场经济有可能做到规则和过程的公平，但无法做到结果的公平。如果市场经济刻意追求结果的公平，就不存在按生产要素投入的分配。其次，市场经济具有竞争性。在竞争性的作用下，资源利用效率比较低的企业有可能通过破产机制被淘汰，其利用的资源也会向资源利用效率较高的企业集中。这种竞争对市场主体来说是生与死的竞争。在生与死的竞争压力下，市场经济主体必须提高资源利用效率，将效率放在首位，没有一定的效率就没有生存的机会。这必然也会造成分配结果的不公平。

正因为如此，市场经济领域中的初次分配必然存在收入分配的差异，出现收入分配差距的拉大，这是市场经济本身无法避免的。从某种意义上说，这种收入分配差距的拉大具有进步意义，它可以刺激社会资源配置效率的提高，促进市场经济竞争力的增强。但是，从全社会范围看，收入分配差距如果过大，结果的不公平如果过于严重，就会直接影响到社会的稳定。社会收入分配不公是导致社会不稳定的重要因素。财政的收入分配职能就是通过财政的再分配活动，压缩市场经济领域出现的收入差距，将收入差距控制在社会可以接受的范围内。财政再分配必须坚持"公平优先，兼顾效率"的原则，将社会公平放在第一位，调整市场经济初次分配过程中出现的过大的收入分配差距，进而实现社会的稳定。这种以公平优先为原则的收入分配是市场经济本身无法实现的。这是因为：第一，财政参与社会产品分配的依据并不是生产要素的投入，而是国家的政治权力，政治权力对每一个社会成员来说都是共同的，这就使财政分配的起点比较公平。第二，国家政治权力是强制的，强制取得的收入就应当无偿用于全体社会成员。第三，财政提供的是公共产品，满足的是社会公共需要，而公共需要是全体社会成员无差别的需要，表现出明显的公共性。第四，财政分配的主体是国家，国家和政府的出发点与市场的出发点有明显区别，市场应更多地考虑竞争和生存，而国家和政府则应更多地考虑社会的稳定。从这个意义上说，财政收入分配职能是不可替代的重要职能，在维系社会稳定和保证社会成员共同富裕方面发挥着重要的作用。

三、稳定经济职能

（一）稳定经济职能的含义

财政经济稳定职能是指财政具有的协调和保证经济稳定的职能。具体含义是指通过税收和公共支出手段，实现充分就业、物价稳定、经济持续均衡增长、国际收支平衡等目标，以保证宏观经济的稳定增长。

1. 充分就业

充分就业是指有工作能力且愿意工作的劳动者都能够找到工作可做。西方经济学通常以失业率高低作为衡量就业是否充分的尺度，失业率是指失业人数占劳动力人数的比例。而劳动力是指一定年龄范围内有劳动能力且愿意工作的人，失业者是劳动力中那些想找工作但尚未找到工作的人。充分就业并不意味着失业率为零，大多数西方经济学家认为存在 4%～6% 的失业率是正常的，此时社会经济处于充分就业状态。

2. 物价稳定

物价稳定是指商品和劳务价格总水平的大体稳定，即短期内货币币值不发生过度的上升或下跌，一般用价格指数来表达物价水平的变化。一定时期内物价水平的持续上涨称为通货膨胀，经济学家一般认为，年度通货膨胀率为 3%～5% 可以视为物价稳定。与通货膨胀相反的现象是通货紧缩，即一定时期内一般价格水平的持续下降。通货紧缩对国民经济的危害并不亚于通货膨胀，因此防止和治理通货紧缩也是保持物价稳定的应有之意。

3. 经济持续均衡增长

经济增长是指一个国家一定时期内商品和劳务产出在数量上的增加，通常由国民生产总值或者国内生产总值及其人均水平来衡量。而经济发展不仅是产出数量的增加，还表现为随产出增长而带来的经济运行质量的提高，产出与收入结构的变化以及经济、政治和文化条件的变化，表现为第一产业比重的下降，第二产业、第三产业比重的相应上升，意味着人们基本需要的满足和综合素质的提高。经济增长是经济发展的前提，经济发展是经济增长的结果。

4. 国际收支平衡

国际收支平衡即一国在国际经济往来中维持经常项目与资本项目的收支合计大体平衡，不出现大的顺差或逆差。随着全球经济交往的密切，一国国际收支平衡状态反映着该国国内经济的稳定程度。在开放的经济条件下，一国国际收支不平衡就意味着该国国内收支不平衡，或说国内经济处于失衡状态。

（二）稳定经济职能的内容

1. 调节社会总供求

财政对总需求的影响是通过政府的收支活动实现的。政府的收支有各种不同的形式，从收入方面来看有税收、资产收益和公债，从支出方面来看有购买支出和转移支出。政府的购买支出是总需求的一个组成部分，其数量会直接影响总需求，政府的转移支出、税收、公债、定价政策也会间接地影响总需求。而财政对总供给的影响是通过政府对劳动供给和整个社会资本积累的影响而实现的。政府一方面通过税收或者支出政策（如提供福利）对劳动供给施加影响，另一方面通过财政收支活动对私人投资和整个社会投资总量施加影响。财政对于经济的稳定和协调就是要在总需求大于总供给时，抑制社会总需求，以减缓经济增长的速度，使经济不至于过热；在总需求小于总供给时，要刺激社会总需求，推动经济增长，走出市场疲软。通过调节社会总供求以达到对经济进行调节的目的，是财政稳定经济职能的首要内容。

2. 调节供求结构

供求结构的平衡，是经济总量平衡的前提。要实现供求结构平衡，一方面要解决社会需求结构中消费需求过旺，投资需求不足，进而引起社会供给结构中消费品供给不足，投资品供给过剩的问题；另一方面，要解决社会需求结构中消费需求不足，投资需求过旺，进而引起社会供给结构中消费品供给过剩，投资品供给不足的情况。故调节供求结构，也是政府财政稳定经济职能的重要内容。

（三）稳定经济职能的目标

稳定经济职能的目标即是保持经济的稳定发展，实现社会总需求与社会总供给的基本平衡，具体目标包括充分就业、物价稳定、经济发展、国际收支平衡。

（四）稳定经济职能的手段

财政稳定经济职能的手段主要是财政政策的自动稳定器和相机抉择工具。

1. 自动稳定器

在财政实践中，可以通过一种制度性安排，发挥某种"自动稳定"作用。通过财政的制度性安排自动地促进总供给和总需求的平衡，包括政府税收的自动变化（累进税率制度）和政府支出的自动变化（转移支付制度）。一般而言，当经济现象达到某一标准时，必须安排的收入和支出均具有一定的"自动稳定"作用。但是这种"自动稳定"机制的作用毕竟是有限的，必要时仍需政府采取宏观调控的手段。

2. 相机抉择工具

经济稳定的目标集中体现为社会总供给和社会总需求的大体平衡。财政政策根据社会总需求和社会总供给的现实情况灵活改变税收和公共支出，以达到实现总供求大体平衡的目标。当总需求非常低，即出现经济衰退时，政府应通过削减税收、降低税率、增加支出以刺激总需求。反之，当总需求非常高，即出现通货膨胀时，政府应当增加税收或削减开支以抑制总需求。

本章小结

- 社会公共需要具有非加总性、无差异性、代价的非对称性、外部性、整体性和强制性的特征。
- 市场失灵可分为两大类：一是技术市场失灵，是内在于市场体系的配置无效率问题，如垄断；二是社会市场失灵，即虽然在技术上是有效率的市场，但仍会产生令一部分人不满意或不接受的情况，如收入不公、价格水平不稳定等。
- 公共物品具有非排他性和非竞争性的特征。
- 外部性具有正外部性和负外部性之分。当出现正外部性时，生产者的成本大于收益，利益外溢，生产者得不到应有的效益补偿；当出现负外部性时，生产者的成本小于收益，受损者得不到效益补偿。
- 科斯定理指出，只要交易无障碍（交易费用为零），不管最初产权归属，市场机制所导致的均衡最终会达到资源的最优配置即帕累托最优。
- 政府干预垄断最常见的措施：通过规定价格或收益率来管制垄断；在垄断行业建立公共企业，并从福利或效率角度而不是盈利角度出发制定价格。
- 收入分配涉及两个层次的内容：一是功能收入分配，二是规模收入分配。
- 功能收入分配又称要素收入分配，它研究劳动、资本、土地等生产要素所得的收入在国民收入分配中所占的份额，即从收入来源的角度来研究收入分配；规模收入分配又称个人或家庭收入分配，它研究处于不同阶层的个人和家庭得到的收入在国民收入中所占的份额，即从收入所得者的规模与所得收入规模之间关系的角度研究收入分配。
- 财政具有公共性、非营利性和法制性的特征。
- 财政具有资源配置、收入分配、稳定经济三大职能。
- 财政的资源配置职能是指政府通过财政收支以及相应的财政税收政策，调整和引导现有经济资源的流向和流量，以达到资源的优化配置和充分利用，实现最大的经济效益和社会效益的功能。
- 财政的收入分配职能是指通过财政分配活动实现收入在全社会范围内的公平分配，将收入差距控制在社会可以接受的范围内。收入分配职能是财政的最基本和最重要的职能。
- 收入分配职能的目标是实现公平分配，而公平分配包括经济公平和社会公平两个层次。
- 财政经济稳定职能是指财政具有的协调和保证经济稳定的职能。具体含义是指通过税收和公共支出手段，实现充分就业、物价稳定、经济持续均衡增长、国际收支平衡等目标，以保证宏观经济的稳定增长。

重要概念

市场失灵　帕累托效率　洛伦兹曲线　基尼系数　政府失灵　投票悖论　财政　资源配置职能　收入分配职能　稳定经济职能

复习思考题

（1）请简述市场失灵的表现。
（2）政府失灵包括哪些情况？
（3）财政的职能有哪些？
（4）资源配置职能的内容、目标和手段有哪些？
（5）收入分配职能的内容、目标和手段有哪些？
（6）稳定经济职能的内容、目标和手段有哪些？

讨论分析题

当火车驶过农田的时候
——外部性与市场失灵

20世纪初的一天，列车在绿草如茵的英格兰大地上飞驰。车上坐着英国经济学家庇古。他边欣赏风光，边对同伴说："列车在田间经过，机车喷出的火花（当时是蒸汽机车）飞到麦穗上，给农民造成了损失，但铁路公司并不用向农民赔偿。"这正是市场经济的无能为力之处，称为"市场失灵"。将近70年后，1971年，美国经济学家斯蒂格勒和阿尔钦同游日本。他们在高速列车（这时已是电气机车）上想起了庇古当年的感慨，就问列车员："铁路附近的农田是否受到列车的损害而减产？"列车员说："恰恰相反，飞速驰过的列车把吃稻谷的鸟吓走了，农民反而受益。当然铁路公司也不能向农民收取赶鸟费。"这同样也是市场经济无能为力的，也称为"市场失灵"。

同样一件事情在不同的时代与地点结果不同，两代经济学家的感慨也不同。但从经济学的角度看，火车通过农田无论结果如何，其实说明了同一件事：市场经济中外部性与市场失灵的关系外部性又称外部效应，指某种经济活动所产生的对无关者的影响。这就是说，这种活动的某些成本并不由从事这项活动的当事人（买卖双方）承担，而由与这项活动无关的第三方承担，这种成本被称为外在成本或社会成本。同样，这种活动的某些收益也不由从事这项活动的当事人获得，而由与这项活动无关的第三方获得，这种收益被称为外在收益或社会收益。在前一种情况下，称为负外部性；在后一种情况下，称为正外部性。列车对农田的影响就是存在外部性的情况。在庇古所看到的情况下，铁路公司列车运行对农业生产带来的损失并不由铁路公司和客户承担，而由既不经营列车又不用列车的农民承担，即存在负外部性，有外在成本或社会成本。类似这种情况的还有化工厂、造纸厂对河流或空气的污染，吸烟者对环境和非吸烟者的危害。在斯蒂格勒和阿尔钦所看到的情况下，列车运行在客观上起到了"稻草人"的作用，给农业生产带来好处。但铁路公司并不能对此收费，利益由与列车运行无关的农民无偿获得。这就存在正外部性，有外在收益或社会收益。

请讨论分析：

（1）在上述庇古遇到的情形中，采取何种措施能够减少列车运行所带来的负外部性？在斯蒂格勒和阿尔钦遇到的情形中，采取何种措施能够保护列车运行带来的正外部性？
（2）举例说明生活中存在的外部性。

财政支出

财政支出是指政府为履行政府职能而消耗的一切费用的总和。政府介入市场，提供公共产品和服务，必然会产生资源的消耗。通过各个领域内的财政支出，政府的各项职能得以完成。而政府的各项财政支出是否合理，是否能达到预期的目标，这便需要对财政支出的绩效进行评价。

通过本章的学习，你将了解财政支出的相关概念；了解财政支出的各种分类；理解财政支出的绩效评价及评价方法。

第一节 财政支出概述

一、财政支出的概念

财政支出（fiscal expenditure）也称公共支出，与财政收入相对应，是指在市场经济条件下，政府为提供公共产品和服务，满足社会共同需要而进行的财政资金的支付。财政支出是国家将通过各种形式筹集上来的财政收入进行分配和使用的过程，它是整个财务分配活动的第二阶段。财政支出与财政收入一起构成财政分配的完整体系，财政支出是财政收入的归宿，它反映了政府政策的选择，体现了政府活动的方向和范围。所以，它是财政分配活动的重要环节。

二、财政支出的分类

将财政支出的内容进行合理的归纳，以便准确反映和科学分析支出活动的性质、结构、规模以及支出的效益和产生的时间。分类方法有以下五种。

（一）按经济性质分类

按财政支出的经济性质，即按照财政支出是否能直接得到等价的补偿进行分类，可以把财政支出分为购买性支出和转移性支出。购买性支出又称消耗性支出，是指政府购买商品和劳务，包括购买进行日常政务活动所需要的或者进行政府投资所需要的各种物品和劳务的支出，即由社会消费性支出和财政投资支出组成。它是政府的市场性再分配活动，对社会生产和就业的直接影响较大，执行资源配置的能力较强。转移性支出是指政府按照一定方式，将一部分财政资金无偿地、单方面地转移给居民和其他受益者，主要由社会保障支出和财政补贴组成。它是政府的非市场性再分配活动，对收入分配的直接影响较大，执行收入分配的职能较强。

（二）按最终用途分类

按财政支出的最终用途分类，可将其分为补偿性支出、积累性支出与消费性支出。补偿性支出主要是对在生产过程中固定资产的耗费部分进行弥补的支出，如挖潜改造资金。积累性支出指最终用于社会扩大再生产和增加社会储备的支出，如基本建设支出、工业交通部门基金支出等，这部分支出是社会扩大再生产的保证；消费支出指用于社会和个人消费方面的支出，包括国防、行政、科教文卫、抚恤和社会福利救济等，这部分支出对提高整个社会的物质文化生活水平起着重大的作用。

（三）按政府职能分类

以政府职能为标准对财政支出进行分类，实际上就是按照政府执行其职能的物质需要分类。我国财政支出按照政府职能进行分类，分为五大类。

1. 经济建设费

此部分包括基本建设支出、科技三项费用支出、地质勘探支出、国家物资储备支出、工业交通部门基金支出等。

2. 社会文教费

此部分包括用于文化、教育、科学、卫生、体育、通信、广播、电影、电视、出版、文物、计划生育等方面的经费、研究费和补助费等。

3. 国防费

此部分包括各种武器和军事装备支出、军事人员给养支出、有关军事科研支出、民兵建设事业费支出，用于实行兵役制的公安、边防、武装警察部队和消防队伍的各种经费、防空经费等。

4. 行政管理费

此部分包括公检法支出、驻外机构的各种经费、业务费、干部培训费等。

5. 其他支出

此部分包括债务支出、政策性补贴支出等。

（四）按产生效益的时间分类

按财政支出产生效益的时间分类，可以将其分为经常性支出和资本性支出。经常性支出是维持公共部门正常运转或保障人们基本生活所必需的支出，主要包括人员经费、公用经费和社会保障支出。特点是它的消耗会使社会直接受益或当期受益，直接构成了当期公共物品的成本，按照公平原则中当期公共物品受益与当期公共物品成本相对应的原则，经常性支出的弥补方式是税收。资本性支出是用于购买或生产使用年限在一年以上的耐用品所需的支出，它们耗费的结果将形成一年以上长期使用的固定资产。资本性支出的补偿方式有两种：一是税收，二是国债。

（五）按管理权限分类

按财政支出的管理权限分类，可将财政支出分为中央财政支出和地方财政支出。

中央财政支出，是指按照分税制的规定，由中央预算安排使用和管理，实现中央政府职能的各项支出。中央财政支出主要承担国家安全、外交和中央国家机关运转所需要的费用，调整产业结构、协调地区经济发展的支出，以及由中央直接管理的事业发展支出。

地方财政支出，是指按照分税制的规定，由地方各级预算安排使用和管理，实现地方政府职能的各项支出。

这种分类法是正确处理中央政府与地方各级政府间财政关系的前提，为制定和完善财政管理体制提供基础条件。

三、财政支出规模

（一）财政支出规模及其衡量指标

1. 含义

财政支出规模，是指政府在一定时期内安排财政支出的数量。财政支出规模通常表现为财政支出的总量，可以是支出数额的绝对量，也可以是财政支出占国民收入的相对量。

2. 衡量指标

衡量财政支出的规模有两类指标：绝对规模指标和相对规模指标。在实践中，常用相对规模指标来衡量财政支出规模。我国通常用两种方法来衡量。

（1）当年财政支出占当年国内生产总值的比重。

（2）当年中央财政支出占全国财政支出的比重。

财政支出占国内生产总值的比重反映政府干预经济的程度；中央财政支出占全国财政支出的比重反映中央政府对地方政府的控制程度。根据各国财政支出的实践，财政支出从长期看呈现不断增长的趋势。

（二）影响财政支出规模的因素

1. 宏观因素

（1）经济性因素。

经济性因素主要是指经济发展的水平、经济体制的选择和政府的经济干预等因素。经济发展水平是财政支出的财力保证，经济发展水平制约着财政支出的规模。经济体制的选择也会影响财政支出的规模，一般而言，实行计划经济体制的国家的职能和财政介入的范围都比较宽泛，故财政支出的规模都较大。反之，实行市场经济体制的国家更加依赖市场机制的运行，财政支出的规模相对较小。而政府通过经济干预影响财政支出的规模，主要体现在对总需求的影响上。在总需求不足时，政府要推行扩张性的财政政策以刺激需求，此时财政支出规模会扩张；在总需求过剩时，政府要推行紧缩性的财政政策以抑制需求，此时财政支出规模会收缩。

（2）政治性因素。

政治性因素对财政支出规模的影响主要有三方面：政局的稳定、政体结构的行政效率、政府的干预政策。政局是否稳定，对一国的国防支出、国家安全支出、治安经费和社会管理费用等的影响很大，进而影响政府的财政支出规模。若一国的行政机构臃肿、效率低下，经费开支就必然增多，故政体结构的行政效率必然影响财政支出规模。而政府的干预政策决定了政府活动的范围和方向，进而决定了财政支出的范围和规模。在计划经济体制国家，政府干预的范围较大，财政支出占相关经济总量的比重会相对高些；反之，在市场经济体制国家，这一比重会低些。但是随着经济规模的不断扩大，政府介入经济进行宏观调控的成本会越来越高，各国财政支出的绝对规模必然会相应扩大。

（3）社会性因素。

人口、就业、教育、医疗卫生、社会救济、社会保障等都会影响财政支出的规模。人口的增加会直接导致财政支出规模的膨胀。人口的增加要求就业机会的增加，因而政府对教育、文化、卫生、体育等各项的支出亦会随之增加，行政管理和社会管理方面的费用也会相应提高，财政支出规模也会随之扩大。

2. 微观因素

福利经济学通过效用最大化方法，将市场有效供给运用到政府公共品供给中，通过影响财政支出增长的变量，如公共物品的需求、成本和价格、质量、生产组织形式等，分析研究财政支出规模。从微观管理入手，通过影响这些变量，进而达到提高财政支出效益、控制财政支出规模的目的。

四、财政支出结构

（一）财政支出结构的含义

财政支出结构是指财政支出总额中各类支出的组合以及各类支出在支出总额中所占的比重，也称财政支出构成。研究财政支出结构的目的在于揭示各类财政支出的相对重要性，探索各类支出的内在联系及规律性，以便合理安排财政支出，形成财政支出的最优结构。

从社会资源的配置角度讲，财政支出结构直接关系到政府动员社会资源的程度，一国财政支出结构的现状及其变化，表明了该国政府正在履行的重点职能以及变化趋势。财政支出结构既与一国经济体制和相应的政府职能有关，又受经济发展阶段的制约，而合理的财政支出结构最终还要取决于经济发展阶段。

（二）财政支出结构与政府职能的关系

从某种程度上说，财政支出是政府活动的资金来源，也是政府活动的直接成本。因此，政府职能的大小及其侧重点，决定了财政支出结构。在经济学中，关于政府的职能特别是政府在经济发展中的作用，一直存在着两种观点，即财政支出结构市场主导型观点和财政支出结构政府主导型观点。

1. 财政支出结构市场主导型观点

该观点源于新古典学派，强调自由运作的市场力量在经济发展中的作用，认为市场机制本身能够运作得很好，只是在一个十分有限的范围和程度上才会出现失灵。因此，只有着眼于促进市场机制运作效率的政府活动才是适当的。与此相适应，政府干预应局限于一个狭窄的范围内，即除了提供诸如国防、法律这类基本的公共服务之外，政府的经济事务应仅限于诸如环境保护、基础教育等这些具有明显外部性的领域。如果按照此观点，那么不但财政支出规模不可能很大，而且财政支出结构无疑偏重于行政管理、法律秩序、防卫等维持国家机器正常运转方面的支出。

2. 财政支出结构政府主导型观点

该观点源于凯恩斯学派，强调政府要干预经济，特别是要通过财政政策实现充分就业和经济增长目标，认为如果没有政府的强有力干预，就很难实现资源的配置优化、产业的顺利成长和经济的稳定增长。在经济发展的初期，如果没有政府的强有力干预，就不可能实现快速的资本积累、有效的资源配置、及时的技术追赶，而这三大要素正是现代经济增长的必要条件。与此相适应，政府职能不但体现在为民间部门的迅速扩张提供良好的经济环境、提供充足有效的经济基础设施上，而且还要直接参与战略性产业的投资活动。如果按照此观点，那么财政支出规模可能比较大，或者即使受经济发展水平的制约，财政支出规模不是很大，但支出结构会偏重于集中资源和经济事务方面的支出。

现今，不论是新古典学派还是凯恩斯学派的经济学家，都在不断地修正自己的观点。如今，几乎没有哪个经济学家主张纯粹的自由经济或纯粹的政府干预。人们都清楚地认识到，市场机制有缺陷，政府干预也会失效；政府应对国民经济进行干预，但是干预的力度和方式有所不同。

(三) 我国财政支出结构的变化

鉴于财政支出结构与政府职能存在着紧密的对应关系，我们把政府职能简化为两大类：即经济管理职能和社会管理职能，相应地，财政支出也就形成了经济管理支出和社会管理支出。

中华人民共和国成立以来，经济管理体制和政府职能在20世纪70年代末发生了根本性变革。在计划经济时期，国家注重经济职能的实现，政府调动几乎全部资源，直接从事各种生产活动，推崇生产性财政，财政支出大量用于经济建设。在社会主义市场经济体制下，市场在资源的配置上起基础性作用，政府正在逐步减少资源配置的份额，退出一些适合民间部门从事的生产活动领域，财政用于经济建设方面的支出比例已大大降低。伴随着政府职能的这种转变，财政支出结构发生了很大变化：经济建设支出占财政支出总额的比重逐步降低，而社会管理支出比重则大幅提高。

经济建设支出比重下降主要有两方面的原因：一是流动资金支出下降。从1983年7月开始，除了核工业部、航空航天工业部部属的少数国有企业外，其他国有企业的流动资金供应由拨款改为银行贷款，从而使流动资金支出占总财政支出的比重大幅下降。二是基本建设支出下降。在经济体制改革过程中，投资主体的多元化以及投资主体的资金来源多元化，使基本建设支出的比重迅速下降。而在政府的经济管理职能减弱的同时，社会管理职能得到加强，社会管理支出的比重必然提高。

第二节 财政支出的主要内容

财政支出通常由许多具体的内容构成，按照前面章节所言，最常见的分类方法是以财政支出的经济性质为依据，将财政支出划分为购买性支出和转移性支出。本节内容将按照此分类方法展开。

一、购买性支出

购买性支出是政府为履行职责而用于购买所需的商品和劳务的支出，主要包括两类：一类是购买政府进行日常政务活动所需的商品与劳务的支出，另一类是购买政府进行投资所需的商品与劳务的支出。前者主要包括政府用于国防、行政管理、科教文卫等方面的支出，后者包括政府用于道路、桥梁、港口、码头等方面的支出。

(一) 国防支出

国防支出指国家预算用于国防建设和保卫国家安全的支出，包括国防费、国防科研事业费、民兵建设费以及专项工程支出等。

国防支出在财政支出中占有十分重要的地位，与国际国内局势变动密切相关，并且受一定技术条件的制约，具有波动性的特点。一般而言，国际国内局势紧张，国防支出较多；反之,国际国内局势缓和,国防支出相对较少。

(二) 行政管理支出

行政管理支出,是财政提供的用于行政机关、司法机关和外事机构在行使其特定职能时所需要的各项支出。行政管理支出是财政支出中重要的经常性支出项目,是各级政府履行社会管理职责的物质保障,是政府向社会公众提供公共服务活动的经济基础。

行政管理支出的内容有广义和狭义之分。广义的行政管理支出的内容包括立法机构支出、行政执法机构支出、司法机构支出等三个基本部分。而狭义的行政管理支出的内容仅指行政机构支出。从世界各国的财政支出实践来看,行政管理支出的内容一般属于广义的行政管理支出。按部门划分,主要包括行政支出、公安支出、国家安全支出、司法检察支出和外交支出。

(三) 科教文卫支出

科教文卫支出即科学、教育、文化、卫生支出,是指国家财政用于科学、教育、文化、卫生等事业的经费支出。科教文卫支出的性质,属于非生产性支出,是社会消费支出。

按支出的使用部门划分,其主要包括以下内容:科学事业费、教育事业费、文化事业费、卫生事业费、体育事业费、通信事业费、广播电视事业费。此外,还包括出版、文物、档案、地震等项事业费。按支出用途划分,其可分为人员经费支出和公用经费支出两部分。

(四) 财政投资支出

财政投资支出是指政府通过预算安排用于公共性质项目的资金支出。与非政府部门的投资相比,财政投资支出具有投资动因的社会性、投资行为的自觉性、投资使用的无偿性等特点。

按照投资项目的性质不同,可以把投资项目划分为公益性投资项目、基础性投资项目和竞争性投资项目三大类。

(1) 公益性投资项目,是指科学、文化、教育、卫生、体育、环境保护、广播电影电视等公共事业设施。其由政府进行投资。

(2) 基础性投资项目,是指农、林、渔、牧、水利、气象、交通、邮电通信等基础设施,能源等基础工业以及一部分支柱产业项目。其仍然需要政府支持。

(3) 竞争性投资项目,是指工业(不含能源)、建筑业、商业、房地产业等盈利性投资项目。其不属于财政投资支出的范围。

二、转移性支出

转移性支出是政府按照一定的形式,将部分财政资金单方面、无偿地转移给居民、企业和其他受益者的支出,包括政府用于社会养老金、失业救助、医疗补助等的社会保障支出和财政补贴、债务利息等方面的支出。这类支出不存在政府获得商品和劳务上的对等补偿,也没有发生政府消耗经济资源的行为,主要是政府在不同社会成员间进行社会经济资源的再分配活动。

(一) 社会保障支出

1. 概念

社会保障是指国家通过立法,积极动员社会各方面资源,通过收入再分配,保证无收入、低收入以及遭受各种意外灾害的公民能够维持生存，保障劳动者在年老、失业、患病、工伤、生育时的基本生活不受影响，同时根据经济和社会的发展状况，逐步增进公共福利水平，提高国民生活质量。

社会保障作为一种国民收入再分配形式是通过一定的制度实现的。我们将由法律规定的、按照某种确定规则经常实施的社会保障政策和措施体系称为社会保障制度。一般来说，社会保障由社会救助、社会保险、社会福利、社会优抚等组成。其中，社会保险是社会保障的核心内容。全球的社会保障模式，大致可分为国家福利、国家保险、社会共济和积累储蓄四种，分别以英国、苏联、德国、新加坡为代表。目前我国在建的社会保障制度，属于社会共济模式，即由国家、单位（企业）、个人三方共同为社会保障计划融资，而且这是未来相当长一段时期的改革趋势。

社会保障是现代工业文明的产物，是经济发展的"推进器"，是维护百姓切身利益的"托底机制"，是维护社会安全的"稳定器"。

2. 主要内容

（1）社会救助。

社会救助是由国家和社会通过立法，对因各种原因失去最低生活保障的社会成员给予物质援助，以维持其最低生存需要，维护其基本生存权利的社会保障项目。社会救助是社会保障体系的最低层次。

在我国，主要保障对象有三类：无依无靠的绝对贫困者的基本生活，如农村的"五保户"；有一定生活来源，但收入水平在法定贫困线以下的家庭和个人；天灾人祸造成的贫困，这类救助对象一般都有劳动能力和收入来源，只是由于突发性的灾害令其家庭财产和人身受到损失，生活陷入暂时的困难，需要救助，具有暂时性和偶然性，一旦突发情况消失，就不再需要救助。

（2）社会保险。

社会保险是社会保障体系的重要组成部分，是社会保障体系的核心层次。社会保险是指国家通过立法形式，采取强制手段，通过国民收入的分配和再分配，对法定受保人在遭受未来年老、疾病、工伤、残疾、失业、死亡等风险而丧失或减少收入来源时，给予其本人和家属一定物资帮助以满足其基本生活需要的行为。

在我国，目前的社会保险项目主要有养老社会保险、医疗社会保险、失业社会保险、工伤社会保险、生育社会保险等。其中养老社会保险是社会保险中最大的项目。

（3）社会福利。

社会福利是社会保障体系的最高层次，是指国家政府和社会在社会成员基本收入之外，以提供设施、服务和津贴的方式来使社会成员的生活达到一定水平，以提高其物质文化生活质量的社会保障项目。社会福利主要有社会补贴、社会福利设施、社会服务、职工福利四种形式。

（4）社会优抚。

军人及其家属是社会上备受尊敬的群体，对这个群体实行特殊意义的社会保障措施，在中国称为社会优抚制度。在我国，这项制度主要包括对退伍军人的就业安置、对现役军人及其家属的优抚、对烈属的抚恤以及对军人退伍生活的保障等内容，经费全部来自政府的预算拨款。社会优抚是社会保障体系的特殊层次。

（二）财政补贴

1. 概念

财政补贴是政府为了实现特定目的，向企业或公民提供的无偿性资助。

2. 财政补贴的内容

财政补贴的内容包括价格补贴、企业亏损补贴和其他补贴。价格补贴是指由于购销价格倒挂而由财政给予的补贴。

3. 财政补贴的方式

按补贴的作用可分为：稳定和改善人民生活的农副产品和日用工业品补贴；支援农业生产的农用生产资料价格补贴；由价格不合理形成的工业企业生产亏损补贴；收费标准偏低的城市公用企业的亏损补贴。

按补贴的主体可分为：中央财政支付的价格补贴；地方财政负担的价格补贴。

按补贴的对象可分为：工业、农业、城市公用企业等生产环节的补贴；商业、粮食等流通环节的补贴；职工或居民消费环节的补贴。

由于对生产、流通环节的补贴，在一定程度上掩盖了价格与价值背离的关系，消费者往往看不见、摸不着，故称之为"暗补"，而对于消费环节的补贴，群众看得见，摸得着，故称之为"明补"。

第三节　财政支出绩效评价

一、财政支出绩效评价的概念

财政支出的目的是满足人民群众的需要，而效果如何则需要进行评价，即财政支出绩效评价。

所谓绩效评价，是指组织依照预先确定的标准和一定的评价程序，运用科学的评价方法、按照评价的内容和标准对评价对象的工作能力、工作业绩进行定期和不定期的考核和评价。财政支出绩效评价，是指财政部门和预算部门（单位）根据设定的绩效目标，运用科学、合理的绩效评价指标、评价标准和评价方法，对财政支出的经济性、效率性和效益性进行客观、公正的评价。

二、财政支出绩效评价的原则

（一）全面性原则

绩效评价应当通过建立综合的指标体系，对影响财政支出绩效水平的各种因素进行多层次、多角度的分析和综合评判。

（二）客观性原则

绩效评价应当依据统一测算的数据和同一时期的标准，客观公正地评判财政支出的总体情况。

（三）效益性原则

绩效评价应当运用投入产出分析基本方法，真实反映财政支出获得的回报情况。

（四）发展性原则

绩效评价应当客观分析财政支出各年度之间的增长状况及发展水平，科学预测财政支出未来的发展趋势。

三、财政支出绩效评价的一般原理

（一）"花钱买服务、买效果"的预算观

预算观是公共价值观的体现，核心是回答"为什么100万元给甲而不是乙"，公共服务由政府花钱购买，预算是购买价格。因此，政府预算的实质是"花钱买服务、买效果"，而不是"养人、养机构"。

（二）公共委托—代理理论

这是建立行政问责制的依据，也是绩效评价的依据。要求委托人加强监督，尤其是结果监督，防止受托人利用信息不对称，产生"逆向选择、道德危机"等自利行为而损害委托人的利益。

（三）目标—结果导向管理理论

绩效评价是结果评价，政府可以将管理过程委托给部门、单位，而将重点放在目标确立（绩效目标）、资金保障（绩效拨款）和结果评价上。

（四）为"顾客"服务论

"顾客"指公共服务的受益人，公共支出的受益满意度至关重要，否则就必须从受益者的需求出发设计业绩指标，通过满意度等调查指标反映受益者需求。

（五）多目标管理理论

由于政府支出的效果是多方面的，而外部性使得即使一个部门的效果，也需要多项指标才能描述，因而，它具有多目标管理的特点。

四、财政支出绩效评价的方法

政府财政支出绩效评价体系一般包括：制定明确、合理的公共支出绩效目标，建立科学、规范的绩效评价指标体系，对绩效目标的实现程度及效果实施考核与评价，并把绩效评价与预算编制和预算管理紧密结合起来。

为了形成与当地社会经济发展相适应的财政支出绩效评价体系，西方市场经济国家进行了各种探索，再加上经济理论界的研究，目前，形成了以下几种比较主流的方法。

（一）成本—效益分析法

成本—效益分析法即将一定时期内项目的总成本与总效益进行对比分析的一种方法，通过多个预选方案进行成本效益分析，选择最优的支出方案。该方法适用于成本和收益都能准确计量的项目评价，如公共工程项目等，但对于成本和收益都无法用货币计量的项目则无能为力，在一般情况下，以社会效益为主的支出项目不宜采用此方法。

（二）最低成本法

最低成本法也称最低费用选择法，适用于那些成本易于计算而效益不易计量的支出项目，如社会保障支出项目。该方法只计算项目的有形成本，在效益既定的条件下分析其成本费用的高低，以成本最低为原则来确定最终的支出项目。

（三）综合指数法

综合指数法即在多种经济效益指标计算的基础上，根据一定的权数计算出综合经济效益指数。该方法目前被中国多个部门采用，评价的准确度较高、较全面，但在指标选择、标准值确定及权数计算等方面较复杂，操作难度相对较大。

（四）因素分析法

因素分析法是将影响投入（财政支出）和产出（效益）的各项因素罗列出来进行分析，对投入产出比进行评价的一种方法。

（五）生产函数法

生产函数法是通过生产函数的确定，明确产出与投入之间的函数关系，借以说明投入产出水平即经济效益水平的一种方法。用公式表示就是 $Y=f(A, K, L\cdots)$。其中，Y 为产出量，A、K、L 等表示技术、资本、劳动等投入要素。生产函数法不仅可以准确评价综合经济效益，而且对评价资源配置经济效益、规模经济效益、技术进步经济效益等都有重要作用，但函数关系的确定较为复杂。

（六）模糊数学法

模糊数学法是采用模糊数学建立模型，对经济效益进行综合评价的方法。将模糊的、难以进行比较判断的经济效益指标之间的模糊关系进行多层次综合评价计算，从而明确各单位综合经济效益的优劣。

（七）方案比较法

方案比较法主要用于财政项目资金管理。首先评价各方案有无经济效益、社会效益，然后对各方案的经济效益、社会效益进行事前估算，并根据估算结果进行方案选择。

（八）历史动态比较法

历史动态比较法是将某一类支出或项目的历史数据进行对比分析，了解其历史上的变化及效益波动情况，既可以看出其发展趋势，也可以了解各种因素在不同时期的影响及作用机理，进而分析其效益差异的成因及改进方向的方法。

（九）目标评价法

目标评价法是将当期经济效益或社会效益水平与其预先目标标准进行对比分析的方法。此方法可用于对部门和单位的评价，也可用于周期性较长项目的评价，还可用于规模及结构效益方面的评价。

（十）公众评判法

对于无法直接用指标计量其效益的支出项目，可以选择有关专家进行评估并对社会公众进行问卷调查，以评判其效益，适合于对公共管理部门和财政投资兴建的公共设施进行评价，具有民主性、公开性的特点，但应用范围有限且有一定的模糊性。

五、我国的财政支出绩效评价体系

（一）绩效评价的内容

基于中国的现实条件以及改革发展目标的需要，适应部门预算改革的需要并推进部门预算制度的完善，中国财政支出绩效评价主要应从两方面进行。

1. 一般预算支出的绩效评价

一般预算支出的绩效评价即评价部门预算的总体绩效。从我国现阶段及今后相当长一段时间的发展目标来看，对政府各机构的预算支出的绩效评价范围主要应该包括：政务信息管理、资源配置绩效管理、公务员业绩管理、财务质量管理。

2. 项目支出预算的绩效评价

项目支出预算的绩效评价即对各个具体项目的支出绩效进行评价。根据我国政府项目的特点，项目支出的绩效评价体系应包括：逻辑标准、管理标准、成果标准。

通过对上述三个标准的评价，来衡量项目支出的目的设计合理性、项目管理以及项目绩效目标的完成情况等，从而确定公共资源的使用效率和效果。

（二）确定财政支出绩效指标及标准

参考国外经验，在确定财政支出绩效指标及标准时，我们认为可以借鉴企业管理的办法，在指标设计上，按照"投入—过程—产出—成果"这一逻辑程度进行指标设计。

具体设计应根据目标的不同而不同，并遵循以下原则。

1. 相关性原则

相关性原则是指衡量指标与政府部门的目标及项目目标有直接的联系，不能因为容易收集就使用，例如投入或产出的衡量相对容易，但与项目成果目标的相关性存在问题，单纯的投入指标或产出指标就不能很好地反映项目的实际影响。

2. 经济性原则

经济性原则是指指标的选取要考虑现实条件及可操作性，数据的获得应符合成本效益原则，在合理成本的基础上收集信息。

3. 可比性原则

可比性原则是指在具有相似目的的项目之间有共同的指标，不同项目之间的衡量结果可以相互比较。

4. 重要性原则

重要性原则是指根据指标在整个体系的地位和作用进行筛选，选择最具代表性、最能反映评价要求的指标。

绩效衡量指标体系一般都要综合运用上述四种指标，可以避免单纯追求成果而忽视效率或单纯追求效率而不顾成果的现象。

但由于财政支出是以社会效益为主的，而社会效益的量化，一直是财政核算中长期解决不了的技术性难题。例如，在计算各项指标与绩效目标的具体相关系数，判断某项投入或产出对最终成果的贡献率等，目前中国都缺乏这方面的经验。加之制度基础的不完善，可能导致指标的滥用，带来与指标设计初衷相反的效果。所以在进行评价时，还需要尽量克服这一难题。

（三）确定评价主体

为了确保评价结果的客观、公正，财政支出绩效评价体系的主体应由三部分组成。

1. 负责绩效评价的政府机关

财政部是负责政府公共支出的综合部门，主要职责应该是建立绩效评价制度、制定和发布相关政策、实施指南和技术规范等，组织评价，综合利用评价信息改进预算管理、提高决策能力。

2. 具有专业判断能力的专家组

由来自高等院校、科研机构、中介机构等的技术人员组成的专家组,主要负责解决一些技术上的难题,协同政府部门确定指标、标准,对各部门的支出绩效进行分析。

3. 社会公众

社会公众则是对政府机构的服务质量、服务效果进行评价,财政支出的分配和使用是否有效率,在很大程度上取决于能否充分反映社会公众的需要,支出绩效的评价过程中应该通过调查获得公众的满意度信息,检查支出的实际效果是否符合公众需要。

(四)配套的改革措施

财政支出绩效评价体系,是整个财政改革的重要组成部分。如果由它"单兵作战",独自推开,那么是很难取得预期效果的。因此,什么时候出台财政支出绩效评价体系,出台时与哪些财政配套政策相协调,财政改革与政府职能规范化呈怎样的关系,在该方案出台前,需要对财政专业人员进行怎样的培养,等等,都是在建设财政支出绩效评价体系中所必须考虑的。

本章小结

- 按财政支出的经济性质,即按照财政支出是否能直接得到等价的补偿进行分类,可以把财政支出分为购买性支出和转移性支出。
- 按财政支出的最终用途分类,可将其分为补偿性支出、积累性支出与消费性支出。
- 按照政府职能进行分类,我国的财政支出可分为经济建设费、社会文教费、国防费、行政管理费和其他支出。
- 按财政支出产生效益的时间分类,财政支出可以分为经常性支出和资本性支出。
- 按财政支出的管理权限分类,可将其分为中央财政支出和地方财政支出。
- 衡量财政支出的规模有两类指标:绝对规模指标和相对规模指标。在实践中,常用相对规模指标来衡量财政支出规模。
- 购买性支出主要包括两类:一类是购买政府进行日常政务活动所需的商品与劳务的支出,另一类是购买政府进行投资所需的商品与劳务的支出。前者主要包括政府用于国防、行政管理、科教文卫等方面的支出,后者包括政府用于道路、桥梁、港口、码头等方面的支出。
- 行政支出是财政支出中重要的经常性支出项目,是各级政府履行社会管理职责的物质保障,是政府向社会公众提供公共服务活动的经济基础。
- 科教文卫支出的性质,属于非生产性支出,是社会消费支出。
- 财政投资支出具有投资动因的社会性、投资行为的自觉性、投资使用的无偿性等特点。
- 按照投资项目的性质不同,可以把投资项目划分为公益性投资项目、基础性投资项目和竞争性投资项目三大类。
- 转移性支出不存在政府获得商品和劳务上的对等补偿,也没有发生政府消耗经济资源的行为,主要是政府在不同社会成员间进行社会经济资源的再分配活动。
- 社会保障由社会救助、社会保险、社会福利、社会优抚等组成。其中,社会保险是社会保障的核心内容,社会救助是社会保障体系的最低层次,社会保险是社会保障体系的核心层次,社会福利是社会保障体系的最高层次,社会优抚是社会保障体系的特殊层次。
- 财政支出绩效评价的原则:全面性原则、客观性原则、效益性原则、发展性原则。

重要概念

财政支出　财政支出规模　财政支出结构　购买性支出　国防支出　行政支出　财政投资支出　转移性支出　社会保障支出　社会救助　社会保险　社会福利　社会优抚　财政补贴　政府采购　财政支出绩效评价

复习思考题

(1) 影响财政支出规模的因素有哪些?
(2) 购买性支出主要包括哪些?
(3) 请简述社会保障的内容。
(4) 财政补贴的方式有哪些?
(5) 我国政府采购的方式有哪些?

讨论分析题

新加坡养老保险模式——储蓄基金制

20世纪60年代中期,新加坡结合本国国情,选择储蓄基金制作为保障国民晚年生活的养老模式。该模式的理论依据主要是莫迪利安尼提出的"储蓄生命周期理论"。该理论认为:在消费者的生命周期中,其收入轨迹呈抛物线,消费轨迹则为递增直线。

可见消费者青年时是净负债者,中年时是储蓄者,晚年是储蓄使用者,因而劳动者为使在退休后维持一定的消费水平,必须在劳动期间积累足够的储蓄。

储蓄基金制的主要运作方式:①保险基金来源于雇员和雇主的缴费,费用全部进入个人账户,政府不负担任何费用。②保险基金由政府直接经营,民主管理。养老保险基金由国家法定机构——中央公积金局直接经营,由董事会制定决策,董事会由政府代表、雇主代表、雇员代表、专家代表等社会各界人士组成。③保险基金实行一次给付制。雇员到55岁时,除保留政府规定的法定存款(数量较少)外,可连本带息取走养老保险费用。

请讨论分析:
(1) 新加坡实行储蓄基金制的养老模式有何优点和弊端?
(2) 我国养老基金制未来应该选择何种模式?请说明理由。

第三章

财政收入

政府介入经济进行调节，必然耗费资源，财政收入是政府完成各项职能的财力保证。政府收入的来源很多，但在现代社会里，政府取得收入的主要形式有税收、收费、公债、国有资产收益等。

通过本章的学习，你将了解财政收入的概念和分类；理解税收和我国的税收体系；了解非税收入和公债的相关概念和内容。

第一节 财政收入概述

一、财政收入的概念

财政收入，是指政府为履行其职能、实施公共政策、提供公共物品与服务需要而筹集的一切资金的总和。财政收入表现为政府部门在一定时期内（一般为一个财政年度）所取得的货币收入。财政收入是衡量一国政府财力的重要指标，政府在社会经济活动中提供公共物品和服务的范围和数量，在很大程度上取决于财政收入的充裕状况。

二、财政收入的分类

财政收入的分类有多种，结合我国的实际情况和财政收入分类的理论和实践价值，主要有以下三种分类方法。

（一）按财政收入的形式分类

按财政收入的形式不同，财政收入可分为税收收入和非税收入两类。税收收入是财政收入中的主体收入。其他财政收入可以进一步划分为国有资产权益收益、债务收入、规费、罚没收入等形式。按财政收入形式的不同所进行的分类是财政收入分类的主要方法之一，是最基本的分类。

（二）按财政收入管理权的归属分类

按财政收入管理权的归属不同，财政收入可分为中央财政收入和地方财政收入。中央财政收入是指按照国家预算法规和预算管理体制的规定，由中央政府集中筹集和支配使用的财政资金。中央财政收入在财政总收入中占据主要地位。地方财政收入是指按照国家预算法规和预算管理体制的规定，由地方政府集中筹集和支配使用的财政资金。地方财政收入在财政总收入中占据基础地位。这种分类，有助于正确处理财政分配中集权与分权的关系。

（三）按财政收入的来源分类

按财政收入的来源不同，有以下三种分类。

1. 从经济部门的角度分类

财政收入分为来自工业、农业、商业、交通运输业、建筑业及其他经济部门的收入。

2. 从所有制的角度分类

财政收入分为国有经济的收入和非国有经济的收入。其中国有经济提供的收入在我国一直占据重要地位。

3. 从价值角度分类

财政收入分为来自生产资料耗费的补偿价值（C）的收入，来自劳动力再生产价值（V）的收入，来自剩余产品价值（M）的收入。

三、财政收入规模

（一）含义

财政收入规模，是指一定时期内（通常为一年）国家所能筹集到的财政收入的绝对量或相对量，是考察财政分配活动规模的一项重要内容。

财政收入规模，既不能简单地强调财政收入规模的最小化，也不能将财政收支适合状态下的财政收入规模视为"最优"，更不能将其界定为合乎财政收入制度约束规范的财政收入规模。必须从非制度约束出发，研究符合社会经济发展客观要求的财政收入分配总量的最优化。衡量财政收入规模的绝对量指标是财政总收入。其主要包括中央和地方财政总收入、中央本级财政收入和地方本级财政收入、中央对地方的税收返还收入、地方上解中央的收入、税收收入等。财政收入的绝对量指标系列，具体反映了财政收入的数量、构成、形式和来源。衡量财政收入规模的相对量，则是指一定时期内财政收入与有关经济和社会发展指标的比率。财政收入的相对量反映了财政收入与宏观经济运行及国民收入分配的相互关联、相互制约的关系。通常用财政收入占国民生产总值（GNP）或国内生产总值（GDP）的比重来衡量。

（二）影响因素

谋求财政收入的增长，通常是一国政府财政活动的重要目标之一，尤其是在公共需求范围日益扩大的现代社会，财政收入规模保证财政收入增长更为各国政府所重视。但财政收入能有多大规模，能以何种速度增长，不是或不完全是以政府的意愿为转移的，经济发展水平和技术进步是决定财政收入规模的主要因素。

经济发展水平对财政收入的影响是最基础的，一国的经济发展水平主要表现在人均占有国内生产总值上。它表明一国生产技术水平的高低和经济实力的强弱，反映一国社会产品丰裕程度及其经济效益的高低，是形成财政收入的物质基础。一般来说，随着经济发展水平的不断提高，国民收入的不断增长，该国的财政收入规模也会不断扩大。如英、法、美等西方主要国家，19世纪末财政收入占国内生产总值的比重一般为10%左右，而到20世纪末，则上升到30%～50%。从横向比较看，经济发展水平较高的发达国家财政收入水平一般会高于经济发展水平较低的发展中国家。

技术进步对财政收入规模的影响可从两个方面来分析：一是技术进步加快了生产速度、提高了生产质量，增加了国民收入，从而使财政收入的增长有了充分的财源；二是技术进步降低了物耗比例，提高了人均产出比率和社会剩余产品价值率。由于财政收入主要来自剩余产品价值，所以技术进步对财政收入规模的影响更为明显和直接。

第二节　税收收入

一、税收的概念

税收是政府为了实现其职能的需要，凭借政治权力，按照法律规定的标准和程序，强制地、无偿地取得财政收入的一种形式。税收是政府财政收入的一种形式；政府征税的依据是国家的政治权力；政府征税的目的是实现其职能；政府征税需借助法律形式。对这一概念可以从三个方面理解。

（1）税收与国家存在本质性的联系，税收收入是国家机器赖以存在并执行其职能的物质基础。

（2）税收收入是财政收入的一种形式，而且是最根本、最重要的形式。

（3）税收是按照法律规定征收的，征税的依据是国家公共权力。

二、税收的基本特征

税收的基本特征亦称税收形式特征，是指税收分配形式区别于其他分配形式的质的规定性。税收的特征是由税收的本质决定的。其本质是国家为满足社会公共需要而对剩余产品进行的集中分配。社会公共需要的这种性质决定了税收具有强制性、无偿性和固定性的特征。

（一）强制性

强制性指国家以社会管理者身份，用法律形式对征、纳双方权利与义务的制约。国家征税是凭借政治权力，而不是凭借财产所有权。国家征税不受财产直接所有权归属的限制，国家对不同所有者都可以行使征税权。社会主义的国有企业，是相对独立的经济实体，国家与国有企业的税收关系，也具有强制性特征。这是税收形式与国有企业利润上交形式的根本区别。

（二）无偿性

无偿性指国家征税对具体纳税人既不需要直接偿还，也不付出任何形式的直接报酬。无偿性是税收的关键特征。它使税收区别于国债等财政收入形式。无偿性决定了税收是筹集财政收入的主要手段，并成为调节经济和矫正社会分配不公的有力工具。

（三）固定性

固定性指国家征税必须通过法律形式，事先规定课税对象和课征额度，也可以理解为规范性。税收固定性的含义包括三个层次，即课税对象上的非惩罚性、课征时间上的连续性和课征比例上的限度性。税收的固定性特征，是税收区别于罚没、摊派等财政收入形式的重要特征。

三、税制要素

（一）纳税主体

纳税主体又称纳税人，是指税法规定负有纳税义务直接向税务机关缴纳税款的自然人、法人或其他组织。

(二) 征税对象

征税对象又称征税客体,是指税法规定对什么征税,是征纳税行为所触及的客体或标的物。每种税都有征税对象的规定。比如,所得税的征税对象是企业或个人的应税利润或所得。征税对象在税收制度中占有十分重要的地位。

(三) 税率

税率是应纳税额与征税对象之间的比例,是计算应纳税额的尺度,反映了征税的程度。税率有比例税率、累进税率(全额累进税率与超额累进税率)和定额税率三种基本形式。

(四) 纳税环节

纳税环节是指商品在整个流转过程中按照税法规定应当缴纳税款的阶段。

(五) 纳税期限

纳税期限是税法规定的纳税主体向税务机关缴纳税款的具体时间。一般有按次征收与按期征收两种。

(六) 纳税地点

纳税地点是指缴纳税款的地方。一般为纳税人的住所地,也有规定在营业发生地缴纳税款的。

(七) 税收优惠

税收优惠是指税法对某些特定的纳税人或征税对象给予免除部分或全部纳税义务的规定。从目的上讲,有照顾性与鼓励性两种。

其中,纳税人、征税对象、税率是税制的基本三要素。

四、税收的作用

(一) 组织财政收入的作用

在社会主义市场经济条件下,税收成为我国财政收入的主要形式,税收收入逐年大幅上升,税收组织财政收入的作用,体现在以下两个方面。

1. 税收来源的广泛性

税收不仅可以对流转额征税,还可以对各种收益、资源、财产、行为征税;不仅可以对国有企业、集体企业征税,还可以对外资企业、私营企业、个体工商户征税等。税收保证财政收入来源的广泛性,是其他任何一种财政收入形式不能比拟的。

2. 税收收入的及时性、稳定性和可靠性

由于税收具有强制性、无偿性、固定性的特征,因此税收就把财政收入建立在及时、稳定、可靠的基础上,成为国家满足公共需要的主要财力保障。

(二) 配置资源的作用

在社会主义市场经济条件下,市场对资源配置起主导作用,但市场配置资源,也有它的局限性,可能出现市场失灵,如无法提供公共产品、外部效应、自然垄断等。这时,就有必要通过税收保证公共产品的提供,以税收纠正外部效应,以税收配合价格调节具有自然垄断性质的企业和行业的生产,使资源配置更加有效。

（三）调节需求总量的作用

根据经济情况变化，制定相机抉择的税收政策来实现经济稳定。在总需求过度引起经济膨胀时，选择紧缩性的税收政策，包括提高税率、增加税种、取消某些税收减免等，扩大征税以减少企业和个人的可支配收入，压缩社会总需求，达到经济稳定的目的；反之，则采取扩张性的税收政策，如降低税率、减少税种、增加某些税收减免等，减少征税以增加企业和个人的可支配收入，刺激社会总需求，达到经济稳定的目的。

五、税收分类

（一）按征税对象分类

1. 流转税

流转税以流转额为课税对象（增值税、消费税、营业税和关税等）。

2. 所得税（收益税）

所得税（收益税）以各种所得额为课税对象（企业所得税、个人所得税）。

3. 财产税

财产税以纳税人所拥有或支配的财产数量或者财产价值为课税对象（房产税、契税、车船税、船舶吨税等）。

4. 资源税

资源税以自然资源和某些社会资源为征税对象（资源税、城镇土地使用税等）。

5. 行为税

行为税以纳税人的某些特定行为为课税对象（城市维护建设税、印花税、车辆购置税等）。

（二）按征收管理的分工体系分类

1. 工商税收：由税务机关负责征收管理（绝大部分）

工商税收是指以从事工业、商业和服务业的单位和个人为纳税人的各种税的总称，是我国现行税制的主体部分。具体包括增值税、消费税、营业税、资源税、企业所得税、个人所得税、城市维护建设税、房产税、土地增值税、印花税等。工商税收的征收范围较广，既涉及社会再生产的各个环节，也涉及生产、流通、分配、消费的各个领域，是筹集国家财政收入、调节宏观经济最主要的税收工具。工商税收占税收总额的90%以上。

2. 关税：由海关负责征收管理

关税是对进出境的货物、物品征收的税收的总称，主要是指进出口关税以及对入境旅客行李物品和个人邮递物品征收的进口税。不包括由海关代征的进口环节增值税、消费税和船舶吨税。关税是中央财政收入的重要来源，也是国家调节进出口贸易的主要手段。

（三）按照税收征收权限和收入支配权限分类

1. 中央税

中央税属于中央政府的财政收入，由国家税务总局负责征收管理，如关税。

2. 地方税

地方税属于地方各级政府的财政收入，由地方税务局负责征收管理，如房产税、车船税、土地增值税、城镇土地使用税等。

3. 中央地方共享税

中央地方共享税属于中央政府和地方政府财政的共同收入，由中央、地方政府按一定的比例分享税收收入，目前由国家税务总局负责征收管理，如增值税、印花税、资源税等。

（四）按照计税标准不同进行的分类

1. 从价税

从价税以征税对象价格为计税依据，其应纳税额随商品价格的变化而变化，能充分体现合理负担的税收政策，因而大部分税种均采用这一计税方法，如我国现行的增值税、房产税等。

2. 从量税

从量税按照财产或商品的自然单位（重量、数量等）计征，如资源税、车船使用税等。

六、我国的主要税种

（一）流转税

流转税，又称流转课税、商品税，指以纳税人商品生产、流通环节的流转额或者数量以及非商品交易的营业额为征税对象的一类税收。流转税是商品生产和商品交换的产物，各种流转税（如增值税、消费、营业税）是政府财政收入的重要来源。

1. 增值税

增值税是对销售货物或者提供加工、修理修配劳务以及进口货物的单位和个人就其实现的增值额征收的一个税种。增值税已经成为中国最主要的税种之一，增值税的收入占中国全部税收的60%以上，是最大的税种。增值税由国家税务局负责征收，2016年5月1日之前，增值税税收收入中75%归中央，25%归地方。2016年4月29日，国务院下达《国务院关于印发全面推开营改增试点后调整中央与地方增值税收入划分过渡方案的通知》，制定全面推开营改增试点后调整中央与地方增值税收入划分的过渡方案，规定所有行业企业缴纳的增值税均纳入中央和地方共享范围，中央分享增值税的50%，地方按税收缴纳地分享增值税的50%。

2. 消费税

消费税是以特定消费品为课税对象所征收的一种税。在对货物普遍征收增值税的基础上，选择少数消费品再征收消费税，目的是调节产品结构，引导消费方向，保证国家财政收入。

我国的消费税采用比例税率和定额税率两种形式。烟、粮食白酒、薯类白酒、其他酒、酒精、化妆品、贵重首饰及珠宝玉石、化妆品、鞭炮焰火、汽车轮胎、摩托车、小汽车、木制一次性筷子、实木地板、高尔夫球及球具、游艇、高档手表等采用比例税率，对黄酒、啤酒、成品油等采用定额税率。

3. 营业税

营业税是对在中国境内提供应税劳务、转让无形资产或销售不动产的单位和个人，就其所取得的营业额征收的一种税。

自2016年5月1日起，我国全面推行营改增试点，将建筑业、房地产业、金融业、生活服务业全部纳入营改增试点，至此，营业税退出历史舞台，增值税制度更加规范。这是自

1994 年分税制改革以来，财税体制的又一次深刻变革。

（二）所得税

所得税又称所得课税、收益税，指国家对法人、自然人和其他经济组织在一定时期内的各种所得征税的一类税收。所得税是税种之一类，按自然人、公司或者法人为课税单位。世界各地有不同的课税率系统，例如有累进税率也有单一税率。所得税主要有企业所得税和个人所得税两种。

1. 企业所得税

企业所得税的征税对象是纳税人取得的所得，包括销售货物所得、提供劳务所得、转让财产所得、股息红利所得、利息所得、租金所得、特许权使用费所得、接受捐赠所得和其他所得。

我国的企业所得税是对中国境内企业（个人独资企业和合伙企业除外）的生产经营所得和其他所得征收的一种税。企业（包括居民企业和非居民企业）和其他取得收入的组织为企业所得税的纳税人。法定税率是 25%，非居民企业的适用税率是 20%。

2. 个人所得税

个人所得税是对个人的劳动和非劳动应税所得进行课征的一种税收。

个人所得的征税对象：工资、薪金所得；个体工商户的生产、经营所得；企事业单位的承包经营、承租经营所得；劳务报酬所得；稿酬所得；特许权使用费所得；利息、股息、红利所得；财产租赁所得；财产转让所得；偶然所得等。

我国的个人所得税纳税人包括居民纳税人和非居民纳税人，采用超额累进所得税制。

（三）资源税

资源税，是以各种应税自然资源为课税对象，为了调节资源级差收入并体现国有资源有偿使用而征收的一种税。资源税在理论上可区分为对绝对矿租课征的一般资源税和对级差矿租课征的级差资源税，体现在税收政策上就叫作"普遍征收，级差调节"，即所有开采者开采的所有应税资源都应缴纳资源税，同时，开采中、优等资源的纳税人还要相应多缴纳一部分资源税。

（四）财产税

财产税是以纳税人所有或属其支配的财产为课税对象的一类税收。它以财产为课税对象，向财产的所有者征收。财产包括一切积累的劳动产品（生产资料和生活资料）、自然资源（土地、矿藏、森林等）和各种科学技术、发明创作的特许权等，国家可以选择某些财产予以课税。财产税属于对社会财富的存量课税，它通常不是课自当年创造的价值，而是课自往年度创造价值的各种积累形式。例如房产税、车船税、契税等，这些税种均对纳税人拥有或使用的财产进行征收。

（五）行为税

行为税是国家为了对某些特定行为进行限制或开辟某些财源而课征的一类税收。如针对一些奢侈性的社会消费行为，征收娱乐税、宴席税；针对牲畜交易和屠宰等行为，征收交易税、屠宰税；针对财产和商事凭证贴花行为，征收印花税，等等。行为税收入零星分散，一般作为地方政府筹集地方财政资金的一种手段，行为课税的最大特点是征纳行为的发生具有偶然性或一次性

七、中国的税收征收管理

(一) 税收征收管理的概念

税收征收管理是税务管理的重要组成部分，是税务机关根据税法的有关规定，对税收工作实施管理、征收、检查等活动的总称，又称税收稽征管理。

(二) 税收征收管理的原则

税收征收管理的原则分为四方面九原则：①财政原则，包括充分原则和弹性原则。②国民经济原则，包括税源的选择原则和税种的选择原则。③社会公正原则，包括普遍原则和公平原则。④税务行政原则，包括确实原则、便利原则、最少征收原则（节省原则）。通常又把税收原则归结为"公平、效率、稳定经济"三原则。

(三) 税收征收管理的目的

提高税收征收管理质量和效率是中国税收征收管理工作的基本目标，具体包括以下四方面。

1. 执法规范

努力做到严格执法、公正执法、文明执法，确保各项税收政策措施落实到位。

2. 征收率高

依据税法和政策，通过各方面管理和服务工作，使税款实征数不断接近法定应征数，保持税收收入与经济协调增长。

3. 成本降低

降低税收征纳成本，以尽量少的征纳成本获得尽量多的税收。

4. 社会满意

有效发挥税收作用，为纳税人提供优质高效的纳税服务，税务部门的形象日益改善。

第三节 非税收入

一、概念

非税收入，是指除税收以外，由各级国家机关、事业单位、代行政府职能的社会团体及其他组织依法利用国家权力、政府信誉、国有资源（资产）所有者权益等取得的各项收入。

二、主要形式

我国的非税收入具体包括：行政事业性收费收入、政府性基金收入、罚没收入、国有资产收益、私人部门的捐赠收入和其他非税收入。从我国历年的数据来看，非税收入的绝对数额以及在财政收入中的占比均呈现逐年上升的趋势。

(一) 行政事业性收费

行政事业性收费是指中央和地方各部门所属事业单位向国家缴纳的规费收入和使用费等其他收入。

1. 规费

规费是指国家机关为居民或单位提供某些特殊服务时所收取的手续费和工本费，按照收费主体的不同可分为两大类。

（1）行政规费。

行政规费是指政府行政管理部门在实施行政管理的过程中，向特定的受益者收取的费用，如驾驶证费、商标登记费、户口簿费和护照费等。

（2）司法规费。

司法规费是指司法机构向享受司法服务的单位或个人收取的费用，如结婚登记费、出生登记费、民事诉讼费等。

2. 使用费

使用费是指政府公共经济部门的企事业单位向特定公共服务或公共设施的使用者收取的费用。按照收费主体的不同，可分为两大类。

（1）事业性收费。

事业性收费是指科教文卫等事业单位按照国家的有关规定向服务对象收取的费用，如学校、医院、科研机构等单位向服务对象收取的费用。事业性收费大多是不等价的，其收费通常是对服务成本的部分补偿，这有别于市场交易行为。

（2）企业性收费。

企业性收费是指处于政府公共经济部门的国有企业在提供服务或设施时向特定的受益者收取的费用，如通信费、水费、电费等。企业性收费的标准通常比事业性收费的标准高，其不仅要弥补生产成本，甚至要取得一定的盈利，但盈利不是其唯一目标，这同样也有别于市场交易行为。

（二）政府性基金收入

政府性基金收入是指各级政府及所属部门根据有关法律、法规，为支持某项事业发展，而向自然人、法人和其他组织收取的具有专项用途的资金。政府性基金通常有三种分类。

1. 按资金使用行业和部门分类

政府性基金可分为工业发展基金、交通建设基金、教育事业基金、城市建设基金等。

2. 按筹集方式分类

有附加在税收上征收的基金，如教育费附加等；有附加在价格上征收的基金，如电力建设基金等；有以销售收入为对象征收的基金，如文化事业建设费、碘盐基金等。

3. 按项目名称分类

有直接采用基金名称的基金，如铁路建设基金、公路建设基金、民航基础设施建设基金等；有以各种附加为名称的基金，如教育费附加、邮电附加等；有以专项收费为名称的基金，如机场管理建设费、养路费等。

（三）罚没收入

罚没收入是指工商、税务、海关、公安、司法等国家机关和经济管理部门按规定依法处理的罚款和没收品收入，以及各部门、各单位依法处理追回的赃款和赃物变价款收入。

按照罚没收入收取的主体的不同，一般可将罚没收入分为行政性罚没收入和司法性罚没收入两大类。行政性罚没收入是由国家行政机关做出处罚决定而获取的罚没收入，如交通违法的罚款、对经营假冒伪劣商品的罚款、对违反技术标准、违反商标管理的罚款等；司法性罚没收入是由国家司法机关做出处罚决定而获取的罚没收入，如违反《中华人民共和国治安管理处罚法》的罚款、对刑事犯罪分子的罚没收入等。

(四) 国有资产收益

国有资产收益有广义和狭义之分。广义的国有资产收益是指国家凭借资产所有权取得的各种收益的总称，既包括经营性国有资产收益，也包括非经营性国有资产收益。狭义的国有资产收益是指经营性国有资产收益。我国国有资产收益的具体形式主要有以下三种。

1. 利润上缴

利润上缴是我国国有资产收益的一般形式，主要适用于国家独资、直接经营和实行承包经营的国有企业。根据不同时期的国有企业经营具体形式的不同，可以具体分为：上缴利润递增包干；上缴利润基数包干，超收分成；上缴利润定额包干等。随着国有资本经营预算制度的试行，上缴利润的主要部分由国有独资企业按规定上缴给国家和各级政府的利润构成。

2. 租金

租金是国家作为出租方将整个国有企业或部分国有资产出租给承租人进行生产经营活动而得到的收益，是国有资产收益的一种重要的具体形式。在国有资产采用租赁经营的方式下，国家在一定时期让渡了国有资产的使用权和经营权，必然要求承租者对国家的这种让渡进行价值补偿。这种价值补偿数量的多少即租金数额的确定通常需要参照承租者实际占用的资产数额、企业的资金利润率、银行的固定资产投资贷款利率以及企业的生产经营条件等具体情况。

3. 股利

股利是按所占的股份分配给股东的利润。对于实行公司制经营企业的那部分国有资产收益，股利是国家作为股东，凭借其股权参与股份企业资产经营收益分配取得的收入。股利有股息和红利之分，股息是股份资产的利息，红利是股东从股份公司得到的超过股息部分的利润。在设立优先股的股份公司里，通常普通股可以分股息，又可以分红利，而优先股不分红利。

（五）其他收入

目前主要包括：国际组织、友好国家、国内单位和个人捐赠的收入，主管部门集中收入，国际赠款有偿使用费收入，乡镇自筹和统筹收入，基本建设收入，石油特别收益金专项收入等。

第四节 公债

一、公债的概念及特点

（一）公债的概念

公债是各级政府为筹集财政资金，凭借信誉按照一定程序向投资者出具的，承诺在一定时期支付利息和到期偿还本金的一种格式化债务凭证。公债包括国债和地方债。国债由中央政府发行，所筹资金由中央政府支配使用并负责偿还。地方债由地方政府发行，所筹资金由地方政府支配使用并负责偿还。由于公债的本息偿付是以国家经常性财政收入作为保证的，因而与私债相比，公债信用程度高，投资公债风险小，俗称金边债券。

从形式上看，公债是一种有价证券。公债是债券的一种，它具有债券的一般性质。

从功能上看，公债最初仅仅是政府弥补赤字的手段，但在现代商品经济条件下，公债也成为政府筹集资金、扩大公共事业开支的重要手段，并且随着金融市场的发展，逐渐具备了金融商品和信用工具的智能，成为国家实施宏观经济政策、进行宏观调控的工具。

（二）公债的特点

公债和税收一样，都是国家筹集财政资金的手段，但是公债与税收有所不同，公债具有有偿性、自愿性、灵活性的特征。

1. 有偿性

这是指财政资金通过公债进行筹集，政府作为债务人需按期偿还，此外还需按照时限规定的条件向公债的购买者支付一定数额的利息以作为暂时让渡资金使用权的回报。这是公债区别于税收的无偿性的重要特征。

2. 自愿性

这是指公债的发行或认购均建立在认购者自愿承受的基础上，是否认购以及认购的数量均由认购者自主决定，这同税收的强制性有着明显的区别。

3. 灵活性

公债的灵活性是指公债是否发行以及发行数量一般完全由政府根据具体情况灵活地加以确定，而非通过法律形式预先确定。这是公债具有的一个显著特征，有别于税收的固定性。

二、公债的分类及作用

（一）公债的分类

按公债发行的地域分类，在国内发行的公债叫国内公债或政府内债；在国外发行的公债叫国外公债或政府外债。

按公债发行的主体分类，可以分为三大类：中央政府发行的国债、政府关系债、地方政府债券。

按发行本位进行分类，公债分为货币本位券和实物（折实）本位券。

按形态分类，公债可以分为附息债（剪息债）和贴现债。

按担保进行分类，本利的支付由政府做担保的公债叫"政府担保债"，反之为"非政府担保债"。

根据不同时期的不同情况，有不同的区分方法，一般偿还期限在 1 年以内的为短期债券；2~5 年的为中期债券；6~10 年的为长期债券；11 年以上的为超长期债券。

按募集方式分，公债分为公募债券和非公募债券。

（二）公债的作用

1. 财政角度

从财政角度看，公债是财政收入的补充形式，是弥补赤字、解决财政困难的有效手段。当国家财政一时支出大于收入、遇有临时急需时，发行公债比较简捷，可济急需。从长远看，公债还是筹集建设资金的较好形式。一些投资大、建设周期长、见效慢的项目，如能源、交通等重点建设，往往需要政府积极介入。

2. 经济角度

从经济角度看，公债是政府调控经济的重要政策工具。公债可以调节积累与消费，促进两者比例关系合理化；公债可以调节投资结构、促进产业结构优化；公债可以调节金融市场、维持经济稳定；公债可以调节社会总需求，促进社会总供给与总需求在总量和结构上的平衡。

三、公债的规模及其衡量

（一）公债规模

公债规模是指国家负债的水平，即国家年末公债余额。其主要由两部分组成：以前年度发行的至本年末尚未偿还的部分和本年度新发行的至年末尚未偿还的部分。

（二）公债规模的衡量指标

1. 绝对量指标

一般来说，衡量公债绝对量的指标有以下三种。

（1）公债总额，也称公债余额，是指政府现存且尚未清偿的债务总额。这一指标反映了政府的债务总规模。在没有短期公债的情况下，公债总额是当年新债发行额与历年公债累计余额之和。

（2）公债发行额，是指政府在某一年度内发行债务的数额。这一指标是从政府收入角度衡量公债数量。在平价发行的情况下，如果不考虑发行手续费等因素，公债发行额就是这一年的公债收入。

（3）公债还本付息额，是指在某一年度内政府对公债的偿还额。这一指标是从政府支出角度衡量政府的债务负担。只有当公债发行额大于公债还本付息额时，政府才有公债净收入可以利用。

2. 相对量指标

对公债规模的衡量除了可采用绝对量指标外，还可以采用相对量指标。而且由于相对量指标综合考虑了公债数额与国民经济和财政状况之间的关系，所以，相对量指标更具有普遍意义。国际上通用的公债相对量指标主要有三个：公债负担率、公债依存度和公债偿债率。

（1）公债负担率：公债负担率是指公债余额占当年 GDP 的比重。用公式表示如下：

$$公债负担率 = （当年公债余额/GDP） \times 100\%$$

（2）公债依存度：公债依存度是指当年的公债发行额占当年财政支出的比重。用公式表示如下：

$$公债依存度 = （当年公债发行额/当年财政支出额） \times 100\%$$

（3）公债偿债率：公债偿债率是指公债的还本付息额占当年财政收入的比重。用公式表示如下：

$$公债偿债率 = （当年公债还本付息额/当年财政收入额） \times 100\%$$

四、公债规模的影响因素

公债是政府筹集财政资金的一种重要方式，但公债的发行并不是一个无限的量，公债规模也存在一个适度的问题。如果公债发行规模过大，则不但难以发挥其对经济的促进作用，反而会给国家财政和社会经济的正常运行带来影响。因此，公债规模必须加以控制。公债规模主要取决于债权人的承受能力和债务人的偿还能力。其影响因素还有公债的使用方向、经济发展水平、生产关系类型和安全政治背景等方面。

（一）债权人的承受能力

公债主要面向居民和各经济实体发行，居民和各经济实体为公债的债权人。债权人的承受能力直接影响着公债的发行规模。

（1）居民债权人的承受能力主要受两个因素的影响：居民的收入水平和社会平均消费水平。具体而言，居民的承受能力与其收入水平成正比，与社会平均消费水平成反比。若社会消费水平一定，则居民收入水平越高，其购买公债的能力越强；若居民收入水平一定，则社会平均消费水平越高，可用于购买公债的收入份额便越小。

（2）经济实体债券人的承受能力，同样受制于两个因素，即经济实体自有资金的数量和维持正常积累及各项日常事务处理的资金量。经济实体债券人的承受能力和前者成正比，与后者成反比。

（二）债务人的偿债能力

公债的债务人即政府，公债的发行规模必然受到政府的偿债能力的制约。如果公债发行量超过政府偿债能力，则可能导致政府的债务危机和信任危机。政府的偿债能力通常受两方面的制约：财政收入的增长速度和 GDP 增长速度。

（1）财政收入的增长速度越快，财政收入的规模越大，可用于公债到期还本付息的资金就越多，政府的偿债能力就越强；反之则反是。

（2）GDP 的增长速度越快，财政收入增长的基础就越好，政府的偿债能力便越强；反之，GDP 增长速度不理想，财政收入的增长便会失去基础，国民经济也难以为政府的偿债提供条件。

五、公债的发行与偿还

（一）公债的发行

公债发行是指政府将公债出售给认购者，并将公债收入集中到政府手中的过程。

公债发行的方法：公募法、包销法、公卖法、特别发行法。

公债发行条件主要包括：公债品种、公债发行权限、公债发行对象、公债发行数额、公债票面金额、公债的发行价格、利息率、对公债流动性和安全性的规定。

（二）公债的偿还

公债的偿还是指政府按期偿还公债的本金和支付利息。

偿还公债的资金来源主要有：通过预算安排、设置偿债基金、举借新债。

偿还方式：市场购销偿还法、抽签偿还法、比例偿还法、到期一次偿还法、调换偿还法。

本章小结

- 按财政收入的形式不同，财政收入可分为税收收入和非税收入两类。
- 按财政收入管理权的归属不同，财政收入可分为中央财政收入和地方财政收入。
- 按财政收入的来源不同，从经济部门的角度财政收入可分为来自工业、农业、商业、交通运输业、建筑业及其他经济部门的收入；从所有制的角度财政收入可分为国有经济的收入和非国有经济的收入；从价值角度财政收入可分为来自生产资料耗费的补偿价值（C）的收入，来自劳动力再生产价值（V）的收入和来自剩余产品价值（M）的收入。
- 税收是政府财政收入的一种形式；政府征税的依据是国家的政治权力；政府征税的目的是实现其职能的需要；政府征税需借助法律形式。
- 税收具有强制性、固定性、无偿性的特征。
- 税率有比例税率、累进税率（全额累进税率与超额累进税率）和定额税率三种基本形式。
- 按征税对象分类，税收可分为流转税、所得税、财产税、资源税和行为税五种类型。
- 按征收管理的分工体系分类，税收可分为工商税收和关税。
- 按照税收征收权限和收入支配权限分类，税收可分为中央税、地方税和中央地方共享税。
- 按照计税标准不同进行分类，税收可分为从价税和从量税。
- 我国的消费税采用比例税率和定额税率两种形式。
- 我国的企业所得税是对中国境内企业（个人独资企业和合伙企业除外）的生产经营所得和其他所得征收的一种税。企业（包括居民企业和非居民企业）和其他取得收入的组织为企业所得税的纳税人。
- 个人所得的征税对象：工资、薪金所得；个体工商户的生产、经营所得；企事业单位的承包经营、承租经营所得；劳务报酬所得；稿酬所得；特许权使用费所得；利息、股息、红利所得；财产租赁所得；财产转让所得；偶然所得等。
- 我国的非税收入具体包括：行政事业性收费收入、政府性基金收入、罚没收入、国有资产收益、私人部门的捐赠收入和其他非税收入。
- 规费是指国家机关为居民或单位提供某些特殊服务时所收取的手续费和工本费，按照收费主体的不同可分为行政规费和司法规费。
- 使用费是指政府公共经济部门的企事业单位向特定公共服务或公共设施的使用者收取的费用。按照收费主体的不同，可分为事业性收费和企业性收费。
- 我国国有资产收益的主要形式有利润上缴、租金和股利。
- 公债具有有偿性、自愿性和灵活性的特征。
- 公债规模是指国家负债的水平，主要由两部分组成：以前年度发行的至本年末尚未偿还的部分和本年度新发行的至年末尚未偿还的部分。

重要概念

财政收入　财政收入规模　税收　纳税主体　征税对象　税率　流转税　增值税　消费税　资源税　财产税　行为税　企业所得税　个人所得税　非税收入　行政事业性收费　规费　使用费　政府性基金收入　罚没收入　公债

复习思考题

（1）税收的作用有哪几方面？
（2）我国的流转税主要包括哪些？
（3）我国的非税收入的主要形式有哪些？

(4) 影响公债规模的因素有哪些?

讨论分析题

我国的房产税改革历程

谈到房产税改革,就不得不先了解我国房产税改革的历史进程。我国房产税改革经历了一个艰苦曲折的发展历程。

中华人民共和国成立以后,政务院于1950年1月颁布了《全国税政实施要则》,其中把房产税列为全国开征的一个独立税种。1951年8月,政务院又公布了《城市房地产税暂行条例》,将房产税和地产税合并为一个税种,定名为城市房地产税,并规定只在核准的城市范围内征收。直到1984年改革工商税制,国家决定恢复征收房地产税,将房地产税分为房产税和城镇土地使用税两个税种。1986年9月15日,国务院发布《中华人民共和国房产税暂行条例》,1986年10月1日起施行,适用于国内单位和个人。2003年,十六届三中全会通过的《中共中央关于完善社会主义市场经济体制若干问题的决议》提出条件成熟时可以取消不动产的相关收费,改为对不动产征收统一的物业税。这一决议是我国首次提到对自住房进行征税。2006年,物业税进行了虚拟意义上的资金循环,由房产部门、财政部等联合参与,对物业进行评估和税收统计,即物业税的空转。2007年,国家税务总局在发布的《2007年全国税收工作要点》中提到继续推进物业税空转试点,至此已有北京、江苏、深圳、天津、安徽等十个省市进行了物业税空转。2009年1月1日起,外商投资企业、外国企业和组织以及外籍个人,依照《中华人民共和国房产税暂行条例》缴纳房产税,1951年9月施行的《城市房地产税暂行条例》同时废止,彻底结束了我国内外两套税制的历史。2011年,我国在沪、渝两地对自住房房产税进行了改革。2012年年底,住房和城乡建设部部长姜伟新申明将继续研究自住房房产税改革试点,并加速城镇居民住房信息系统的建设。2013年5月,国家发展和改革委员会发布的《关于2013年深化经济体制改革重点工作的意见》明确提出扩大房产税改革试点。2013年11月,十八届三中全会通过的《中共中央关于全面深化改革若干重大问题的决定》提出"加快房地产税立法并适时推进改革",把房产税立法提上了日程。2014年5月,国土资源部在地籍管理司加挂不动产登记局,为自住房房产税改革的推进提供后备信息支持。2014年11月12日,国务院公布《不动产登记暂行条例》,自2015年3月1日起施行。2015年8月,房地产税纳入了第十二届全国人大常委会立法规划。2016年1月,《不动产登记暂行条例实施细则》正式发布实施,为房产税的全面施行提供了前提技术条件。然而,改革意味着机遇与风险并存,房产税改革亦是面临着未知的风险与阻碍,需要社会各界积极配合以顺利进行。

请讨论分析:
我国目前是否应该大面积开征房产税?并说明理由。

第四章 财政体制

财政体制是国家管理财政的组织体系、管理制度和管理形式,本质是如何处理国家在财政资金分配上的集权与分权问题。通过本章的学习,你将了解财政体制的含义和内容;理解我国现行的分税制;了解我国的转移支付制度。

第一节 财政体制概述

一、财政体制的含义

财政体制有广义和狭义两种含义,广义的财政体制包括预算管理体制、税收管理体制、财务管理体制和国家金库管理体制等;狭义的财政体制仅指预算管理体制,因为预算管理体制是财政体制的中心环节。因此,人们通常所说的财政体制,指的就是政府预算管理体制,简称预算体制。

预算管理体制,是确定中央政府与地方政府以及地方各级政府之间各级预算管理的职责权限和预算收支范围的一项根本制度。预算管理体制的核心问题是各级政府之间的收支划分。我国预算管理体制进行过多次改革,总体上是根据"统一领导、分级管理"原则,由高度集中管理体制,到逐步实行多种形式的分级管理体制。我国现行的预算管理体制是1994年起实行的分税制财政体制。

在整个国民经济管理体制中,财政体制占有重要的地位,因为各项经济事业的发展都要有财力、物力的支持。由于财政管理体制属于上层建筑,它反映社会主义经济基础并由其决定。因此,财政管理体制要为社会主义经济基础和生产力的发展服务,并要适应国民经济发展的要求。

二、财政体制的实质和类型

(一) 财政体制的实质

财政体制的实质是正确处理国家在财政资金分配上的集权与分权问题。国家的各项职能是由各级政府共同承担的,为了保证各级政府完成一定的政治经济任务,就必须在中央与地方政府之间、在地方各级政府之间,明确划分各自的财政收支范围、财政资金支配权和财政管理权。一般来说,各级政府有什么样的行政权力(事权),就应当有相应的财权,以便从财力上保证各级政府实现其职能。

（二）财政体制的类型

在不同的国家或者同一国家的不同历史时期，财政体制都存在着差别。根据财政的集权与分权、财力的集中与分散程度的不同，财政体制大体上可分为集权型与分权型两种类型，分权型又可进一步细分为行政性分权型和经济性分权型。

1. 集权型财政体制

集权型财政体制是指预算分配权限主要集中在中央的管理体制。在集权型财政体制下，预算资金的支配权和预算管理权由中央高度集中统一，地方的权限和机动财力均很小，收支指标是指令性的，地方只有照办，没有收支调剂权。这种体制的主要特点是：财权、财力高度集中于中央，地方组织的财政收入都统一上缴中央，地方的支出统一由中央拨付。地方的收入和支出基本上不发生联系。我国1950年和1968年采用的"统收统支"办法即属于集权型财政体制。

2. 分权型财政体制

行政性分权型财政体制是在中央统一领导和统一计划下，由地方掌握部分预算分配权限的管理体制。这种体制的主要特点是：除中央必须集中的财政资金外，给地方或大或小的机动财力和调剂权限。在中央与地方政府之间的财政收支关系的确定上，随意性比较大，且缺乏稳定性。我国1994年以前的大多数年份实行的财政体制属于该种类型。

经济性分权型财政体制是现代市场经济中实行地方财政自治的财政体制。这种体制的主要特点是：在保持中央调控能力的前提下，地方有自主的财政收支权与调剂权。一般是以法律的形式规定中央与地方政府之间的财政收支关系，政府间财政关系一经确定，不能随意更改，且有较强的稳定性。

三、财政体制的内容

（一）财政分配和管理机构的设置

有财政分配，就需要设立一定的机构来从事财政管理。与政府管理体制相适应，目前我国的财政管理机构分为中央、省（自治区、直辖市）、设区的市（自治州）、县（自治县、不设区的市、市辖区）、乡（民族乡、镇）五级。各级财政部门内部又设置不同业务分工的机构，分别负责各项业务管理工作。

（二）政府间事权及支出责任的划分

财政体制作为划分各级政府间财政关系的根本制度，其依据是政府职能界定和政府间事权划分。政府间财政支出划分是财政体制的基础性内容。在多层级政府及其财政结构中，任何一个国家都不可能将所有事权集中在中央，也不可能将所有事权都下放给地方。过度集权和过度分权都会产生许多问题。政府间事权及支出责任划分一般遵循以下四个重要原则。

1. 受益原则

这是指根据公共产品和服务的受益范围来划分政府间事权。在全国范围内受益的事权划归中央；在区域范围内受益的事权划归地方。对于受益范围涉及多个区域的事权划归相关地区政府协商承担，或者由中央政府出面协调由受益地区共同承担。

2. 效率原则

这是指根据产品的配置效率来确定事权的归属。公共产品和服务由哪一级政府提供效率更高就由哪一级政府来提供。

3. 区域原则

这是指根据公共产品和服务的区域性来划分政府间事权。将没有区域性特征、需要按统一规划和标准提供的全国性公共产品和服务的事权划归中央政府，如外交、国防事务等；将具有区域性特征、需要因地制宜来提供的地区性公共产品和服务的事权划归地方，如社会治安、城市供水、公园事务等。

4. 技术原则

这是指根据公共产品和服务的规模大小、技术难易程度来划分政府间事权。对于规模庞大、需要高技术才能完成的公共产品和服务，应由中央政府负责，如三峡工程、青藏铁路等公共工程；反之，应由地方政府负责。

(三) 政府间财政收入的划分

税种属性是决定政府间财政收入划分的主要标准。市场经济成熟的国家一般遵循以下四个重要原则。

1. 集权原则

无论是单一制国家，还是联邦制国家，为了保持政策的统一性，保持社会稳定，维护中央政府权威，一般都是在政府间初次分配中集中较多的财力，将收入份额较大的主体税种划归中央政府。

2. 效率原则

将一些流动性较强的收入，作为中央政府收入；将一些流动性不强的收入（如以土地为课税对象的收入），地方政府比较了解税基等基本信息、收入相对稳定的，划归地方政府，既易于操作，征税效率也比较高。

3. 恰当原则

为了有效实施宏观调控，将一些调控功能较强的税种作为中央政府收入；对于体现国家主权的收入（如关税），宜作为中央政府收入，不宜作为地方收入或中央地方分享收入。

4. 收益与负担对等原则

对于收益与负担能够直接对应的收入（如使用费等），一般作为地方政府收入。

根据国际经验，政府间财政收支划分呈现的基本特征，是收入结构与支出结构的非对称性安排。即收入结构划分以中央政府为主，支出结构划分则以地方政府为主。一方面，中央政府拥有相对较多的财力，使地方政府在一定程度上依赖于中央政府支持，同时中央政府也有能力予以支持，这有利于保证中央政府在宏观调控中的主导地位，维护中央政府的权威性；另一方面，绝大部分公共需要的受益范围是具有区域性的，各地企业和居民对公共物品和服务的需求都具有质和量的差别，由各地方政府针对本地需求提供的公共物品和服务要比中央政府提供更为便利，有利于降低成本，有利于提高财政资金使用效益。

(四) 政府间财政转移支付制度

作为财政管理体制的重要组成部分，政府间财政转移支付制度是协调中央政府与地方政府间财政关系的一项重要配套制度。本章后面将专门阐述财政转移支付的内容。

四、我国财政体制的历史演变

(一) 高度集中、统收统支阶段 (1950—1952 年)

中华人民共和国成立初期,为了迅速制止通货膨胀,稳定物价,恢复经济,中央做出了《关于统一国家财政经济工作的决定》,要求统一全国财政收支,统一全国的物资调度,统一全国现金管理。之后政务院又发布了中华人民共和国成立后第一个关于国家财政体制的文件,即《关于统一管理 1950 年财政收支的决定》,规定国家预算管理权和制度规定权集中在中央,收支范围和收支标准都由中央统一制定;财力集中在中央,各级政府的支出均由中央统一审核,逐级拨付,地方组织的预算收入同预算支出不发生直接联系,年终结余也要全部上缴中央。1950 年的财政体制,基本上是高度集中的中央财政统收统支的体制,又称为收支两条线的管理体制。

1951—1952 年,国家财政经济状况开始好转,国家预算划分为中央、大行政区和省(市)三级管理。1951—1952 年的财政体制基本上还是统收统支的办法,但在一定程度上开始向分级管理的体制过渡。

(二) 划分收支、分类分成阶段 (1953—1957 年)

1953 年,我国进入第一个五年计划时期。随着大行政区机构的改变和撤销,县级政权的建立和健全,国家的财政体制也做了相应的改变,由原来的中央、大行政区、省(市)三级管理,改为中央、省(市)和县(市)三级管理,并划分了各自的财政收支范围。

1954 年,根据周恩来、邓小平同志的指示精神,开始实行分类分成办法,将财政收入划分为固定收入、固定比例分成收入、中央调剂收入三大类。地方预算每年由中央核定,地方的预算支出,首先用地方固定收入和固定比例分成抵补,不足部分,由中央调剂收入弥补。分成比例一年一定。

(三) 划分收支、总额分成阶段 (1958—1979 年)

从 1958 年起实行"以收定支,五年不变"的财政体制。1956 年 4 月,毛泽东在《论十大关系》中提出"中央和地方两个积极性,比只有一个积极性好得多"的论断,"以收定支,五年不变"的财政体制正是在这种思想的指导下设计的。它把三种收入(地方固定收入、企业分成收入、调剂分成收入)划归地方,分类分成,多收可以多支,少收只能少支。

1958 年的财政体制改革,是中华人民共和国成立以来传统体制下的第一次财政分权。但是由于财力下放过度,中央财政收支所占比重锐减,于是在 1959 年开始实行"收支下放,计划包干,地区调剂,总额分成,一年一变"的财政体制,即各地的财政收支相抵后,收不抵支的部分由中央财政给予补助,收大于支的部分按一定比例上缴中央财政。1959 年到 1970 年,以及 1976 年到 1979 年,"总额分成"的管理体制共存在了 16 年。

(四) 划分收支、分级包干阶段 (1980—1993 年)

为进一步调动地方的积极性,遵循"放权让利"的思路,从 20 世纪 80 年代初开始实行财政大包干的过渡体制。

1980 年 2 月,国务院决定实行"划分收支,分级包干"的财政管理体制,其要旨是,把收入分成固定收入、固定比例分成收入和调剂收入,实行分类分成,财政支出主要按照企业和事业单位的隶属关系进行划分,地方财政在划定的收支范围内多收可多支,少收则少支，自求平衡。

1983年和1985年国家对国营企业实行两步利改税，企业由上缴利润改为交税，同时开征了几种新税，完善了税制体系。从1985年起，财政体制也相应调整为"划分税种，核定收支，分级包干"。

1987年开始在全国范围推行承包经营责任制，财政体制在某些方面与之不相适应。1988年，根据财政经济生活中出现的新情况，开始全方位实行财政承包制。

财政包干体制没有从根本上解决中央与地方政府之间财力分配的约束机制与激励机制问题，但它与当时经济体制改革的方向是吻合的，为后来分税制财政体制的改革奠定了基础。

（五）分税制财政体制阶段（1994年至今）

为了进一步理顺中央与地方的财政分配关系，增强中央的宏观调控能力，从1994年开始改革财政包干体制，实行分税制财政管理体制。分税制的主要内容是"三分一返"，分税制体制改变了原来多种体制形式并存的现象，通过"存量不动、增量调整"的原则，既保证了中央财力不断增强，又有利于实现对现存关系的逐步平稳调整。

随着社会主义市场经济的发展，按企业隶属关系划分中央和地方所得税收入的弊端日益显现，制约了国有企业改革的逐步深化和现代企业制度的建立，客观上助长了重复建设和地区封锁，妨碍了市场公平竞争和全国统一市场的形成，为此，在分税制实施8年后即2002年，中央对分税制财政体制进行了较大的调整完善，改革按企业隶属关系划分所得税收入的办法，对企业所得税和个人所得税收入实行中央与地方按比例分享。

第二节 分税制财政体制

一、中国实行分税制的原因

改革开放初期，农村承包到户的大获成功使中国一时存在"包干制"迷信，出于激发地方发展经济的目的，1980年中国开始在财政领域移植实施"划分收支，分级包干"的财政包干制。财政包干体制是中央和地方"分灶吃饭，总额分成"，对地方政府有着多劳多得和自主发展的正向激励，对解放活跃地方经济起到了较大作用。在包干体制中，中央财政是通过地方政府征收的，中央收入不仅取决于协商达成的分配比例，还依赖于地方政府收取财政收入的积极性和主动性，这种委托代理关系改变了计划经济时期中央绝对的领导指挥地位，有放活地方经济的意义。

但是随着我国市场经济改革的深入，包干体制的弊端日益凸显。（邓子基，陈工，林致远，等. 财政学（第四版）[M]. 北京：高等教育出版社，2014.）

1. 体制形式不统一、不规范

作为一项涉及财权、财力分配问题的根本制度，在全国范围里、在同一个年度里有多种形式，这本身就很不规范，意味着政府间财政关系不顺，仍然出现财力分配不合理的现象。

2. 影响全国统一市场的形成和产业结构的优化

这种体制始终围绕着纵向的财力切割和财权的集散而展开，很少考虑到横向的财政分配关系，没有形成完整的财政调控机制，"分灶吃饭"使全国统一市场难以形成。

3. 包干体制使中央财政收入低弹性增长

这种体制在实行中实际上是"包盈不包亏"，财政经济状况好的地区，完成上交任务后,剩下的都是自己的;财政经济状况不好的地区,完不成任务时由中央兜着。这样中央不能随着经济的增长而相应地增长财力,在新增财力中的份额越来越少,而中央支出不能减少,导致中央财力拮据。

4. 包干体制在事权划分上不清

这种体制侧重于收入划分,在事权划分以及由此而决定的支出划分上,基本上没有什么变动,既缺乏理论界定,也存在事权交叉和重叠问题。这些问题虽然几经修改,但它始终没有走出老路子。所以自1994年起,我国毅然采取了分税制财政体制改革,这在我国财政史上具有历史性的意义。

二、中国分税制财政体制改革的内容

分税制是以划分税种和税权为主要方式来确定各级政府的财权财力范围和管理权限,处理中央与地方以及地方各级政府之间财政分配关系的分级财政管理制度。这种制度既确定了中央财政在财政体系中的主导地位,又体现了市场经济的一般原则。我国1994年分税制财政体制改革的主要内容包括以下四部分。

(一) 中央与地方的事权和支出划分

根据现行中央政府与地方政府事权的划分,中央财政主要承担国家安全、外交和中央国家机关运转所需经费,调整国民经济结构、协调地区发展、实施宏观调控所必需的支出以及由中央直接管理的社会事业发展支出。地方财政主要承担本地区政权机关运转所需支出以及本地区经济、社会事业发展所需支出。

(二) 中央与地方的收入划分

根据事权与财权结合的原则,按税种划分中央与地方收入。将维护国家权益、实施宏观调控所必需的税种划分为中央税;将同经济发展直接相关的主要税种划分为中央与地方共享税;将适合地方征管的税种划分为地方税,充实地方税税种,增加地方税收入。分设中央与地方两套税务机构,中央税务机构征收中央税和中央与地方共享税,地方税务机构征收地方税。

(三) 中央财政对地方税收返还数额的确定

为了保持地方既得利益格局,逐步达到改革目标,中央财政对地方税收返还数额以1993年为基期,按照1993年地方实际收入,以及税制改革和中央地方收入划分情况,核定1993年中央从地方净上划的收入数额,即消费税+75%的增值税-中央下划收入。1993年中央净上划收入全额返还地方,保证地方既得利益,并以此作为以后税收返还的基数。1994年以后税收返还在1993年基数上逐年递增,递增率按本地区增值税和消费税增长率的1:0.3系数确定,即本地区这两种税每增长1%,中央对地方返还增长0.3%。如果1994年以后,上划中央收入达不到1993年的基数,则相应扣减税收返还数额。

(四) 预算编制与资金调度

实行分税制后,中央和地方都要按照新口径编报预算。同时将中央税收返还数和地方的原上解数抵扣,按抵顶后的净额占当年预计中央消费税和增值税收入数的比重,核定一个"资金调度比例",由金库按此比例划拨消费税和中央分享增值税给地方。

三、分税制财政体制的理论基础

分税制财政体制,主要是将事权和财权在中央和地方之间进行合理划分,其理论研究的逻辑起点是多级政府以及财政分权的必要性，主要的代表性观点有以下四个。

（一）斯蒂格勒最优分权模式

这主要指的是地方政府存在的理论。斯蒂格勒认为，可以从两条原则出发阐明地方政府存在的必要性：一是地方政府更了解本地居民的需要与偏好；二是本地居民有权利选择不同种类、数量的公共品。地方政府的存在方便更有效配置资源，进而实现社会福利的最大化。

（二）蒂布特"以足投票"理论

该理论主要阐述分权的有效性：一是居民利益最大化。由于居民可以自由流动，具有相同偏好和收入水平的人会自动聚集到某一地方政府周围，居民的流动性会带来政府间的竞争，一旦政府不能满意其要求，那么居民可以"以足投票"迁移到自己满意的地区；二是地方政府税收最大化。地方政府要吸引选民，就必须按选民的要求供给公共品，从而可以达到帕累托效率；三是实证研究结果表明，在居民的约束下，地方政府确实具有提供公共品的动力。

（三）马斯格雷夫的分权思想

马斯格雷夫的分权思想分析了中央和地方政府存在的合理性和必要性，从考察财政的三大职能出发：一是宏观经济稳定，因为地方政府对宏观经济稳定实施控制缺乏充足的财力，所以应由中央负责；二是收入再分配职能，经济主体的流动性严重束缚了地方政府进行收入分配的尝试；三是资源配置职能，资源配置政策应根据各地居民的偏好不同而有所差异，在这方面地方政府比中央政府更适合，更有利于经济效率的提高和社会福利水平的改进。

（四）奥茨分权定理

奥茨通过一系列假定提出了分散化提供公共品的比较优势，即奥茨分权定理：对某种公共品来说，如果对其消费涉及全部地域的所有人口的子集，并且关于该公共品的单位供给成本对中央政府和地方政府都相同，那么让地方政府将一个帕累托有效的产出量提供给各自的选民则总是要比中央政府向全体选民提供的任何特定的且一致的产出量要有效率得多。因为与中央政府相比，地方政府更接近自己的公众，更了解其所管辖区选民的效用与需求。也就是说，如果下级政府能够和上级政府提供同样的公共品，那么由下级政府提供效率会更高。

四、分税制财政体制对我国经济增长的作用

（一）分税制促进了财政收入的稳定增长

1994年分税制改革之前，财政分配关系大多是用"包干"的方式处理，财政收入不能随着经济的增长而增长。现行的分税制财政体制按税种明确划分了中央与地方之间的税源，充分调动了各级政府理财的积极性。同时分设两套税收征管机构分别征管，使各地普遍加强了税收征管，初步改变了以往随意减免税的状况，税收流失有所控制，从而建立了财政收入稳定增长的机制。在分税制改革中，还进一步简化了我国税制，确立了流转税、所得税双主体税种的基本格局，使我国税制体系更加科学，税负分担更加合理。

（二）分税制促进了社会资源的优化配置

分税制财政体制改革完善了增值税、消费税等税制结构，确定了中央和地方的收入分配体制，这些措施都有助于我国经济向市场经济的转型。继1994年分税制财政体制改革之后，2002年进一步改革了所得税分享制度，打破了按隶属关系和税目划分所得税的方法，进一

步分离了政府与国有企业间的利益关系，有利于政府退出市场竞争，从而完善了市场机制。分税制改革后，调整了中央和地方收入分配格局，将来自加工业产品的增值税大部分划归中央，这在很大程度上限制了地方盲目发展税多利大产业的倾向。同时，分税制财政体制改革将营业税、城市建设维护税等划归为地方税，从而激发了地方政府发展第三产业的积极性，加大了这方面的投资力度，促进了产业结构的优化。

（三）分税制促进了经济的稳定增长

对于地方政府而言，其在一个分权的财政制度下的投资动力要比在一个集中的财政制度下的投资动力更强。从财权分配基数来看，主体税种中地方财政都占有一定的比例。从增量的分配来看，中央与地方按比例返还，尽管地方政府占小部分，但保证了地方政府对经济增长的受益，从而促进了地方政府对经济发展的投资和支出。分税制财政体制赋予了地方政府一定的税收政策制定权，这样地方政府就可以通过平衡预算、调节税收等多种途径实现对本地区经济的调控和引导。

（四）分税制硬化了财政预算的约束

1994年颁布的《中华人民共和国预算法》规定，国家实行一级政府一级预算，各级预算应做到收支平衡，国家实行中央和地方分税制。实行分税制之后，中央财政对地方的税收返还列中央预算支出，地方相应列收入；地方财政对中央的上解列地方预算支出，中央相应列收入。中央与地方财政之间都不得挤占收入。改变中央代编地方预算的方法，每年由国务院向地方提出编制预算的要求。地方编制预算后，报财政部汇总成国家预算。分税制对财政预算做出了硬性的约束，提升了地方政府发展经济的动力。

五、我国现行分税制财政体制存在的不足

（一）政府事权和支出范围划分不明确

目前中央与地方的事权划分还缺乏明确的法律界定，《中华人民共和国宪法》对各级政府的事权划分只做了原则性的规定，在一些具体事务上，中央政府与地方政府的职责权限并不十分清晰，特别是在经济性事务的划分上较为模糊。其中主要问题是某些权限下放过低，对地方财政支出约束不大，同时加重了地方财政负担。有些是地方政府主动承担的，比如，地方政府过多地承担了应由中央政府负责的宏观经济调控的政府职能。地方政府为了本地区的经济发展，竞相到中央要资金、要政策、要项目，但由于缺乏全国经济协调发展的统筹考虑，往往造成了经济结果趋同，地方保护主义盛行。另外一些是由于中央财力相对不足，下放给地方的。比如义务教育的管理方面，主要是由地方政府负责办学，使得基础教育投资严重不足，同时还造成了上学乱收费、地区间教育资源差距过大等问题。

（二）政府间税收划分方式有待进一步完善

分税制财政体制改革按税种划分了中央与地方的税收分配，但是税权仍高度集中在中央，地方并没有多少税收权限。在通常情况下，税收的立法，需要全国人民代表大会及其常务委员会审议颁布，或由其授权国务院，或国务院授权财政部、国家税务总局以行政法规、税收条例、实施细则的形式加以规定。地方政府没有税收立法权，只有制定某些地方税的实施细则的权力。尽管地方政府还拥有一定的地方税税收减免权，但都受到了严格的控制。从总体上看，这种高度集中的税权划分模式，与建立和发展市场经济体制是不相适应的。我国

分税制改革是伴随着税制改革同时进行的，尽管税收划分比较明确、清晰，但在个别税种的划分上，还存在着一些问题。我国增值税是针对销售商品、加工、修理等业务征收的税种，由中央地方共享；营业税是针对提供劳务等业务征收的税种，基本上归属地方。但在实际运行中，存在大量的混合经营，有的要征增值税，有的要征营业税，有的两种税都要征，而两种税在中央和地方的划分又不同，征管机构不同，税率相差较大，很容易造成混乱。2016年3月18日召开的国务院常务会议决定，自2016年5月1日起，中国将全面推开营改增试点，将建筑业、房地产业、金融业、生活服务业全部纳入营改增试点，至此，营业税退出历史舞台，增值税制度将更加规范。此外，出口退税给地方财政造成了巨大的财政压力，尽管在2004年重新调整了中央地方负担比例，从一定程度上减轻了地方负担，却加剧了地方政府间的非均衡性。

（三）分税制没有确立地方税主体税种

尽管划分为地方税的有营业税、企业所得税、个人所得税、城镇土地使用税、资源税、契税等十几个税种，但这些税种大多税基较小，税源分散，征收难度大，而且部分税种还要按比例上缴中央，地方税收一般只占全国税收总收入的20%左右。原本能成为地方政府主体税种的营业税也于2016年5月1日起退出历史舞台。税种较多，税源分散，没有哪一种税能明确成为地方税的主体税种。

六、我国分税制财政体制的改革方向

（一）加强立法，严格执法，依法治税，依法理财

我国的分税制立法应坚持"与国家经济体制相适应，与国家政治体制保持一致，与国家立法体制保持协调"的原则。探索成立财税执法监督局或改革充实中央驻各地财政专员办的力量和职能，加强对财政体制和财税政策法规的执行检查。要构建在分税制财政体制框架下的财税法律体系，以解决地方税收立法权限、国地税各自的税收征管权限以及设立税务司法机构的问题；推行支出绩效管理，强化预算约束，提高资金使用效率；加强转移支付监督，减少任意性，最终实现"有法可依、有法必依、执法必严、违法必究"。

（二）转变政府职能，明晰各级政府的事权，科学界定支出范围

只有确定了中央和地方的事权，才能确定支出范围，以此来作为中央和地方税收收入划分的前提。显然，事权的划分是最重要的，是财权划分的基础。只有事权与财权相一致、相适应，政府履行职能才有物质保证。而事权的划分与政府的职能紧密相连。因此，完善分税制，一是转变政府职能，明确政府与市场的职能，按效率原则理顺政府与市场之间的职责关系。二是从中央与地方政府的职能划分和公共产品的受益范围这两个层面，合理划分各级政府的事权，属于政府该办的事，如义务教育、卫生和环保等公共事务，应该按照其性质划清由哪级政府来负责。

（三）完善税制，合理划分收入

在收入的划分上，除了要考虑中央的宏观调控外，还应考虑满足地方政府行使职能的需要，更重要的是要有利于全国统一市场的形成，有利于生产要素的合理流动和资源的合理配置。因此，应在完善现行税制的基础上重新合理划分收入，实现增值税由生产型向消费型的转变，调整消费税的征收范围。完善地方税收体系：完善个人所得税，适时开征环境保护

税、遗产税、赠与税、社会保障税、城乡维护建设税等。在不违背统一税法的前提下，将不需要全国统一的、地方特征特别明显的一些地方税的税权下放地方。

(四) 规范转移支付制度

建立规范的财政转移支付制度的最终目标是实现全国各地公共服务水平的均等化，提高经济发展影响的力度，提高使用效率。因此，实行以纵向转移支付为主、纵横交错的转移支付制度，应该调整结构，压缩规模。另外，要改变目前的税收返还办法，加大向落后地区的资金转移支付力度，使落后地区具备一种能够快速发展的能力，推进各地区的协调发展，进而实现综合国力的提高，达到共同富裕的目的。

完善省以下分税制财政体制，精简机构，减少政府级次，实质性地建立三级分税制和分级财政，提高县级财政的统筹平衡能力。

贯彻财权与事权配比原则，财税机构改革应统一、同步，应规范收入划分办法，要完善财政、税务、金库收入划分体系，减少人为因素，降低税收成本，合理配比各级政府的财权与事权，科学测算收支基数和共享分成比例。

总之，分税制财政体制改革是财税领域最重要、最复杂、涉及面最广的一项工程，我们还应在实行中探索，在探索中改革，在改革中进步，以建立为适应社会主义市场经济需要的税收管理体制为目标，真正发挥税收管理体制在我国市场经济体制的形成和经济社会的协调发展中巨大的积极作用。

第三节　政府间转移支付

政府间转移支付制度是财政管理体制的重要组成部分，完善转移支付制度是完善分税制财政体制的核心内容。

一、政府间转移支付的概念

政府间财政转移支付，是一个国家的各级政府之间在既定的事权、支出范围和收入划分框架下财政资金相互转移，包括上级财政对下级财政的拨款，下级财政对上级财政的上解，共享税的分配以及不同地区间的财政资金转移。政府间财政转移支付制度是解决中央与地方财政纵向不平衡和地区间财政横向不平衡的矛盾、规范中央与地方财政关系的有效途径。

实行转移支付的目的是解决中央与地方财政之间的纵向不平衡和各地区之间的横向不平衡、补偿超出地域的"利益外溢"和中央政府"加强国家凝聚力"；其实质是一种财政补助，基本表现是"抽肥补瘦"，体现国家的宏观经济财政政策；它的特征是事权与财权的对称性、资金流动的双向性、制度管理的科学性、政策实施的统一性和法制性；它分为一般性转移支付和专项转移支付。转移支付作为处理政府间财政关系的一种分配形式，在我国各个时期的各种财政体制中占有重要的地位，发挥了一定的调控作用，是财政体制必不可少的重要内容。

二、政府间转移支付的种类

(一) 一般补助

一般补助是中央政府对资金的使用方向等不做具体规定，也没有任何附加条件，地方政府有权自主决定补助的使用方向和方式的补助,所以也称作无条件补助。一般补助对于地方政府而言,增加了一笔财政净收入,由于没有限定使用条件,地方政府可以依照本地情况,灵活地安排资金投向,自由度较大。一般补助的确定往往需要考虑多种因素,比如地方政府的收入能力、地方的支出需求、上级财政的承受能力等。在具体测算地方财政收入能力和支出需求时,还需要分析影响收入能力和支出需求的各种具体因素。一般补助的政策意图主要解决横向财政失衡问题,具有"抽肥补瘦"的特点。如果一般性补助数额过大,财政过于平调,则会挫伤较富裕地区的积极性,同时也有可能使落后地区产生依赖性。

（二）专项补助

专项补助是指规定了资金使用方向的补助。作为一种规定了用途的拨款,专项补助显然是不得挪作他用的。专项补助的主要功能在于协助地方政府改善基础设施、生态环境等方面的条件。根据不同时期经济社会发展的薄弱环节或宏观调控的重点变化,对专项补助的项目范围及补助比例通常也需要进行相应的调整。地方政府需要承诺按照既定的用途使用资金,并且接受上级财政的监督和检查。

（三）配套补助

配套补助也叫对称补助,是指中央政府对地方政府进行补助的同时,也要求地方政府拿出一部分配套资金来进行相关项目的投资。配套补助的政策意图在于促使下级政府与上级政府共同承担提供某些公共产品和服务的职责。配套补助对于资金使用方向的具体规定可能严格,也可能不严格。

表4-1对以上三种补助形式的特点进行了总结。

表4-1 三种补助形式的特点

特点 \ 程度 \ 形式	一般补助	专项补助	配套补助
体现中央政府的意图	弱	强	强
行政干预成分	弱	中	弱
影响地方政府的决策	弱	中	中
地方政府运用补助金的自由度	强	中	中
促进特定效果的提高	弱	强	中

三、政府间转移支付的依据

（一）解决纵向财政失衡问题

纵向财政失衡是针对财政体制中上下级政府之间财政收支差异的状况而言的。在各级政府之间既定支出范围得以确定之后,当某一级政府财政面临着赤字,而其他级别政府却出现盈余时,意味着财政失衡问题的存在。在市场经济国家,分税制财政管理体制可能导致中央政府掌握较多财力,相对而言,地方政府财力不足,纵向失衡出现。无论是从公平还是从效率的角度看,财政纵向失衡都必须解决。

(二) 解决横向财政失衡问题

从资源要素禀赋角度看，地区之间的差异是绝对的，尤其是当国土面积广阔时更是如此。要素禀赋的差异必然导致横向财政失衡问题。比如富裕地区财政收入充裕，出现财政盈余；而贫困地区税源狭小，财政状况拮据。富裕地区能够为其居民提供较高水准的公共产品和服务；而贫困地区却难以提供最基本的公共产品和服务。横向财政失衡状况的存在和加剧不利于各地区均衡发展和社会共同进步，需要依靠政府间转移支付来调节横向财政失衡。

(三) 解决公共产品提供中的外部性问题

地方政府提供区域性公共产品的受益范围几乎不可能恰好被限定在地方政府的辖区之内，这就出现了外部性问题。当存在正外部性时，从本地利益出发，地方有可能高估提供公共产品的成本，而低估其整体效益，并有可能以无法完全负担成本为理由，减少此类公共产品的提供。当存在负外部性时，地方政府则容易高估该公共产品的正效益，低估或者忽视提供该公共产品的成本，从而使这种附带着的外部不经济继续存在乃至有所增加。这种扭曲性政策的实施，不仅影响着区域性公共产品的提供和本地区及相关地区居民的利益，而且也不利于地区间经济关系的协调。这种情况下，实行财政转移支付制度，由上级政府给予下级政府一定的财政补助，对具有外部性的公共产品的提供实施适当的调节，就是一种较为有效的干预方式。

(四) 弥补划分税收方式的不足

在财政体制中，希望单纯依靠税收分割来达到政府间事权与财权的最佳协调，基本是一种理想模式。因为税收划分本身只是在中央与地方之间划分确定税收的归属，只是各级财政体制中各级政府间财政关系的一部分，而不是全部，还有财政支出的划分、收支关系协调等大量问题需要解决，所以，在目前实施分税制的国家，无一例外地实行了财政转移支付制度，来弥补分税方式的不足。

五、政府间转移支付的主要目标

(一) 弥补财政缺口

大部分国家通过转移支付实现纵向财政平衡，即弥补不同级别政府支出与自身收入之间的差异。尽管这些财政缺口原则上可以通过其他方式予以弥补——赋予地方政府更多征税权，将更多的支出责任移交给中央政府，或者减少地方支出、提高地方政府收入，但是，在大多数国家中，各级政府收入与支出的不匹配仍然需要政府间财政转移支付发挥平衡作用。实际上，无论要解决的问题是什么，高级别政府向低级别政府的转移支付都将有助于弥补财政缺口。但是，如果以自身收入能力为衡量标准，那么当最富裕的地方政府支出与收入（包括转移支付）达到均衡时，就可以认为实现了纵向财政平衡。显然，较为贫困的地方政府仍然存在着财政缺口，但这些缺口更应被视为地方政府部门内的横向财政平衡问题，而不是各级政府间的纵向均衡。

(二) 横向财政平衡

横向财政平衡，即通常所称的均等化，通过政府间转移支付实现横向财政平衡。该目标存在较大争议，一方面是由于理论界对财政均等化的概念一直存在着多种不同的解释；另一方面，对于均等化模式的选择，不同的国家又具有不同的偏好。如果将地方政府的人均实际支出作为均等化的衡量标准，将各地区的人均实际支出都提高到最富有的地方政府的水平，那么地方偏好差异就很难得到应有的体现，从而削弱了分权的优势。除了地方偏好差异外，该模式也未考虑地方需求、成本以及自身收入能力等方面的差别。同时，人均实际支出的均等化还将抑制地方收入努力和地方支出约束，因为在该体制下支出最高、税收最低的地方政府将得到最多的转移支付。

（三）解决辖区间外溢性问题

当地方服务溢出至其他地区时，为使地方政府提供合理数量的该类服务，有必要提供某种形式的配套拨款，以使单位补贴等于溢出收益的边际价值。同时，配套拨款也有利于均等化地方需求或中央政府不易监控的支出偏好等方面的差异，使更多的资金流向中央政府所希望的领域。尽管配套（或有条件）转移支付使地方政府更易受到中央政府的影响和控制，但也具有重要的政治优势，即在受补助行为中引入了地方参与、承诺与责任感等要素。对于资本项目而言，这些要素尤为重要。

（四）增强中央政府的政治控制

从根本上讲，一国的财政体制是由其政治体制和政治目标决定的。作为财政体制的构成要素，转移支付在很多情况下首先遵从于政治方面的需要，其次才是经济效率的考虑。从财权上看，转移支付使上级政府占有更多份额的财政资源，并使下级政府对之形成依赖。转移支付的份额越大，上级政府对下级政府的影响力就越大，前者对后者的控制程度越强。可见，中央政府可以通过转移支付来规范和监督地方政府的行为，减少地方政府的机会主义倾向。换言之，转移支付不仅是一个技术性问题，还是中央政府用于实现其政治目标的一项重要工具。

六、政府间转移支付的主要形式

（一）税收返还

税收返还是我国财政转移支付的主要形式，是地方财政收入的重要来源。因此，税收返还的设计合理与否决定了整个制度的合理程度。但是，我国的税收返还仍以维护地方既得利益的基数法进行分配，体现了对收入能力较强地区的倾斜原则，维护了较富裕地区的既得利益，与缩小地区间差距的主旨背道而驰。并且，税收返还虽然在名义上是中央财政收入，但实际上，地方财政对这部分资金具有最终决定权。

（二）财力性转移支付

财力性转移支付是为弥补财政实力薄弱地区的财力缺口，由中央财政安排给地方财政的补助支出。财力性转移支付是缩小地区财政差距的重要手段，应是财政转移支付的主要组成部分。财力性转移支付主要包括：一般性转移支付、调整工资转移支付、民族地区转移支付、农村税费改革转移支付、年终结算财力补助等形式。

（三）专项转移支付

专项转移支付是中央财政为实现特定的宏观政策及事业发展战略目标而设立的补助资金，重点用于各类事关民生的公共服务领域。地方财政需按规定用途使用资金。

需要注意的是，我国目前仍实行不是很规范的转移支付制度。主要制约因素：一是各级政府的职责和事权尚未明确划分，财政支出的划分与事权是紧密联系的，难以确定标准的收支概念；二是我国的中央财政仍十分困难，使转移支付制度缺乏充足的财力支持；三是既得利益调整的力度过大，困难很大；四是由于体制、经济结构、自然环境和人口状况等因素影响，地区间经济发展水平相差很大，发展能力存在极大差别，致使通过转移支付实现地区均衡难以在短期内实现；五是基础性数据统计、收集有很大难度。

七、政府间转移支付的制度环境约束

一个国家如何组织政府间的财政关系，是地理状况、政治均衡、政策目标以及其他一些特征共同作用的结果，因而各国之间差异较大。发达国家往往具有更为规范和正式的政府间财政体制，而发展中国家面临的问题和所需采取的措施却经常与发达国家不同。因此，尽管政府间财政关系的一些主要特征在各国间是类似的（例如普遍存在的纵向不均衡和横向不均衡问题），但最为有效且可行的方案则在各国间存在差异，这取决于各国所处的境况和由此而确定的目标。

（一）财政分权

作为财政体制的构成要素，政府间转移支付的设计、作用和效应必须放在所处的特定制度环境下理解。在分权框架下，如果将地方政府视为中央政府的代理人，代表其执行某些职能，或者相反，地方政府不仅执行而且有权决定某些事项，换言之，具有相当的地方自主权，那么转移支付所发挥的作用是完全不同的。

例如，在印度尼西亚由中央政府主导的分权模式中，地方政府在很大程度上作为代理人发挥作用，委托人（中央政府）可以单方面改变与代理人（地方政府）之间既定的制度安排，以克服信息不对称以及与代理人之间目标不一致等代理问题。尽管财政自主程度——由地方收入筹集的地方支出份额——在各省份之间差异较大（从8%到70%），但平均而言，地方政府自身能够取得的资源不到四分之一，其主要收入来源是实际上由中央政府征收的地方财产税。

中央政府拨付给省和地方的资金主要用于提高地方自主权和改善地方基础设施，旨在缓解由于地区间溢出而导致的无效率和均等化提供最低水平的公共服务。与这些目标相符，印度尼西亚大部分转移支付的分配以公式为基础，但要求资金的使用符合中央政府总体原则并用于特定领域。例如，用于改良省、区道路的特定拨款。该计划的设计目标是在全国提供最低标准的道路服务，促进国内统一市场的发展。资金拨付公式与道路水平的欠缺程度和机动车注册指标（大体反映道路支出需求）成正比。地方对拨付资金的使用限于对既有道路的修缮和升级；新道路必须通过其他来源筹资且须经中央政府批准。

相反，在加拿大等一些国家中，中央政府与地方政府不是一种委托人与代理人之间的关系，而是一种委托人之间（并不一定是平等）的协商关系，政府间财政关系设计中的核心问题通常不是资源配置，而是对政治稳定所产生的影响。在该框架下，中央与各州财政或管理权力的协调程度、国内市场的统一程度等事宜实际上是由各级政府在适当的政治（或宪法）领域内共同决定的，中央政府不能依据其政策偏好单方面予以更改。在这种情况下，合理的政府间转移支付通常既具有均等化的特征又是无条件的。该模型最贴切地描述了加拿大和澳大利亚这两个地区均等化体系颇为完善的国家中央与省或州级政府之间的关系。

可见，在转移支付问题上，考察结果的差异在一定程度上取决于出发点的不同。然而，无论是更有效地实施中央政策还是提高地方自主权，设计合理的政府间财政转移支付对于确

保在公共部门决策中建立明确的责任界限都是至关重要的。地方政府的有效性一方面取决于居民对政府提供的服务与其课税之间进行比较的能力，另一方面则取决于居民影响和改变政府决策的能力。当然，民主是履行责任的一项重要机制。缺乏充分信息的民主和缺乏民主的信息都是难以为继的。即使在民主机制尚不完善的国家，充分的信息对于保证公共服务水平的提高也十分重要。实践表明，信息越公开，公众掌握的信息越多，分权的结果越理想。因此，转移支付应尽可能简单、全面且具有可预见性。

（二）中央政府政策

地方政府运行的体制环境可以概括为以下三种情况：被过度监控的地方公共部门、监控不足的地方公共部门和管理扭曲的地方公共部门。第一种情况在发展中国家中非常普遍——大多数地方政府的具体事项都由中央政府控制，留给地方自主行动的空间十分狭小甚至没有；中央政府通常直接为地方公共服务提供资金或专项拨款，并对地方财政予以限制。在这种情况下，中央政府的微观控制往往导致地方政府的羸弱和能力不足。相反，一些国家不适当的分权策略导致了对地方公共部门的监控不足。

例如，欧洲的一些转轨国家赋予地方政府的责任以及财政收入的份额较大，由其负责执行重要的公共服务职能，但却未能相应建立充分的制度体系以保证财政资金的合理使用。最后一种情况是地方政府经常从中央政府得到扭曲或错误的信号和指令。例如，在一些国家中，能够得到的转移支付数额取决于地方赤字的规模，这显然是一种不正确的激励。还有一些国家的地方基础设施投资可以在不支付任何成本的情况下得到中央资金，但其运行或维护却得不到资金支持。这导致了对新投资的扭曲性偏好，因为这种资金支付导致了地方政府不去维护既有设施（必须使用自有资金），而强化了对新设施的需求（中央政府将予以支付）。

如何使地方政府在中央政府政策的影响下仍可采用一定的主动策略以使地方居民的生产和生活得以改善是转移支付设计中的一个重要问题。为实现这样的目标，中央政府在对地方政府进行管理的过程中，有必要采用多样性的政策与地方政府实际情况的多样性相匹配。实践表明，成功的分权必须认识到地方政府体系的多样性和差异性，并允许其针对特定的分权策略采用具有多样性和差异性的政策，包括对特殊的地方性问题采用地方提出的解决办法。

因此，对于中央政府而言，明智的方案也许是根据各地区的能力和利益与地方政府签订具体的合同（涵盖一定年限而不是以年度为基础，并采用开放性的、双方相互达成协议的方式）。在很多国家都存在多样性并且从政治方面考虑有必要使法律保持名义上的统一性的情况下，只有这种类似签订合同的方法才能使中央政策保持必要的非统一性，从而以最低的成本取得最理想的结果。值得注意的是，这种"契约"体制与纯粹的斟酌使用的政策体制之间是有区别的——尽管这种情况下转移支付的设计看起来相对复杂、多样且具有一定的主观随意性，但从本质上说，该体系的复杂性和多样性仍与后者存在很大差异，并更具透明度和可预见性。

（三）地方政府的负责程度

要想使分权化财政体制运行良好，掌管地方基础设施和公共服务的部门还必须对为之付费的人和从中受益的人负责——当存在转移支付时，这两个群体并不完全一致。执行和承担这些职责不仅要求明确而合理的激励机制，还要为地方选民提供充分的信息，并且使他们能够对公共服务提供体系产生某些实际影响或控制。由于提高负责程度是改善公共部门绩效的关键，而信息又是提高负责程度的关键，因此系统收集、分析和报告可以用于证明对目标的遵从并对未来决策有具有帮助的信息在分权体制中是一个重要因素。完备的信息对于通过政治程序的公众参与以及对负责监督和为地方政府行为筹集部分资金的中央机构对地方政府进行监督都非常重要——除非地方公众清楚地方政府都做了什么，做得怎样，耗费了多少成本以及由谁为之付费，否则为选举有效政府而建立的地方选举机构就无法产生。

同样，除非中央机构能够胜任对地方绩效的监督和评价，否则很难保证分权后在全国范围内具有重要意义的职能被地方政府充分履行。因此，分权体制的一个重要特征由此而变成了中央评价能力的提高。中央在对地方努力给予财政支持的同时，也必须在地方绩效不够理想时通过减少支持予以惩罚——这种政策要求制定胜任的标准以及对绩效进行衡量的标准。在分权计划中建立这种评估能力的机制包括：在转移支付计划中加入落日条款，也就是规定几年后对地方机构的转移支付可以延续，前提是这些转移支付能够通过某种对其绩效进行的独立评估。另一种方法是将中央政府支持为基础设施筹资而进入资本市场的必要性既作为否定具有明显缺陷计划的甄别器，又作为建立地方能力水平和努力程度的评估体系。再有就是收集有关地方政府绩效的可靠信息并发布给公众。

本章小结

- 广义的财政体制包括预算管理体制、税收管理体制、财务管理体制和国家金库管理体制等；狭义的财政体制仅指预算管理体制，因为预算管理体制是财政体制的中心环节。因此，人们通常所说的财政体制，指的就是政府预算管理体制，简称预算体制。
- 财政体制的实质是正确处理国家在财政资金分配上的集权与分权问题。
- 根据财政的集权与分权、财力的集中与分散程度的不同，财政体制大体上可分为集权型与分权型两种类型，分权型又可进一步细分为行政性分权型和经济性分权型。
- 与政府管理体制相适应，目前我国的财政管理机构分为中央、省（自治区、直辖市）、设区的市（自治州）、县（自治县、不设区的市、市辖区）、乡（民族乡、镇）五级。
- 根据国际经验，政府间财政收支划分呈现的基本特征，是收入结构与支出结构的非对称性安排。即收入结构划分以中央政府为主，支出结构划分则以地方政府为主。
- 根据现行中央政府与地方政府事权的划分，中央财政主要承担国家安全、外交和中央国家机关运转所需经费，调整国民经济结构、协调地区发展、实施宏观调控所必需的支出以及由中央直接管理的社会事业发展支出。地方财政主要承担本地区政权机关运转所需支出以及本地区经济、社会事业发展所需支出。
- 我们将维护国家权益、实施宏观调控所必需的税种划分为中央税；将同经济发展直接相关的主要税种划分为中央与地方共享税；将适合地方征管的税种划分为地方税，充实地方税税种，增加地方税收入。
- 分设中央与地方两套税务机构，中央税务机构征收中央税和中央与地方共享税，地方税务机构征收地方税。

重要概念

财政体制　政府间转移支付　一般补助　专项补助　配套补助　税收返还　财力性转移支付　专项转移支付

复习思考题

(1) 政府间事权及支出责任划分一般遵循哪些原则？
(2) 政府间财政收入划分的原则有哪些？
(3) 财政包干体制有哪些弊端？
(4) 我国 1994 年分税制财政体制改革有哪些主要内容？
(5) 请简述分税制财政体制对我国经济增长的作用。
(6) 政府间转移支付的种类有哪些？
(7) 政府间转移支付的形式主要有哪些？

讨论分析题

美国的财政体制

美国是当今世界实行联邦制国家结构形式的典型之一。在联邦制的政治架构下，美国的政府体系是一个由联邦政府、州政府及州以下的诸多层次和数量的地方政府组成的三级政府体系。美国联邦政府与州政府、地方政府之间均没有行政隶属关系，实行自主治理，各级政府都有明确的事权和财权，实行以分别立法财源共享、自上而下的政府间转移支付制度为特征的分税制。

在美国宪法的框架内各级政府相对独立地行使其职权，各级政府都有明确的事权和支出责任。权力和责任相互区别各有侧重，同时又相互补充和交叉。

(1) 事权划分原则。美国各级政府的权力内容以法律所确定的条文为依据。法律规定并制约政府的权力边界、活动范围和行为方式，包括政府的财政体制运行。同时，州和地方政府的财政职责划分应遵循"受益原则"和"效率原则"。所谓受益原则就是根据各项财政职责的受益对象和受益覆盖范围，来确定承担该职责的政府级次：凡是以国家为整体使全国公民共同受益的职责，就是联邦政府的财政职责，如国防、外交等；凡是受益对象具有可分割性、受益范围仅限于州或地方政府的职责，则划为州或地方政府的财政职责，如州或地方基础设施等。所谓效率原则，主要是考虑由哪一级政府完成某项职责的投入产出比更高。

(2) 地方政府财权的确定。美国各级政府事权划分清晰，使得各级政府财权的明晰化与财政的独立性具备了前提条件。

在美国，联邦、州和地方政府都编制执行自己的独立预算，有权依法掌握本级税种、税率的设置与变动，具有自己相对稳定的收入来源，同时采用共享税源、税率分享的形式来划分税收收入，即同源课税、财源分享。同时，三级政府各自行使归属于本级政府的税收立法权、司法权和执行权，这使美国形成了统一的联邦税收制度和有差别的州及地方税收制度并存的格局。

(3) 美国自上而下对州和地方政府的转移支付。在各级政府都拥有独立的一级财政的同时，美国也存在政府间的转移支付。美国政府间转移支付的形式是联邦对州与地方以及州对地方的自上而下的补助，不存在由地方向州或联邦的上缴形式。资金自上而下的流动使联邦与州政府在追求宏观目标方面比较主动，可以通过补助的投向与数量的掌握来贯彻上级政府的政策意图。第二次世界大战之后几十年来，转移支付总额及相对数均呈增长态势，已成为联邦支出的重要组成部分和州与地方财政的财力支柱之一。

资料来源：陈鹏. 美国与法国地方财政体制对比及对我国的启示［J］. 沈阳大学学报，2010（2）.

请讨论分析：

美国的财政体制与我国的分税制财政体制有何不同？

第五章 政府预算

政府预算决定着政府活动的范围、方向和政策,在市场经济的条件下,政府预算是反映政府财政活动的一面镜子。通过本章的学习,你将了解政府预算的含义和原则;掌握政府预算的各种分类;了解政府预算的程序。

第一节 政府预算概述

一、政府预算的含义

政府预算是国家具有法律效力的基本财政收支计划,规定着政府收支的规模、结构和平衡状况,是政府参与国民收入分配的重要工具。政府预算是政府组织和规范财政分配活动的重要工具,在现代社会中,政府预算还是政府调节经济的重要杠杆。

二、政府预算原则

政府预算原则是国家选择预算形式和体系以及编制政府预算所遵循的指导思想和方针。现实中,影响较大并为世界大多数国家所接受的政府预算原则主要有以下六项。

(一)计划性

政府预算的表现形式就是政府为下一年度的财政收支编制的计划。即要求政府通过预算的编制,对财政收支规模、收入来源和支出用途做出事前的设想和预计。各级政府及有关部门一般在本预算年度结束以前,需要对下一年度的预算收支做出预测,编制出预算收支计划,进行收支对比,进而研究对策。

(二)公开性

政府预算反映国家和政府活动的范围、方向和政策,与全体公民的切身利益息息相关,故国家预算及其执行情况必须采取一定的形式公之于众,让民众了解财政收支情况,并置于民众的监督之下。预算的公开性一般是向代表公众的立法权力机构提交预算报告并阐述预算编制的依据、执行过程中采取的措施,以及如何保证预算的实现并在立法权力机构审议通过后向全体公众进行公布。

(三)完整性

这一原则要求政府预算所列示的各项收入和支出项目和数额,必须包括政府的全部收支项目，不允许任何一部分政府收支排除在国家预算之外。完整性是国家预算建设的重要原则。

（四）统一性

虽然各级政府都设有财政部门，也有相应的预算，但整个政府预算应该是一个统一的整体，由单位预算、部门预算和各级政府总预算等自下而上逐级汇编而成，而各级政府总预算共同组成统一的政府预算，因此，各级政府预算的收支科目经济内容和预算管理制度都必须是全国统一的。

（五）法制性

此原则指的是立法机构所通过的政府预算就是法律，是具有法律效力的，违背政府预算就是违法行为，任何人违背政府预算都必须受到法律的追究和制裁。政府预算与一般的财政经济计划不同，它必须经过规定的合法程序，并最终成为一项法律性文件。各级预算确定的各项收支指标在国家权力机关审查批准后下达，就具有法律强制性，各级政府、各部门、各单位都必须维护国家预算的严肃性、权威性，严格贯彻执行，并保证预算收支任务的圆满实现。

（六）年度性

年度性是指政府预算必须按预算年度来编制。预算年度也称为财政年度，是指由国家确定的某一公历日期为年度预算的起始和结束的时间，从而形成政府预算的活动周期。目前世界各国采用的预算年度有两种：一是历年制预算，它与公历的时间一致，即预算年度从公历的1月1日起，至同年的12月31日止，中国、德国、法国等多数国家采用的是历年制；二是跨年制预算，即预算年度为12个月，但跨越两个公历年度，如美国的预算年度是从当年的10月1日起，至次年的9月30日，而英国和日本的预算年度都是从当年的4月1日起，至次年的3月31日。

上述六项预算原则并不是绝对的。一种预算原则的确立，不但要以预算本身的属性为依据，而且要与本国的经济实践相结合，充分体现国家的政治、经济政策，因此处于不同阶段的国家在制定政府预算时，所依据的原则并不是完全相同的。

第二节 政府预算的分类

最初的政府预算是十分简单的，政府把财政收支数字按一定程序填入特定的表格，预算就形成了。故通常将政府预算称为政府收支一览表。随着社会经济生活和活动逐步复杂化，政府预算也逐步形成了具有多种预算形式和预算方法的系统。对政府预算进行科学、合理的分类，是进一步认识和研究政府预算的基础和前提。

一、按照预算管理范围分类

按照预算管理范围分类，政府预算可分为总预算、部门预算和单位预算。

（一）总预算

总预算是指各级政府的预算，由汇总的本级政府预算和汇总的下一级总预算汇编而成，不仅包括本级一般财政收支和特别预算，还包括下级政府的总预算。

（二）部门预算

部门预算是指反映政府部门收支活动的预算。它是各级政府的各个部门编制的、经财政部门审查、权力机关批准、反映本部门所有收入和支出的政府预算。各部门预算由本部门所属各单位预算组成。

（三）单位预算

单位预算是指列入部门预算的政府机关、社会团体和其他单位的收支预算。它是部门预算的组成部分，是各级总预算构成的基本单位。从单位预算的组成系统看，分为主管单位预算、二级单位预算和三级单位预算。

二、按照政府级次分类

按照政府级次分类，政府预算可分为中央预算和地方预算。

（一）中央预算

中央预算是中央履行职能的基本财力保证，表现为中央政府的预算收支活动，由中央各部门（含直属单位）的预算组成的中央政府财政收支计划。我国的中央预算包括地方向中央上解的收入数额和中央对地方返还或者给予补助的支出数额。

（二）地方预算

地方预算是指按法定程序批准的，地方各级政府财政收支计划的总称，包括省级及省级以下的预算。地方各级政府预算由本级各部门（含直属单位）的预算组成。

联邦制国家的政府预算通常由联邦政府预算、州政府预算和地方政府预算组成，例如美国。而《中华人民共和国预算法》（以下简称《预算法》）明确规定，国家实行一级政府一级预算，相应设立中央、省（自治区、直辖市）、市（自治州）、县（自治县）、乡镇五级预算。

三、按照组织形式分类

按照组织形式分类，政府预算可分为单式预算和复式预算。

（一）单式预算

单式预算是传统的预算组织形式，是指在预算年度内不区分各类预算收支的经济性质，而将全部的预算收入和支出列在单一的预算收支项目表格内。20世纪30年代以前，世界各国的政府预算普遍采用的是单式预算。其优点是把全部的财政收入与支出分列于一个统一的预算表上，从整体上反映了年度内政府总的财政收支状况，整体性较强。而缺点主要表现为：首先，单式预算没有把全部的财政收支按经济性质进行分类，这不便于政府按照财政收支状况对经济结构进行调节；其次，单式预算对各项收入加总和各项支出加总，然后进行总量平衡，不能清楚赤字或者盈余的出处。正因为单式预算的缺点较为明显，故很多国家已不再采用这种形式而改为采用复式预算。

（二）复式预算

20世纪30年代世界性的经济危机，导致一些国家财政困难加剧。而凯恩斯的"加强政府的宏观调控，刺激需求以促进经济增长"逐渐成为主流的经济理论。在该理论的影响下，欧洲国家开始执行赤字政策,加强对经济的干预。政府的收支范围日益拓宽,收支内容也产生了重要变化。由此,传统的单式预算难以反映政府的全部财政活动,不适应对不同性质资金进行区别管理的要求,也不利于宏观经济分析和财政收支效益的考核。于是复式预算应运而生。

复式预算是将同一预算年度内的全部收入和支出按经济性质划分,分别汇编成两个或两个以上的收支对照表,从而编成两个或两个以上的预算。世界各国通常的做法是将政府预算分为经常预算和资本预算(投资预算)。相较于单式预算,复式预算的优点很明显:一是便于对经济结构进行调节;二是可以表明赤字产生的原因;三是预算结构清晰,便于对支出进行分类考核和控制,考核资金的使用效益。但是,复式预算也并非没有缺点:复式预算比较复杂、不便操作;易导致资本预算规模膨胀。

复式预算的具体收支项目如图5-1所示。

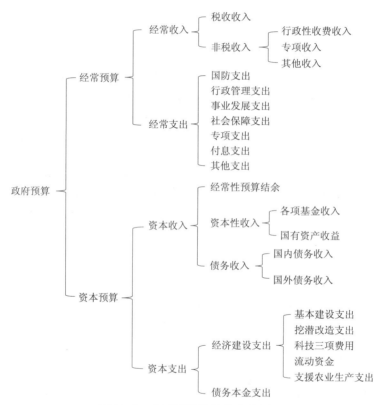

图5-1 复式预算的具体收支项目

长期以来,我国一直采用单式预算组织形式。1991年,国务院颁布了《国家预算管理条例》,规定从1992年起政府预算按复式预算编制。于是,财政部在1992年对我国的国家预算、中央预算和部分省市预算开始试编。1994年,我国出台的《预算法》中规定:"中央预算和地方各级政府预算按照复式预算编制。复式预算的编制办法和实施步骤,由国务院规定。"这就是说,我国从1995年开始,各级政府都要编制复式预算。

四、按照编制方法分类

按照编制方法分类,政府预算可分为增量预算和零基预算。

(一) 增量预算

增量预算是指财政收支计划指标是在以前财政年度的基础上，按新财政年度的经济发展情况和财政经济政策要求，加以计算和调整后形成的预算。优点是有利于保证各项财政收支指标的连续性，编制简单、易于操作。缺点是容易把以往年份影响财政收支指标的不合理因素也保留下来，因而不利于提高财政支出效率。

(二) 零基预算

零基预算是指在编制年度预算时，完全不考虑以前各年度的收支水平，重新以零为起点编制预算。零基预算与增量预算的根本区别在于：零基预算不但对年度内新增任务进行审核，而且对以前年度确定的项目也要进行审核。零基预算的优点是能够摆脱以往年份影响财政收支的不合理因素对预算编制的影响，缺点是其编制非常复杂、不便操作。

我国的政府预算无论是单式预算还是复式预算，都采用增量预算。同时在现阶段某些具体项目计划上也采用零基预算方法，并且其使用范围有进一步扩大的趋势。

第三节 政府预算的程序

政府预算的程序也称预算周期，起于一个财政年度开始以前，止于一个财政年度结束之后。世界各国的政府预算周期一般包括四个阶段：预算编制、预算审查批准、预算执行和政府决算。

一、政府预算的编制

(一) 政府预算的编制机构和时间

政府预算的编制是整个预算周期的开始。预算的编制是由政府机关负责的，因而预算的编制与政府行政机构体制有着十分密切的关系。各国预算编制机构的设置不尽相同，大致可分为两种类型：一种是由财政部主持预算编制工作。此类型即由财政部负责指导政府各部门编制支出预算草案并审核和协调这些草案；同时根据各种经济统计资料和预测，编制收入预算草案；最后综合收入和支出两个部分，把预算草案交给有法定预算提案权或国会审议权的个人或机构核定。属于这种类型的国家主要有英国、德国、日本和中国等。另一种是由政府特设的专门预算机关主持预算编制工作，而财政部只负责编制收入预算。此类编制机构设置的目的是加强预算编制工作，保证支出和收入有更多的合理性和科学性，避免财政部统编支出和收入预算可能带来的各种矛盾。属于这种类型的国家有美国和法国等。

各国预算编制工作开始的时间不尽相同。美国的预算编制工作从财政年度开始前的十八个月开始。我国预算编制一般在财政年度开始前的一个季度开始。各国预算编制的具体过程一般是：财政部受国务院委托首先向各地方、各部门发出编制预算的通知和具体规定，然后各地方、各部门编成预算估计书提交财政部门，最后由财政部门审核汇编。

(二) 预算编制的一般程序

政府预算编制的程序因各国政治制度的差异而各不相同。但一般应包括以下三个步骤。

1. 政府最高行政机关决定预算编制的方针政策

一个国家的预算编制方针政策是由政府最高行政机关研究制定的。政府最高行政机关依据制定的行政方针和计划,对全年的预算收入如何分配于各项事业之中做一个整体性的安排决定。政府财政机关则在行政机关方针政策的指导下,具体安排预算收支计划。

同时,地方各级政府最高行政机关依据国家最高行政机关预算编制的方针政策,制定本地预算编制的具体方针政策,并由本级财政部门具体贯彻执行。

2. 各部门、各单位具体负责编制预算

中央和地方各部门根据本级政府行政机关编制预算的要求和本部门各单位事业计划的安排,具体部署本部门各单位预算的编制。各部门对所属单位预算审核汇总成为部门预算草案。

3. 财政部门的汇总和审核

各级政府财政部门具体负责审核本级各部门的预算草案,编制本级预算草案,并汇编下级政府上报的下级预算草案,形成本级总预算草案。通过各级财政部门层层汇总上报,最后由财政部汇编成为总的全国政府预算草案,提交权力机构批准。

(三) 我国政府预算编制程序

为了及时、准确、完整地编制政府预算,各级政府、各个部门、各个单位都必须严格遵循政府预算编制程序。我国政府预算的编制程序与其他国家的一般程序基本一致。

第一,国务院下达关于编制下一年度政府预算草案的指示,财政部根据国务院的指示部署编制政府预算草案的具体事项。

第二,中央各部门根据国务院的指示和财政部的部署,结合本部门的具体情况,提出编制本部门预算草案的要求,具体布置所属各单位编制预算草案。中央各部门负责本部门所属各单位预算草案的审核,并汇总编制本部门的预算草案。

第三,省、自治区、直辖市政府根据国务院的指示和财政部的部署,结合本地区的具体情况,提出本行政区域编制预算草案的要求。

第四,县级以上地方各级政府财政部门审核本级各部门的预算草案,编制本级政府预算草案,汇编本级总预算草案,在本级政府审定后,按照规定期限报上一级政府。

第五,财政部审核中央各部门的预算草案,编制中央预算草案;汇总地方预算草案,汇编中央和地方预算草案。

第六,县级以上各级政府财政部门审核本级各部门的预算草案时,发现不符合编制预算要求的,予以纠正;汇编本级总预算时,发现下级政府预算草案不符合国务院和本级政府编制预算要求的,及时向本级政府报告,由本级政府予以纠正。

但在具体的编制实行过程中,我国采用的是"二上二下"的程序。以部门预算为例,具体内容如下(图5-2)。

1. "一上"

财政支出部门在收到财政部门的年度预算编制通知之后,对部门下一年度的支出进行测算,然后报送财政部门。

2. "一下"

财政部门收到各个部门的预算后,由职能处室对各个部门的预算进行审查,然后将审查意见反馈给各部门。在下达反馈意见的同时,财政部门根据往年的预算情况和对未来年度收入的预测,给各个部门下达一个控制数,要求各个部门在控制数内修改部门预算。

3. "二上"

各个部门在财政部门下达的控制数内重新编制本部门的预算,然后报送财政部门。财政部门审查各个部门的预算后,汇总编制政府预算。然后,报政府常务会议讨论。财政部门根据政府常务会议的意见修改预算,然后报同级党委审查。财政部门将政府预算草案报人大常委会初审。最后,人大常委会初审后形成的政府预算在人大会议召开时提交大会审议通过。

支出部门根据财政下达的控制数和审查意见重新修改预算,然后上报给财政部门。财政部门审查部门的预算后,通常提交政府常务办公会,通过后提交党委常务会,然后,政府预算必须提交给地方人大财经委员会的预算工作委员会进行初步审查,初步审查通过后,提交每年的人民代表大会审查。

4. "二下"

人大通过预算后,由财政部门批复给各个部门,开始预算执行。

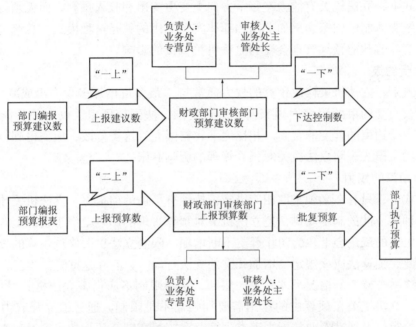

图 5-2 部门预算编制阶段("二上二下"编报程序)

二、政府预算的审查批准

(一)预算审批机构及程序(王雍君.公共预算管理[M].北京:经济科学出版社,2002.)

预算的审查批准与政府预算编制的属性一样,各国政府预算的审查批准通常有一套较为严格周密的审查批准内容、手续及程序。世界各国批准政府预算的权力都属于立法机构。在市场经济国家中,批准政府预算的机构是议会。不论议会制国家实行一院制还是两院制,预算的具体审核工作都是由议院中各种常设委员会与其下属的小组委员会来实施的,最后将审议意见交议院大会审议表决。我国实行人民代表大会制的政治制度,《中华人民共和国宪法》(以下简称《宪法》)规定,各级人民代表大会有"审查和批准国家的预算和预算执行情况的报告"的职权。

不同国家中的立法机关对于预算资源分配的方式有不同的偏好,并且受制于《宪法》中的许多条款。在整体上,这些不同偏好和有关要求会导致预算辩论过程中增加开支的倾向。因此，许多国家已经采纳程序性规则来限制预算辩论。这些规则包括：①对预算进行表决的顺序。②立法机关修改预算的权力。通常来说，行政部门准备的预算草案按惯例会得到立法机关的批准；对预算的不批准等于投下不信任票，会导致整个政府的辞职。

为确保财政支出总额得到控制，许多国家的预算草案要进行两阶段表决：先是就预算总量投票表决，而拨款和部门间资源配置则放在第二阶段来投票表决。这一程序旨在控制支出总量的限额和全面的财政约束，但其真正影响并不十分清楚。然而无论如何，将支出总量与收入总量一并予以审查有一个显著的优点：立法借此明确地辩论宏观经济政策。

立法机关修改预算的法定权力在各国并不相同，大体有三种模式。

1. 权力无约束

在此模式下，立法机关有能力在每个方向上变更支出和收入预算，而无须得到行政部门的同意。总统制体制的国家，例如美国和菲律宾，采用的就是这种模式，总统可以否决国会的决议。这意味着政府预算管理会受到立法机关直接的影响。

2. 权力受约束

在此模式下，立法机关修改预算的权力通常与"最多可增加多少支出或减少多少收入"联系起来。权力受约束的程序因国家而异。在英国、法国等国家，议会并不能提议增加支出，因而权力受约束的程度非常高。相比之下，德国允许这类修改，但需得到行政部门的同意。权力受约束模式表明立法机关对预算管理的影响有限。

3. 平衡预算的权力

在此模式下，只有在必须采取相应措施维持预算平衡的前提下，立法机关才能增减支出或收入。这种调节性的制度安排，把立法机关对预算管理的影响集中于资源配置目标上。

在立法机关的辩论会上，为防止开支不断增加，限制立法机关修改预算的权力是非常有必要的。为此，预算法应该规定：增加开支的立法行动，只有在这些开支本身已经在预算中或在其附属法案被授权的情况下才有效。然而，这些限制不应损害立法机关对预算的审查。在某些国家，立法机关在预算中的作用需要加强而不是限制。通过建立强有力的专门委员会，立法机关得以发展其专业技能去审查预算草案，并在制定预算的决策过程中发挥更大的作用。一般而言，不同的委员会处理预算管理涉及不同层面的问题。例如，财政/预算委员会审查收入和支出；公共账目委员会确保合法性和审计监督；部门或跨部门委员会负责部门政策以及审查部门预算。在这些委员会之间应进行有效的协调。在那些立法机关有很大权力修改预算的国家中，对预算的修改应由各委员会（而不是单个成员）准备及提出。

为对预算实施详细审查，法定预算程序中需要为相关委员会预留充足的时间来完成这项工作。在印度，这一时间需要75天；在美国，这一时间需要8个月甚至更长。

立法机关及其委员会应有独立的专家队伍用以对预算进行系统审查。例如在美国，国会从各拨款委员会的高素质人才中，也从庞大而设施精良的国会预算办公室提供的服务中深受其益，并且在审计、确保政府规划得到遵从并取得绩效的工作中，得到会计总署的帮助。

委员会也应能得到必要的管理信息。在德国，预算委员会要求支出部门按要求提供部门简报和支出报告。在印度，公共账目委员会经常收到来自审计和会计部门的账目报告。在立法机关各委员会与行政系统之间，就预算政策及其实施而加强对信息流动的管理，也有助于加强立法机关审查预算的能力。

发达国家大多实行代议制政治体制，国家权力及权力机关在彼此分立的基础上相互制衡。体现在预算方面，就是通过预算方面的立法，形成预算权力在各权力机关之间的分配。其中，立法机关拥有预算的监控权，行政机关拥有预算的执行权，司法机关则对公共财政活动进行审计和监察。编制预算实施或执行预算的工作由行政机关承担，审核预算和批准预算的工作则交由立法机关管理。由国家权力分配导致的这种管理方式，基本上延续到今天。

发达国家的预算决策过程从本质上讲受其议会政体的影响。在预算审批中，许多由少数党或联合党派组成的国家，立法部门会与行政部门寻求各种各样的妥协。相比之下，类似美国这样明确地实行权力分散的政治体制的国家，重视行政部门与立法机关间的协商过程，但国会可以对预算草案进行重大修改，而英国议会对政府提交的预算草案无条件通过，因为英国的预算草案操纵在多数党手中。

概括地讲，立法机关左右政府部门提交的预算草案的能力在各国存在很大差异，因为预算的编制和审批受政治制度和官僚体制的影响。根据政治学的观点，预算本身就是一种政治产物。预算的形成经常是政治妥协与竞争的结果，而各国政治体制存在相当大的差异。众所周知，美国为总统制的国家，英、德、日为内阁制国家。比较而言，美国国会拥有最大的预算权力，不仅在审议行政部门所提预算草案时，可以自由增加或减少支出计划与经费额度，甚至可以完全置行政部门的预算提案于不顾，而自行起草预算案。美国国会具有如此强势的预算权力，难免经常导致立法部门与行政部门之间的预算争议与冲突。

内阁制的英国、德国和日本情形大不相同，其预算编制的基本责任落在行政部门，国会的角色在于批准政府的预算草案，而国会在审议行政部门提交的预算草案时，如果有否决或大修改内阁提出的预算提案的情形，则被视为对政府投下不信任票，影响重大。因此，国会通常会极力避免过度修改政府的预算提案。以此而言，在内阁制国家中，国会的预算审议权所具有的形式意义大于实质意义。

（二）我国的预算审查批准程序

《预算法》明确规定了审查批准中央预算草案和地方预算草案的一般程序，具体包括以下四方面。

1. 预算草案的初步审查

在每年全国人民代表大会会议举行的一个月前，国务院财政部门应当将中央预算草案的主要内容提交全国人民代表大会财政经济委员会进行初步审查。

省、自治区、直辖市、设区的市、自治州政府财政部门应当在本级人民代表大会会议举行的一个月前，将本级预算草案的主要内容提交本级人民代表大会有关的专门委员会或者根据本级人民代表大会委员会主任会议的决定提交本级人民代表大会常务委员会有关的工作委员会进行初步审查。

县、自治县、不设区的市、直辖市政府财政部门应当在本级人民代表大会会议举行的一个月前，将本级预算草案的主要内容提交本级人民代表大会常务委员会进行初步审查。

2. 预算草案的审查批准

财政部将中央预算草案和地方总预算草案分别汇编成中央预算草案和地方预算草案后，附预算草案的文字说明书，上报国务院审查核准后提交全国人民代表大会审查批准。

在全国人民代表大会举行会议期间，国务院向大会作关于中央和地方预算草案的报告。地方各级政府在本级人民代表大会举行会议时，向大会作关于本级总预算草案的报告。

中央预算由全国人民代表大会审查和批准。地方各级政府预算由本级人民代表大会审查和批准。

3. 预算的汇总备案

乡、民族乡、镇政府应当及时将经本级人民代表大会批准的本级预算报上级政府备案。县级以上地方各级政府应当及时将经本级人民代表大会批准的本级预算及下一级政府报送备案的预算汇总，报上一级政府备案。

县级以上地方各级政府将下一级政府依照前述规定报送备案的预算汇总后，报本级人民代表大会常务委员会备案。国务院将省、自治区、直辖市政府依照前述规定报送备案的预算汇总后，向全国人民代表大会常务委员会备案。

国务院和县级以上地方各级政府对下一级政府依照上述规定报送备案的预算，认为有同法律、行政法规相抵触或者有其他不适当之处，需要撤销批准预算决议的，应当提请本级人民代表大会常务委员会审议决定。

4. 预算的批复

各级政府预算在本级人民代表大会批准后，本级政府财政部门要及时向本级各部门批复预算，各部门要及时向所属单位批复预算。

地方各级政府预算草案在本级人民代表大会批准后，为当年本级政府预算。县级以上地方各级政府财政部门应当自本级人民代表大会批准本级政府预算之日起30日内，批复本级各部门预算；地方各部门应当自本级财政部门批复本部门预算之日起15日内，批复所属各单位预算。

三、政府预算的执行

（一）预算执行机构

我国负责预算执行的组织领导机构是国务院及地方各级人民政府。而各级政府财政部门是国家预算执行的具体负责和管理机构，是执行预算收支的主管机构。财政部门负责指导和监督政府所属预算单位具体执行收支预算。政府预算收入执行工作由财政部门统一负责组织，并按各项预算收入的性质和征收办法，分别由财政部门和各主管收入的专职机构负责组织管理和征收，包括税务机关、海关及有行政事业性收费权的行政单位和事业单位。政府预算支出执行工作由财政部门管理。此外，还有其他职能机构，如政策性银行等。执行过程中的国库出纳业务，一般由中央银行经理。国家金库（简称国库），是管理预算收入的收纳、划分、留解和库款支拨以及报告政府预算执行情况的专门机构。《中华人民共和国中国人民银行法》从法律上明确了经理国库是中国人民银行的职责。

（二）政府预算执行的内容

1. 收入的执行

预算收入的执行是全面实现政府预算的基础，是完成各项支出资金需要的保证。我国预算收入的执行由财政部门统一负责组织，并按各项预算收入的性质和征收方法，分别由财政机关、税务机关、海关负责征收和管理。国家金库负责预算收入资金的收纳和保管。

2. 支出的执行

预算支出的执行是财政部门、上级主管部门和国家金库通过国家规定的办法向用款单位进行拨付财政资金的分配活动。财政部门在组织预算支出执行中处于主导地位。

3. 执行的调整

在政府预算的执行中,由于政治经济形势会发生变化,往往会出现一些意想不到的事件影响到原政府预算的执行,这就有必要对原预算进行调整。因此,预算调整是在预算执行过程中,因特殊情况需要增加支出或者减少收入,使总支出超过总收入或使原举借债务的数额增加。预算调整按调整幅度不同分为全局调整和局部调整。

四、政府决算

政府决算是预算执行的结果,是指经法定程序批准的年度预算执行结果的会计报告,是政府预算执行效果的总结,是政府管理的社会经济活动在财政上的集中反映,体现了一年来政府活动的范围和方向。在我国,政府决算包括中央级决算和地方总决算,并且决算体系与预算体系是一致的。所以,编制决算前的准备工作、编制程序以及审批与编制预算有许多相通之处。

由于编制政府决算是一项政策性强、工作量大、涉及面广、时间紧迫、复杂而又细致的工作,所以必须做好前期准备工作。这种准备工作主要有三项。

(1) 拟定和下达编制政府收支决算的统一编报办法。

(2) 组织年终前预算收支清理。这种清理主要是核对该预算年度的预算收支数字、清理预算应收应支账款、清理各种往来款项、结清预算拨借款、清查财产物资、进行决算数字的对账等。

(3) 修订和颁发统一的决算表格。

关于决算的编制程序、审批程序及其要求与预算基本相同。各级财政机关是具体负责组织政府预算执行的机关,也是政府决算的编制机关。中央决算草案和地方各级政府的决算草案具体由各级财政机关的预算部门负责编制。

本章小结

- 目前世界各国采用的预算年度有两种:一是历年制预算,它与公历的时间一致,即预算年度从公历的1月1日起,至同年的12月31日止,中国、德国、法国等多数国家采用的是历年制;二是跨年制预算,即预算年度为12个月,但跨越两个公历年度,如美国的预算年度是从当年的10月1日起,至次年的9月30日,而英国和日本的预算年度都是从当年的4月1日起,至次年的3月31日。
- 联邦制国家的政府预算通常由联邦政府预算、州政府预算和地方政府预算组成,例如美国。
- 《中华人民共和国预算法》明确规定,国家实行一级政府一级预算,相应设立中央、省(自治区、直辖市)、市(自治州)、县(自治县)、乡镇五级预算。
- 零基预算与增量预算的根本区别在于:零基预算不但对年度内新增任务进行审核,而且对以前年度确定的项目也要进行审核。
- 我国的政府预算无论是单式预算还是复式预算,都采用增量预算。
- 世界各国的政府预算周期一般包括四个阶段:预算编制、预算审查批准、预算执行和政府决算。
- 各国预算编制机构的设置不尽相同,大致可分为两种类型:一种是由财政部主持预算编制工作，例如英国、德国、日本和中国等；另一种是由政府特设的专门预算机关主持预算编制工作，而财政部只负责编制收入预算，例如美国和法国等。

● 各国预算编制工作开始的时间不尽相同。美国的预算编制工作从财政年度开始前的18个月开始。我国预算编制一般在财政年度开始前的一个季度开始。

● 我国负责预算执行的组织领导机构是国务院及地方各级人民政府。

● 我国预算收入的执行由财政部门统一负责组织，并按各项预算收入的性质和征收方法，分别由财政机关、税务机关、海关负责征收和管理。国家金库负责预算收入资金的收纳和保管。

重要概念

政府预算　总预算　单位预算　部门预算　单式预算　复式预算　增量预算　零基预算　政府决算

复习思考题

（1）政府预算的原则有哪些？
（2）我国的预算审查批准程序有哪些？

讨论分析题

政府预算的起源

政府预算是由政府编制的反映每一预算年度财政收支状况的计划。政府预算最早产生于英国。从16世纪开始，伴随着资本的原始积累，新兴资产阶级的经济力量日益增强，为了反抗封建国王的随意征课，新兴资产阶级与封建王朝展开了激烈的斗争。新兴资产阶级踏上历史舞台的同时，也正是封建王朝腐败透顶的时期。例如斯图亚特王朝为了增加财政支出，不仅经常增加租税负担，还实行严重阻碍资本主义工商业发展的日用消费品专卖制度，甚至卖官鬻爵，极尽搜刮之能事。矛盾的激化终于导致1640年资产阶级革命的爆发。革命给财政管理带来了一系列的变化：一是1678年规定王室政府的财政支出必须经下议院批准，二是1688年规定国王私人支出与政府支出必须分离，三是1689年的《权力法案》规定未经国会批准王室政府不得对任何人擅自课税。在1787年颁布的"皮特法"中又规定英格兰和爱尔兰的一切财政收入都分别纳入各自唯一的综合基金之中，一切财政支出也从综合基金中划拨。1816年，英格兰和爱尔兰的综合基金合并，使英国产生了世界上第一个完整的政府预算。由此可见，预算的产生是新兴资产阶级与封建王朝斗争的结果。

资料来源：百鸣．从政府预算的起源说起［J］．浙江财税与会计，1998（7）．

请讨论分析：

（1）了解政府预算的起源后，如何理解政府预算的内涵？
（2）政府预算的原则有哪些？

第六章

金融导论

本章主要涵盖金融概述、货币的概念、货币的职能、货币制度及货币制度的演变、我国货币制度的内容、信用的概念、信用的形式、信用的职能、利率的定义、利率的分类,以及利率的决定因素。同时,值得我们深思的问题是:我国金融体系如何有效促进经济健康发展?

第一节 金融与金融体系

一、金融的含义与特点

(一)金融的含义

狭义的金融指资金的融通。广义的金融泛指一切与信用和货币相关的活动,也称为金融活动,包括货币信用的发行、保管、兑换、结算等。

融通的对象:货币和货币资金。

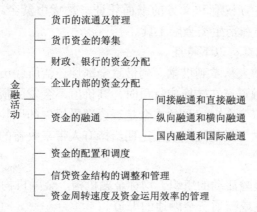

融通的方式:有借有还的信用形式。

融通的组织机构:银行和其他金融机构。

(二)金融的基本特点

1. 融资性

收支不平衡的情况为各单位之间进行资金融通提供了客观可能,随着信用制度的建立和完善,融资性的特点将有效地利用社会资源,促进社会经济的发展。

2. 自愿性

供资方和筹资方是为了不同的目的而实现交易的，在金融活动的作用下，社会资源的合理使用是在各自追求自己的利益，在自愿的基础上实现的。

3. 调节性

通过货币资金的融通，可以使社会上的资金在投资、生产、消费之间合理地进行流动和分配，调节一定时期社会上的货币流量。

二、金融的产生和发展

金融是商品货币关系发展的必然产物，是伴随着商品货币关系的发展而发展起来的。

（1）商品货币关系的发展催生了金融。高利贷信用是最古老的信用。

（2）资本主义信用满足了借贷资本运动形式的需要。

（3）随着商品生产、商品交换和信用的发展，金融活动的范围也随之扩大，货币兑换、保管和汇兑业务相继发生，金融机构逐渐发展起来。

（4）随着业务的发展，货币经营商开始把保管的钱贷放出去，收取利息，同时用支付存款利息的办法，吸收大量存款，经营起信贷业务，货币经营商就发展成为经营存、贷、汇业务的银行。

（5）随着金融活动的不断发展，各种金融机构相继出现，金融体系逐渐形成。

三、金融体系

金融体系是国民经济体系内围绕资金融通、由相关要素有机构成的子系统。通常包括金融工具、金融机构、金融市场和金融制度四要素。

（一）金融工具

金融工具又称信用工具、金融产品、金融资产、有价证券，通常是依一定格式做成、用以证明或创设金融交易各方权利和义务的书面凭证，是货币资金或金融资产借以转让的工具。金融工具分为基础类和衍生类金融工具。

一般认为，金融工具具有以下特征。

（1）偿还性：指借款人从拿到借款，到借款全部性还清所经历的时间。

（2）流动性：指金融资产在转换成货币时，其价值不会蒙受损失的能力。

（3）安全性：指投资于金融工具的本金是否会遭受损失的风险。

（4）收益性：指金融工具能定期或不定期给持有人带来收益的特性。

（二）金融机构

凡有专门从事各种金融活动的组织，均称金融机构。金融机构的职能，概括而言就是组织社会资金的运动，建立或疏通资金融通的渠道。

我国的金融机构，按地位和功能可分为中央银行，银行（包括商业银行和政策性银行），非银行金融机构和外资、侨资、合资金融机构四类。各种金融机构相互补充，构成一个完整的金融机构体系。

知识拓展：国际清算银行

国际清算银行（Bank for International Settlements，BIS）是致力于国际货币政策和财政政策合作的国际组织，由50多个国家的中央银行组成。国际清算银行成立于1930年，是世界上最早的国际金融组织。第一次世界大战结束后，为了处理德国战争赔款问题，基于杨格计划，成立了该组织。随后，其处理战争赔款的作用逐渐淡化，转向推动国际财政货币政策的合作。我国于1984年与国际清算银行建立了业务联系，中国人民银行自1986年起与国际清算银行建立了业务方面的关系，办理外汇与黄金业务，并且每年都会派代表团以客户身份参加国际清算银行的年会。

（三）金融市场

金融市场即资金融通的场所，它是经济生活中与商品市场、劳务市场和技术市场并列的一种市场。通过金融市场，资金的供求双方，直接或借助于信用中介进行资金的融通，并基于资金供求的对比，形成相应的市场"价格"即利率。

一般来说，我们根据金融市场上交易工具的期限长短，把金融市场分为货币市场和资本市场两大类，其中货币市场也叫短期资金融通市场，期限在一年以内；资本市场称为长期资金融通市场，期限超过一年。

（四）金融制度

金融制度是在长期发展中逐渐形成的，由金融立法、基本金融政策和金融规章建立起来的，有关金融交易、金融调控和金融监管的相对稳定的运行框架和办事规程。它是一个国家用法律形式所确立的金融体系结构，以及组成这一体系的各类银行和非银行金融机构的职责分工和相互联系。

理解其含义，需要从以下三个方面来解读。

（1）金融制度的顶层是法律、规章制度和货币政策，即一般意义上的金融活动和金融交易规则。

（2）金融制度的中间层是金融体系的构成，包括金融机构和监管机构。

（3）金融制度的基础层是金融活动和金融交易参与者的行为。在任何一个金融制度中，它的参与者基本上都可以归纳为五类：资金盈余的人或部门、资金短缺的人或部门、金融中介机构、金融市场、金融监管当局。

四、金融运行体系

（一）金融的运作对象

1. 货币

2. 信用资金

3. 金融工具或金融资产

（二）金融的运行渠道

金融领域的活动，主要是通过金融机构体系和金融市场体系这两大渠道展开的。

（1）金融机构体系：中央银行、商业银行、政策性银行、非银行金融机构等。

（2）金融市场体系：货币市场、资本市场、金融衍生工具市场、外汇市场、保险市场等。

（三）金融通行的调控机制

1. 决策执行机构和金融监管机构

一般而言，金融运行中的决策执行机构和金融监管机构的角色首先由中央银行承担。

2. 长期起作用的金融法律法规

金融法制建设是金融健康运行的重要保障。各国金融方面最基本、最重要的法律一般包括中央银行法、商业银行法、保险法、证券法等。

3. 货币政策

货币政策指的是中央银行为实现既定的经济目标运用各种工具调节货币供给，进而影响宏观经济的方针和措施的总和。

（四）金融运行的制度环境

1. 货币制度
2. 信用制度
3. 利率制度
4. 汇率制度
5. 支付清算制度
6. 银行及金融机构有关制度
7. 金融市场有关制度
8. 金融监管制度

知识拓展：金融学

金融学的研究对象按照从事金融活动的主体划分如下：国家金融或称公共金融、政府金融，属于财政学的研究范畴；企业金融，属于财务管理学的研究范畴；个人或家庭金融，属于个人或家庭理财学的研究范畴；专业金融，属于传统金融学的研究范畴，以及货币银行学。金融学的研究对象按照金融活动是否通过媒介划分，可分为间接金融与直接金融。间接金融是通过银行或非银行金融机构作为媒介来进行的一系列金融活动。直接金融是不通过作为媒介的银行或非银行金融机构，由双方当事人直接建立债权债务关系、信用关系等。判断标准是企业和金融机构间是否形成了债权债务关系。金融学的研究对象还可以根据金融系统中个体与整体的差异划分为微观金融与宏观金融。微观金融指金融市场主体（投资者、融资者、政府、机构和个人）的投资融资行为及金融资产的价格决定等微观层次的金融活动。宏观金融是金融系统各构成部分作为整体的行为及其相互影响以及金融与经济的相互作用。

金融学作为资金融通活动的一个系统，是以各个微观主体的投融资行为为基础的。工具、机构、市场和制度等构成要素相互作用并与经济系统的其他子系统相互作用的有机系统。

金融学的研究方法坚持马克思主义的唯物辩证法，遵循实践是认识的最高裁判原则。科学运用经济量比法和实证分析法。积极借鉴国际上公认的"三通法"，即在研究时尽量做到历史和现实贯通、政策和理论贯通、国际和国内贯通。

第二节 货币

一、货币的概念

人类使用货币的历史产生于物物交换的时代。在原始社会，人们使用以物易物的方式，交换自己所需要的物资，比如一头羊换一把石斧。但受到用于交换的物资种类的限制，需要寻找一种能够为交换双方都能够接受的物品。这种物品就是最原始的货币。牲畜、盐、稀有的贝壳、珍稀鸟类的羽毛、宝石、沙金、石头等不容易大量获取的物品都曾经作为货币使用过，在我国最早充当货币的就是贝壳。

（一）商品货币

1. 实物货币

实物货币是指作为货币，其价值与其作为普通商品价值相等的货币。在商品交换的长期发展过程中产生的最初的货币形式，是商品间接交换的一般价值形态的表现，最初被固定在某些特定种类的商品上。在世界商品发展的历史上，牲畜（牛、羊和狗等）、贝壳、动物的牙齿、兽角、毛皮、盐巴、特殊的石块、金属都曾经先后充当过这种"中间人"——货币的角色。

2. 金属货币

经过长年的自然淘汰，在绝大多数社会里，作为货币使用的物品逐渐被金属所取代。使用金属货币的好处是它的制造需要人工，无法从自然界大量获取，同时还易储存。数量稀少的金、银和冶炼困难的铜逐渐成为主要的货币金属。某些国家和地区使用过铁质货币。

知识拓展：金属货币的发展

早期的金属货币是块状的，使用时需要先用试金石测试其成色，同时还要称量重量。随着人类文明的发展，逐渐建立了更加复杂而先进的货币制度。古希腊、古罗马和波斯的人们铸造重量、成色统一的硬币。这样，在使用货币的时候，既不需要称量重量，也不需要测试成色，无疑方便得多。这些硬币上面带有国王或皇帝的头像、复杂的纹章和印玺图案，以免伪造。中国最早的金属货币是商朝的铜贝。商代在我国历史上属于青铜器时代，当时相当发达的青铜冶炼业促进了生产的发展和交易活动的增加。于是，在当时最广泛流通的贝币由于来源的不稳定而使交易发生不便，人们便寻找更适宜的货币材料，自然而然集中到青铜上，青铜币应运而生。但这种用青铜制作的金属货币在制作上很粗糙，设计简单，形状不固定，没有使用单位，在市场上也未达到广泛使用的程度。由于其外形很像作为货币的贝币，因此人们大多将其称为铜贝。据考古材料分析，铜贝产生以后，是与贝币同时流通的，铜贝发展到春秋中期，又出现了新的货币形式，即包金铜贝，它是在普通铜币的外表包一层薄金，既华贵又耐磨。铜贝不仅是我国最早的金属货币，也是世界上最早的金属货币。

（二）信用货币

信用货币（credit money）是由国家法律规定的，强制流通过程中不以任何贵金属形态发行，独立发挥货币职能的货币，它是不足值货币，其购买能力与自身价值不等价。目前世界各国发行的货币，基本都属于信用货币。信用货币是由银行提供的信用流通工具。其本身价值远远低于其货币价值，而且与代用货币不同，它与贵金属完全脱钩，不再直接代表任何贵金属。

在现代经济中，信用货币包括以下四种主要形态。

1. 商业票据

商业票据也可以称为期票，在商品赊购交易中，买方可以不必支付现款，只需开出一张承诺到期偿付欠款的债务凭证交给对方。到期时，持票人可按票面金额向出票人索取现款。尚未到期的商业票据，经债权人在其背面签字表示承担债务，持票人也可以把它用作购买手段或支付手段，去购买商品或偿还债务。此外，持票人还可以将尚未到期的期票向银行申请贴现。受票人可根据利息率从中扣除期票到期以前这段时间的利息。

2. 纸币

纸币也叫钞票、现钞，多数由各自国家的中央银行发行，其主要功能是承担人们日常生活用品的购买手段。中国是世界上第一个使用纸币的国家。纸币跟硬币在中国都是人民币，有主币和辅币之分。纸币以前称为交子，现在随着科技的发展、印钞术的进步，一直在更新换代。

3. 银行存款

存款是存款人对银行的债权。对银行来说，这种货币又是债务货币。存款除在银行账户的转移支付外，还要借助于支票等支付。目前在全社会的经济交易中，用银行存款作为支付手段的比重占绝大部分。随着信用的发展，一些小额交易，如顾客对零售商的支付、职工的工资等，也广泛使用这种类型的货币。

4. 电子货币

由于科技的飞速发展和电子计算技术的运用，货币的交易和支付方式进入了一个崭新的阶段。电子货币通常是利用电脑或储值卡来进行金融交易和支付活动，例如各种各样的信用卡、储值卡、电子钱包等。现代常用的第三方支付平台中的货币存储也属于电子货币，比如支付宝、微信钱包等。与此同时，还可借助于上网的电脑、自动柜员机或用电话操作来对货币存储额进行补充。这种货币运用非常方便，还在不断完善和进一步发展。

知识拓展：金匠到银行的演变

西方的金融机构起源于一些金匠。这些金匠为金银货币拥有者保管货币，承诺到期还本付息，并以其财产为信用担保出具货币收据。银行券最初就是储户存放在金融机构那里保管的金币的收据。由于携带大量金币非常不便，大家就开始用金币的收据进行交易，然后再从金匠那里兑换相应的金币。时间久了，人们觉得没必要总是到金匠那里存取金币。金匠们渐渐发现大家都倾向于利用货币收据来作为支付手段，每天只有很少的人来用收据兑换金币，只要以一定量的金银为基础，就可以发行数量大得多的收据。于是他们就开始悄悄地增发一些收据来放贷给需要钱的人并收取利息，当借债的人连本带息地还清借据上的欠款，金匠银行家们收回借据再悄悄地销毁，好像一切都没发生过，但利息却以远远大于实际货币的应得数量稳稳地装进了他们的钱袋。一个金匠收据流通范围越广，接受程度越高，利润就越大。这样，规模大的金匠就发展成为后来的银行，而货币收据则发展为后来的银行券。

二、货币制度

（一）货币制度的概念

货币制度（monetary system），是国家法律规定的货币流通的规则、结构和组织机构体系的总称。货币制度是随着商品经济的发展而逐步产生和发展的，到近代形成比较规范的制度。

它是国家对货币的有关要素、货币流通的组织与管理等加以规定所形成的制度，完善的货币制度能够保证货币和货币流通的稳定，保障货币正常发挥各项职能。依据货币制度作用的范围不同，货币制度包括国家货币制度、国际货币制度和区域性货币制度；根据货币的不同特性，货币制度分为金属货币制度和不兑现的信用货币制度。

（二）货币的构成

1. 确定货币材料

货币使用的材料经货币当局规定，规定货币材料就是规定币材的性质，确定不同的货币材料就形成不同的货币制度。历史上出现的银本位制、金银复本位制和金本位制，就是选用银和金作为铸币材料而命名的。

2. 确定货币单位

货币单位表现为国家规定的货币名称。我国的货币单位是人民币元。其他几个典型的货币单位：俄罗斯卢布、美元、加元、澳元、新西兰元、朝鲜元、韩元、日元、菲律宾比索、印度尼西亚卢比、马来西亚林吉特、新加坡元、越南盾、老挝基普、柬埔寨瑞尔、泰铢、缅甸元、印度卢比、马尔代夫拉菲亚、塔吉克斯坦索莫尼、乌兹别克斯坦苏姆等。

3. 确定金属货币的铸造权

货币铸造发行的流通程序主要分为金属货币的自由铸造与限制铸造、信用货币的分散发行与集中垄断发行。自由铸造指公民有权用国家规定的货币材料，按照国家规定的货币单位在国家造币厂铸造货币，一般而言主币可以自由铸造；限制铸造指只能由国家铸造，辅币为限制铸造。信用货币分散发行指各商业银行可以自主发行，早期信用货币是分散发行，各国信用货币的发行权都集中于中央银行或指定机构。

知识拓展：封建社会垄断货币铸造权

在封建社会，国家垄断货币的铸造权在一定程度上防止了各地的诸侯藩王自行铸造货币聚敛财富，中央担心当大量财富聚敛后诸侯藩王如果有不臣之心，则对中央统治造成威胁。在铸造过程中，各地所用金属比例不同，一些用料好的货币容易被不法之徒收购熔炼做其他铸件，使国内货币流通市场出现短缺，容易造成民众恐慌。同时，国家垄断货币铸造可以让在铸造货币中产生的财富收归国库。

4. 确定主币与辅币

规定流通中货币的种类主要指确定主币和辅币，主币是一国的基本通货，辅币是主币的等分，是小面额货币，主要用于小额零星交易使用。金属货币制度下主币是用国家规定的货币材料按照国家规定的货币单位铸造的货币，辅币用贱金属并由国家垄断铸造；信用货币制度下，主币和辅币的发行权都集中于中央银行或政府指定的机构，我国指定的发行权集中于中国人民银行。

5. 规定货币的法定偿付能力

货币的法定偿付能力分为无限法定偿付和有限法定偿付。无限法定偿付指不论用于何种支付，不论支付数额有多大，对方均不得拒绝接受；而有限法定偿付即在一次支付中对方可以拒绝接受。金属货币制度下，一般而言，主币具有无限法定偿付能力，辅币则是有限法定偿付，在信用货币制度条件下，支付能力的规定不是特别明确。

6. 货币发行准备制度

货币发行准备制度有两种情况：一种情况是在金属货币与银行券同时流通的条件下，为了避免银行券过多发行、保证银行券信誉，发行机构按照银行券的实际规模保持一定数量的黄金和外汇资产；另一种情况是在纸币流通的条件下，发行纸币的金融机构（中央银行或者商业银行）维持一定规模的黄金和外汇资产。

(三) 货币制度的演变历程

货币制度的发展顺序整体为：金融货币制度和不兑换的信用货币制度，其中金属货币制度演变历程经过银单本位制、金银复本位制、金本位制（金块本位制、金币本位制和金汇兑本位制）。货币制度是国家用法律规定的货币流通的结构和组织形式。一开始资本主义国家使用的是银单本位制，这种货币制度满足了当时商品经济并不很发达的社会的需要。但随着资本主义经济的发展、城乡商品的交易规模日益扩大，大宗商品交易不断增加。作为本位币的银币需求也随着增加，于是人们大量开采白银，导致白银价值不断下降。而作为一种货币金属，只有当其价值保持相对稳定，才适合于做货币材料，以便保证货币价值的稳定性。

知识拓展：货币制度的演变

在原始社会，金属已经出现，由于社会资源配置的效率低下，所以还没有货币。随着人类的发展，货币是历史的必然产物，金和银这两种贵金属决定了它们必然会成为货币。

16—18 世纪，欧洲国家纷纷建立金银复本位制度，金银都是铸造本位币的材料，金币和银币可以同时流通，都可以自由铸造，都具有无限法定偿付能力，且都可以自由地输出输入。商品经济的持续发展使商品交易对金银两种贵金属的需求增加，白银用于小额交易，黄金则用于大宗买卖。在金银复本位制下，商品具有金币和银币表示的双重价格，双本位制违背了价值规律，出现"劣币驱逐良币"的现象，即实际价值高的货币被人们熔化、收藏或输出而退出流通，而实际价值低的货币充斥着市场。为了解决"劣币驱逐良币"现象，资本主义国家采用跛行本位制度，即金银币都是本位币，但国家固定金币能自由铸造，而银币不能自由铸造，并限制每次支付银币的额度。在这种制度中，银币已成为辅币。

银币逐渐退出了历史的舞台，货币制度从金银复本位制过渡到金单本位制。金铸币可以自由铸造，而其他金属货币包括银币则限制铸造。金币可以自由流通。黄金在各国之间可以自由地输出输入，货币的对外汇率相对稳定，此时步入金币本位制。

金币本位制使资本主义经济获得迅速发展，商品经济规模日益扩大，而全世界的黄金存量有限，价值符号无法兑现，金单本位制的制度被削弱。为了缓解对黄金的需求，使经济发展摆脱对黄金数量的限制，出现了金块本位制和金汇兑本位制。金块本位制是没有金币流通的金本位制度，废除了金币可以自由铸造、自由流通的规定。由银行券代替金币流通，银行券可以兑换金币但是兑换的起点很高。金汇兑本位制规定银行券不能直接兑换黄金，银行券只能与外汇兑换，然后用外汇在外国兑换黄金。这种货币制度没有从根本上解决对黄金短缺与商品经济发展之间的矛盾。

为解决币材不足的问题，自 20 世纪 30 年代以来，各国普遍实行信用货币制度，是以不兑现的纸币为主币的货币制度。纸币的发行基于有集权的民族国家和广阔的民族市场，纸币是以国家信用为担保而发行和流通的。纸币本身没有价值，所以它不能自动地退出流通，不能自发地调节流通中的货币量，也不能执行储藏手段职能，只具有积累和储蓄的功能。纸币靠国家的强制力量才能流通，它的流通无法超越国界，因此纸币不具有世界货币的职能。

(四) 我国的货币制度

中国人民银行成立于 1948 年 12 月 1 日，当日发行人民币。至 1951 年，除了台湾、香港、澳门和西藏外，人民币成了全国统一的、独立自主的稳定货币。1955 年进行了人民币改革。1955 年 3 月 1 日发行新的人民币，以 1∶10 000 的比率无限制、无差别收兑旧人民币，同时建立辅币制度。目前在中国境内共有人民币、港元、澳门元、新台币四个货币区，以下分别介绍这四种货币及其流通的基本情况。

1. 人民币

人民币，全称中国人民银行币，是中华人民共和国的法定货币。其正式的简称为CNY（Chinese Yuan），标志为￥。

人民币由中华人民共和国的中央银行——中国人民银行发行，从20世纪90年代起与美元非正式地挂钩，到2005年人民币改与一篮子货币挂钩，不再与美元挂钩。

人民币的基本单位为元。一元分为十角；一角再分为十分（1元＝10角＝100分）。

目前人民币已经发行至第五套。其中第一套、第二套的角币及圆币，第三套的纸币已经停止使用。

2. 港元

港元，或称港币，是中华人民共和国香港特别行政区的法定流通货币。按照香港基本法和中英联合声明，香港的自治权包括自行发行货币的权力。其正式的简称为HKD（Hong Kong Dollar）；标志为HK＄。

港元的纸币绝大部分是在香港金融管理局监管下由三家发钞银行发行的。三家发钞银行包括汇丰银行、渣打银行和中国银行，另有少部分新款十元钞票，由香港金融管理局自行发行。

3. 澳门元

澳门元，或称澳门币，是中华人民共和国澳门特别行政区的法定流通货币。其正式的简称为MOP（Macao Pataca）；标志为MOP＄。澳门的货币政策由澳门金融管理局管理。

澳门币的纸币由澳门金融管理局授权大西洋银行与中国银行澳门分行发行，硬币则由澳门金融管理局负责发行。澳门元与港元之间实行联系汇率制度，以1.03澳门元兑换1港元。

4. 新台币

新台币的前身为旧台币，在1945年5月22日开始发行。1949年6月15日，中国台湾地区发行新台币，明确规定40 000元旧台币兑换1元新台币，成为今日中国台湾地区的法定货币。新台币到2000年发行的1 000元之前，都是"中央银行"委托台湾银行发行的。2000年后改由"中央银行"发行。

附：人民币、港元、澳门元与新台币的比较表

项目	人民币	港元	澳门元	新台币
发行主体	中国人民银行	汇丰银行、中国银行、标准渣打银行	大西洋海外汇理银行、中国银行	"中央银行"或由其委托公营银行代理发行
流通领域	全国范围内（边贸地区和口岸）	全世界	中国澳门、中国香港、葡萄牙	台湾地区、金门、马祖
发行准备	商品物资（无法定发行准备金的要求）	100％美元准备金（硬币除外）	100％外币准备金	100％外币准备金
兑换性	向自由兑换过渡	自由兑换	向自由兑换过渡	向自由兑换过渡
面额	主币：1、2、5、10、50、100元	1、2、5、10、50、100、500、1 000元	1、5、10、50、100、500、1 000元	1、5、10、50、100、500、1 000元

三、货币市场

货币市场又称为短期金融市场,是指将期限在一年以内的金融工具作为交易媒介进行短期资金融通的场所。货币市场的参与者众多,资金供应者包括中央银行、商业银行、工商企业、政府及有关机构、投资机构、外国金融机构和个人等,资金需求者包括商业银行、工商企业、政府及有关机构、交易商和经纪商等。根据交易对象的不同,货币市场可分为同业拆借市场、短期国债市场、票据市场、可转让大额定期存单市场和回购协议市场等。

货币市场的特点:①交易期限短。②所交易的工具有较强的流动性。③风险性相对较低。

货币市场的作用:①调节短期资金余缺,优化资金配置,促进资金流动。②为各种信用形式的发展创造了条件。③传导货币政策,为政府的宏观调控提供条件和场所。

四、货币政策

类似货币政策的思想最先由维克塞尔提出。他认为可以通过调节利率来影响实体经济的运行。真正提出货币政策的含义以及系统的货币政策理论的是凯恩斯,在其论著指出通过利率的变动来影响实体经济运行这一概念。

货币政策是一个国家的中央银行为了实现一定的经济目标,使用各种政策工具来调节和控制货币数量和货币价格,进而影响宏观实体经济的运行的各种方针和措施的总和,包括信贷政策、利率政策和外汇政策。

货币政策分类基本分为两类:扩张性货币政策(积极货币政策)和紧缩性货币政策(稳健货币政策)。在经济萧条时,中央银行采取措施降低利率,由此引起货币供给增加,刺激投资和净出口,增加总需求,称为扩张性货币政策。反之,经济过热、通货膨胀率太高时,中央银行采取一系列措施减少货币供给,以提高利率、抑制投资和消费,使总产出减少或放慢增长速度,使物价水平控制在合理水平,称为紧缩性货币政策。

知识拓展:中国货币政策的调整

中国货币政策的调整从以下三个方面展开。

(一)落实已出台的各项货币政策措施

为了应对我国货币政策出现的各种问题,我国的货币政策必须灵活地不断进行调整,以面对各种可能的风险。及时地调整货币供应量,落实已经出台的各种货币政策的实施措施,进而满足经济对于货币供应量的适当需求。特别是对于基层的金融机构来说,尤其需要充分落实国家出台的货币政策,因为货币政策的效果的显现很大程度上跟基层的落实程度有关。可以不断引导商业银行的信贷投放,对于一些固定资产投资的项目给予贷款支持,增加对于农村的贷款支持,迅速发展农村信贷以及农村金融,这些都是可行的措施,只有将货币政策的每一个小细节落实到位,货币政策的最终效果才会得到最大体现。

(二)优化以间接调控为主的货币政策体系

我国需要完善并且优化以间接调控为主的货币政策体系。央行应该进一步提高所实施的货币政策的科学性,合理规划基础货币,增强货币政策工具的有效性;鼓励业务品种的开发和金融创新。不仅如此,货币政策的不一致性一直带来问题,所以这是一个需要迫切关注的问题。尽快提高我国央行货币政策的独立性,并且对于央行自身进行自我监督,使货币政策的中介目标以及最终目标得以实现。央行需要引导商业银行处理好风险的防范以及信贷业务的关系，主动地防范风险，转被动为主动。

（三）建立货币政策传导渠道机制

完善货币政策传导渠道要考虑到信贷传导渠道，也就是考虑解决国有商业银行的合理信贷投放问题。处理好与服务的关系。建立适应市场性信贷投放的员工队伍，以适应新形势下贷款业务发展的迫切需要。

我国的货币政策对于我国的经济金融健康发展处于非常关键的地位。当前虽然我国的货币政策还存在很多的问题，但是通过落实已出台的各项货币政策措施，优化以间接调控为主的货币政策体系，建立货币政策传导渠道机制等措施可以有效改善这一现象，促进我国经济的健康发展。

第三节　信用

一、信用的概念

在现实的社会经济生活中，"信用"一词经常出现在人们的口头表述中、报纸杂志上和新闻广播中。但不同场合下信用的含义不同。通常来讲，信用从属于两个范畴：一个是道德范畴，一个是经济范畴。道德范畴的信用：诚实不欺，恪守诺言，忠实地践履自己的许诺或誓言。经济范畴中的信用则是指以偿还本金和支付利息为条件的借贷行为，因此，偿还性与支付性是信用活动的基本特征。这个特征体现了信用活动中的等价交换原则。

（一）信用是一种特殊的借贷行为

信用是一种借贷行为，是以偿还和付息为条件的价值单方面让渡。信用具有两个特征：一是偿还性，二是付息性。偿还性是指货币所有者（贷方）把货币贷出去，并约定归还期；货币借入者（借方）在获取货币时要承诺到期归还。付息性是指借贷活动作为一种经济行为，就应当是有偿的，货币所有者有权要求货币借入者给予补偿，即支付利息。在两个特征中，偿还性是信用的最基本特征。在借贷活动中，无论是贷出、偿还、还是付息，都体现为一种价值的单方面让渡，即货币执行支付手段的职能。因此，信用是以偿还和付息为条件的价值单方面让渡。

（二）信用是一种特殊的价值运动形式

经济学和金融学范畴中的信用，其基本特征是偿还和付息，即信用是一种借贷行为，借贷的条件是到期要按时偿还本金，并支付使用资金的代价——利息。在这里，信用是价值运动的特殊形式，所有权没有发生转移，而改变了资金使用权。信用工具的广泛使用，节约了现金流通及其相关的各项费用，也加速了商品的销售过程，节省了商品保管、运输等的费用。

二、信用的职能

（一）再分配资金

信用分配亦称信贷分配，是通过资金借贷和商品买卖中的延期付款或预付货款而进行的收入再分配。信用分配的主要特点是它的有偿性,它是以还本付息为前提的信用行为,其不涉及资金所有权的转移,而只是资金使用权的暂时让渡。因此,信用分配属于不完全的或有条件的分配。信用分配的形式主要包括银行信用分配、国家信用分配、商业信用分配和消费信用分配。

(二) 货币流通

信用货币流通是当代社会的货币流通,它具体包括现钞货币流通、存款货币流通、货币票据流通和电子货币流通四种基本形式。此外,信用货币流通还包括外币流通,它也同样是货币流通的重要内容。

1. 信用货币流通的第一个阶段:企业融资和货币的内生创造

信用货币流通的第一个阶段是企业向银行进行融资,并导致信用货币供给数量的增加。企业对银行信贷的需求源于凯恩斯所谓的"融资动机"。在实际生活中,企业从进行生产到将产品出售获得收入之间存在一定的时间间隔,这也就意味着企业从付出成本到获得回报之间存在现金流方面的缺口。

2. 信用货币流通的第二个阶段:收入的形成

在准备好所需的货币资金后,企业将进入生产阶段,把货币资金用于工人工资的支付和购买资本品,从而形成居民部门和资本品生产部门的收入。

3. 信用货币流通的第三个阶段:企业收益的产生

如果居民部门不进行任何形式的储蓄,将全部收入均用于消费,那么企业产品销售收入正好等于其生产支出。这符合卡莱斯基的论断:资本家得到他们所花掉的;工人花掉他们所得到的。企业可以用其销售收入来偿还银行贷款。在信用货币流通过程结束时,企业对银行的负债为零,期初的货币供给数量没有变化,居民部门银行存款的增量也为零。

4. 信用货币流通的第四个阶段:货币存量的增加

居民部门流动性偏好所决定的银行存款增加,即货币存量的增加,意味着企业无法全数偿还对银行的债务。在简化的假定下,货币存量的增加正好等于企业不能结清的银行债务额。现实中并不存在银行将货币资金从富裕者转向亏损者的行为。

三、信用的形式

信用的形式是信用关系的具体表现,按照借贷主体的不同,现代经济生活中的基本信用形式包括商业信用、银行信用、国家信用、消费信用。其中,商业信用和银行信用是两种最基本的信用形式。

1. 商业信用

商业信用是工商企业之间相互提供的、与商品交易相联系的信用形式,基于工商企业之间的互相信任。它包括企业之间的赊销、分期付款等形式提供的信用,以及在商品交易的基础上以预付现金或者延期付款等形式提供的信用。它可以直接用商品提供,也可以用货币提供,但是信贷主体必须发生真实的商品或服务交易,是现代信用制度的基础。

商业信用的作用体现为:整体来说,商业信用节省和用活了资金,活跃了市场;对于供应商来说,商业信用助其减少存货,促进了销售,扩大了市场份额;对于零售商来说,融通了资金,增强了势力,获得了稳定的货源;对于消费者来说,有利于降低商品和服务价格,享受到更为快捷、实在、优质的消费;对于债权人来说,通过预付商品或预付货款,可以获得比现款交易更高的毛利，提高收益；对于债务人来说，预收客户货款或商品，不但直接增加了可用资金，增强了竞争实力，更重要的是可以锁定客户，始终掌握交易的主动权；对于银行来说，商业信用灵活、方便，比银行信用严格的评级、授信和繁复的审查批准程序更为快捷、高效，它也缓解了银行的贷款压力，并转移了部分风险。

知识拓展：日升昌票号——汇票

票号是专营银两异地汇兑和存放款业务的私人金融机构。日升昌票号是中国历史上第一家私人银行，它是现代各式银行的鼻祖。日升昌票号在一百多年的经营中，始终坚持着存款自愿、取款自由、严格为客户保密的经营理念，在当时有"一纸汇票汇通天下"的说法。这既是日升昌票号生意兴隆、营业范围宽广的见证，也充分显示了日升昌票号在汇票防伪制度上的严密。

汇票长40厘米，宽26.7厘米。填好的汇票从中间折好，一撕为二，由客户和票号各持一半，票号这一半通过政府邮政部门寄到客户指定的提款地的票号分支机构，客户持另一半汇票可到那里提取银两。汇票防伪的标识有以下四种。

（1）笔迹（票号由专人来写汇票）。

（2）印章。

（3）水印（在汇票的四个角上都有日升昌的防伪水印）。

（4）汉字密押（这也是最重要的一种防伪标识）。

通过以上防伪措施的实行，日升昌票号在一个多世纪的经营过程中从未发生过误领、冒领等事件。汇票书写时实行以汉字代表数字的密码法，并且定期改换，以防泄密。如日升昌太原票号留存在中国历史博物馆的一份防假密押是：

"谨防假票冒取，勿忘细视书章"，表示1至12个月。

"堪笑世情薄，天道最公平。昧心图自私，阴谋害他人。善恶终有报，到头必分明"，表示1至30天。

"坐客多察看，斟酌而后行"，表示银两的1至10。

"国宝流通"，表示万、千、百、两。

例如票号在5月18日给某省票号分号汇银5 000两，其暗号代码为"冒害看宝通"。这些密押外人是根本无法解密的。

在日升昌太原票号的经营史上，还从未发生过款项被人冒领之事。这充分体现了日升昌票号经营者的聪明才智。

2. 银行信用

银行信用是银行或其他金融机构以货币形态提供的信用。银行信用是伴随着现代银行的产生，在商业信用的基础上发展起来的。银行信用与商业信用一起构成现代经济社会信用关系的主体。

银行信用主要体现在资金方面，银行资金来源主要有以下三类。

（1）自有资金，西方商业银行自有资金一般由股金、盈余积累构成，中国专业银行自有资金则由国家财政拨款和盈余积累所构成。

（2）存款，从存款期限和用途可分为活期存款、定期存款、专项存款等，从存款主体可划分为企业存款、政府存款和个人存款。

（3）银行券发行，银行券是一种信用货币，中央银行制度建立后，其发行权由中央银行垄断。银行贷款一般是针对商业票据进行抵押或贴现,银行直接对企业发放的不要任何担保品的信用贷款只占一定比重。从直接信用和间接信用的关系来看,直接信用是基础,间接信用是后盾。没有银行信用的支持,商业票据就不能转化为银行信用,商业信用等直接信用的运用和发展就会受到极大削弱。

3. 国家信用

国家信用是指以国家为主体进行的一种信用活动。国家按照信用原则以发行债券等方式,从国内外货币持有者手中借入货币资金,因此,国家信用是一种国家负债,指以国家为一方所取得或提供的信用。

国家信用应当由国家的法律予以保障。国家信用从国内发展到了国外,即一国政府以国家名义向另一国政府或私人企业、个人借债以及在国际金融市场上发行政府债券,它既成为弥补一国财政赤字的手段,也成为调节国际收支、调节对外贸易的有力杠杆。在现代西方发达国家,国家信用已不单纯是取得财政收入的手段,而且已成为调节经济运行的重要经济杠杆。

4. 消费信用

消费信用是一种建立在授信人对受信人偿付承诺信任的基础上的能力,不用立即付款就可获取资金、物资、服务。所谓消费信用,是指消费者为了达到某种消费目的,在个人资金不足的情况下,凭借个人信用,不立即付款即获取资金、物资或者服务的交易方式。

信用消费通常称为消费信贷,即商业银行对消费者个人发放的、用于购买耐用消费品或支付其他费用的贷款方式,它以刺激消费、扩大商品销售和加速资金周转为目的。常见的类型有住房信贷、汽车消费信贷、信用卡。

(1) 住房信贷。

通常称之为居民住宅抵押贷款,是消费信贷的一个主要品种,在促进住宅消费发展方面发挥了重要作用。在一些发达国家,房地产贷款占银行全部贷款余额的30%~50%,对个人发放的住宅贷款占房地产贷款的60%左右。

知识拓展:按揭贷款

在我国,居民住宅抵押贷款通常称为按揭贷款。所谓按揭贷款,是指商业银行为解决开发商售房难和用户购房难的问题,通过开发商向借款人提供购房资金的一种融资方式,这种贷款实质是要求开发商为购房者(借款人)作担保,或以借款人所(将要或已经)购置的住房产权为抵押的担保抵押贷款。住房贷款期限较长,通常为10~30年,以住房本身作为抵押物,采取分期付款的方式。

20世纪70年代,在利率波动加剧的背景下,西方国家的商业银行推出了新的住宅抵押贷款品种:一是可高速利率抵押贷款,即在整个贷款期间根据基准利率的变化定期调整贷款利率,而基准利率通常由一定期限的政府债券利率或全国住宅抵押贷款利率来充当。二是累进付款抵押贷款,即根据事先安排的日程表按月增加还款数额,从而在整个贷款期间使借款人的实际负担大体均衡。

(2) 汽车消费信贷。

汽车消费信贷,即对申请购买轿车的借款人发放的人民币担保贷款。它是银行与汽车销售商向购车者一次性支付车款所需的资金提供担保贷款,并联合保险公司、公证机构为购车者提供保险和公证。

汽车消费信贷在商业银行的消费信贷业务中占有重要地位。但由于汽车消费信贷市场的竞争，商业银行在汽车消费信贷市场上的份额日趋下降。国外商业银行提供的汽车贷款主要有两种形式：直接贷款和间接贷款。直接贷款是指银行直接受理购车人的贷款申请，并对符合资格的贷款人直接提供贷款。借款人的申请不一定与特定的车款和车型挂钩，对借款人在何处购车也没有限制。间接借款是指银行通过汽车经销商经办购车人的借款申请，借款人一般都是先在一家汽车经销店内选好准备购买的汽车，然后汽车经销商每做成一笔间接借款，银行都要从借款收入中按不一定的比例给汽车经销商提取分成，这就相应增加了银行的业务收入。不过由于间接借款使汽车的选购、筹款、付款、过户等所有的手续都能在一地一次完成，给消费者带来极大的方便，从而使间接借款成为汽车贷款的主流。

由于汽车属于高折旧率的耐用品，汽车贷款的期限属于中短期贷款，一般最长不超过5年，比较常见的是1年、1.5年和2年期。

(3) 信用卡。

信用卡由银行或非银行信用卡公司发行，持卡人因各自资信状况不同而获得不同资信级别的授信额度。在此授信额度内，持卡人可以通过信用卡所代表的账户在任何接受此卡的零售商处购买商品或劳务及进行转账支付等。接受信用卡的零售商定期与发卡机构进行结算。通过信用卡获得的贷款是当今最流行的消费信贷方式之一。当前，全世界消费的信用卡的数量已超过10万亿张。

如果持卡人在规定的期限内一次付清账单，就可以免费获得融资服务；如果不能在规定的期限内一次性付清账单，就要为所借款项支付高额利息（通常信用卡的贷款年利率高达12%~18%）。信用卡属于无担保贷款，贷款额度的确定主要根据持卡人以往的信用记录，因而面临较高的信用风险，由信用卡引发的犯罪正成为一个全球性的问题。

5. 民间信用

民间信用是民间个人之间的借贷往来。它主要分散在城乡居民群众中，尤其是农村。民间信用有以货币形式提供的，也有以实物形式提供的。民间信用在方式上比较灵活、简便，可随时调节个人之间的资金余缺，能在一定范围内弥补银行信用的不足。但由于它具有利润高、手续不够齐备、随意性大、风险大、分散性和盲目性等特点，必须正确引导和加强管理。

民间借贷主要发生在农村。其主要原因是：①农民个人资金闲置和资金需求随着商品经济的发展迅速增长，这在客观上要求在农户之间或农村重点户、专业户和其他人员之间互相调剂资金余缺。②国家银行信用和信用合作社信用不能完全满足个人对资金的需求。这一方面是由于国家银行和信用社的资金有限，以及经营方式、经营作风和经营能力等与农民对资金的需要不相适应；另一方面国家银行和信用合作社贷款有比较严格的限制，个人的资金需求许多与国家政策和贷款原则的要求不符，通过民间资金的调剂，进一步发挥分散在个人手中资金的作用，加速资金运转，促进国民经济进一步繁荣。③民间信用一般是在国家银行信用和信用社信用涉足不到和力不能及的领域发展起来的，特别是在个体商业、手工业、旅游和运输等行业，可起到拾遗补缺的作用。

知识拓展：目前中国的民间信用与历史上的民间借贷比较

目前，中国的民间信用与历史上的民间借贷比较，具有以下特点：①规模范围扩大。借贷范围从本村、本乡发展到跨乡、跨县甚至跨省；交易额从几十元、几百元发展到几千元甚至上万元;借贷双方关系从亲朋好友发展到非亲非故,只要信用可靠,即可发生借贷关系;借贷期限从春借秋还或2~3个月,发展到长达1~2年,最长5~10年。②借贷方式由繁到简。从借钱还物、借物还钱、借物还物、借钱还钱发展到以货币借贷为主。③借款用途从解决温饱、婚丧嫁娶或天灾人祸等生活费用和临时短缺需要,发展到以解决生产经营不足为主,主要用于购买生产资料、运输工具、扩大再生产,一部分大额借贷用于建房。城市居民之间发生借贷主要用于购买耐用消费品或个体户的生产经营。

6. 国际信用

国际信用(international credit),是指一个国家的政府、银行及其他自然人或法人对别国的政府、银行及其他自然人或法人所提供的信用。国际信用是国际货币资金的借贷行为。最早的票据结算就是国际上货币资金借贷行为的开始,经过几个世纪的发展,现代国际金融领域内的各种活动几乎都同国际信用有着紧密联系。没有国际借贷资金不息的周转运动,国际经济、贸易往来就无法顺利进行。

(1) 国际信用以领域划分,可分为贸易信用和金融信用两大类。

贸易信用是以各种形式与对外贸易业务联系在一起的信用。信用的提供以外贸合同的签订为条件,它只能用于为合同规定的商品交易供应资金。这种商业信用又可分为公司信用,即出口商以延期支付的方式出售商品,向进口商提供信用和银行信用,银行向进口商或出口商提供贷款。

金融信用没有预先规定的具体运用方向。可用于任何目的,包括偿还债务、进行证券投资等。金融信用又可分为:银行信用,即由银行向借款人提供贷款;债券形式的信用,即由借款人发行债券以筹集资金。

(2) 国际信用按其期限可分为短期信贷、中期信贷和长期信贷。

不同国家的出口商与进口商相互提供的商业信用,通常是短期的,但在市场竞争激烈的情况下,这种信用往往也具有长期的性质。此外,商业银行对进口商和出口商提供的信用大多也是短期的。中期和长期信用基本上用于购买工业装备或支付技术援助等。第二次世界大战前,动员长期资金多采用发行债券的方式;第二次世界大战后,这种方式的作用降低了,而银行信用和政府间信用的作用则提高了。国际信用对贷款国和借款国的经济也有巨大影响。

对于贷款国来说,对外贷款会给它们带来利息,带动商品输出,从而有助于维持国内经济繁荣;但是对外贷款会减少国内资本供应,从而在某种程度上引起经济发展停滞。不适当的、过量的对外贷款还会破坏贷款国的国际收支平衡,产生不良后果。

第四节 利率

一、利率的定义

利率,是指借款、存入或借入金额(称为本金总额)中每个期间到期的利息金额与票面价值的比率。借出或借入金额的总利息取决于本金总额,利率,复利频率,借出、存入或借入的时间长度。利率是借款人需向其所借金钱所支付的代价,亦是放款人延迟其消费、借给借款人所获得的回报。利率通常以一年期利息与本金的百分比计算。

二、利率的分类

（一）根据计算方法不同，分为单利和复利

单利是指在借贷期限内，只在原来的本金上计算利息，对本金所产生的利息不再另外计算利息。复利是指在借贷期限内，除了在原来本金上计算利息外，还要把本金所产生的利息重新计入本金、重复计算利息，俗称"利滚利"。

（二）根据与通货膨胀的关系，分为名义利率和实际利率

名义利率是指没有剔除通货膨胀因素的利率，也就是借款合同或单据上标明的利率。实际利率是指已经剔除通货膨胀因素后的利率。

（三）根据确定方式不同，分为官定利率、公定利率和市场利率

官定利率是指由政府金融管理部门或者中央银行确定的利率。公定利率是指由金融机构或银行业协会按照协商办法确定的利率，这种利率标准只适合于参加该协会的金融机构，对其他机构不具有约束力，利率标准也通常介于官定利率和市场利率之间。市场利率是指根据市场资金借贷关系紧张程度所确定的利率。

（四）根据国家政策意向不同，分为一般利率和优惠利率

一般利率是指不享受任何优惠条件的利率。优惠利率是指根据优惠政策对某些部门、行业、个人所制定的利率。

（五）根据银行业务要求不同，分为存款利率和贷款利率

存款利率是指在金融机构存款所获得的利息与本金的比率。贷款利率是指从金融机构贷款所支付的利息与本金的比率。

（六）根据与市场利率的供求关系，分为固定利率和浮动利率

固定利率是在借贷期内不做调整的利率。使用固定利率便于借贷双方进行收益和成本的计算，但同时，不适用于在借贷期间利率会发生较大变动的情况，利率的变化会导致借贷的其中一方产生重大损失。

浮动利率是在借贷期内随市场利率变动而调整的利率。使用浮动利率可以规避利率变动造成的风险，但同时，不利于借贷双方预估收益和成本。

（七）根据利率之间的变动关系，分为基准利率和套算利率

基准利率是在多种利率并存的条件下起决定作用的利率。我国是中国人民银行对商业银行贷款的利率。

三、利率的确定依据

利率的调整，实际上是各方面利益的调整。中国人民银行在确定利率水平时，主要综合考虑以下四个因素。

（一）物价总水平

这是维护存款人利益的重要依据。利率高于同期物价上涨率，就可以保证存款人的实际利息收益为正值；相反，如果利率低于物价上涨率，存款人的实际利息收益就会变成负值。因此，看利率水平的高低不仅要看名义利率的水平，更重要的是还要看是正利率还是负

利率。

（二）利息负担

长期以来，国有大中型企业生产发展的资金大部分依赖银行贷款，利率水平的变动对企业成本和利润有着直接的重要的影响，因此，利率水平的确定，必须考虑企业的承受能力。

例如，1996—1999年，中国人民银行先后七次降低存贷款利率，极大地减少了企业贷款利息的支出。据不完全统计，累计减少企业利息支出2 600多亿元。

（三）利益

利率调整对财政收支的影响，主要是通过影响企业和银行上交财政税收的增加或减少而间接产生的。因此，在调整利率水平时，必须综合考虑国家财政的收支状况。银行是经营货币资金的特殊企业，存贷款利差是银行收入的主要来源，利率水平的确定还要保持合适的存贷款利差，以保证银行正常经营。

（四）供求状况

利率政策要服从国家经济政策的大局并体现不同时期国家政策的要求。与其他商品的价格一样，利率水平的确定也要考虑社会资金的供求状况，受资金供求规律的制约。

此外，期限、风险等其他因素也是确定利率水平的重要依据。一般来讲，期限越长，利率越高；风险越大，利率越高。反之，则利率越低。随着我国经济开放程度的提高，国际金融市场利率水平的变动对我国利率水平的影响将越来越大，在研究国内利率问题时，还要参考国际上的利率水平。改革开放以来，中国人民银行加强了对利率手段的运用，通过调整利率水平与结构，改革利率管理体制，使利率逐渐成为一个重要杠杆。

四、利率的作用

至今，所有国家都把利率作为宏观经济调控的重要工具之一。当前，世界各国频繁运用利率杠杆实施宏观调控，利率政策已成为各国中央银行调控货币供求，进而调控经济的主要手段，利率政策在中央银行货币政策中的地位越来越重要。利率通常由国家的中央银行控制，在美国由联邦储备委员会管理。

当经济过热、通货膨胀上升时，便提高利率、收紧信贷；当过热的经济和通货膨胀得到控制时，便会把利率适当地调低。因此，利率是重要的基本经济因素之一。利率是调节货币政策的重要工具，亦用于控制投资、通货膨胀及失业率等，继而影响经济增长。合理的利率，对发挥社会信用和利率的经济杠杆作用有着重要的意义。

在萧条时期，降低利率，扩大货币供应，刺激经济发展。在通货膨胀时期，提高利率，减少货币供应，抑制经济的恶性发展。所以，利率对我们的生活有很大的影响。

五、利率的体系结构

（一）利率体系

利率体系是指在一定时期内各种各样的利率按一定规则所构成的一个复杂的系统。利率体系按不同的分类标志有不同的划分方式。最主要的划分方式有两种。

一是按利率所依附的经济关系划分的利率体系。按此划分，利率主要分为两大类：存款利率和贷款利率。

二是按借贷主体划分的利率体系。按此划分，利率主要分为：银行利率、非银行金融机构利率、债券利率和市场利率等。

（二）利率结构

利率结构是指利率与期限之间的变化关系。在存款利率中，各种不同期限利率档次的设计基本上是按照期限原则，并考虑复利因素形成的。以中国1999年6月10日开始执行的存款利率为例，定期一年储蓄存款的利率为2.25%，定期三年储蓄存款的利率为2.79%。

若某人有一笔现金1 000元，按一年期存入银行，到期后取出本息之和再存入银行，仍存一年期，到期后再取出本息，仍全数存入银行（一年期），这样，三年后的本利和如下。

第一年：本利和 = 1 000 × (1 + 2.25%) = 1 022.50（元）。

第二年：本利和 = 1 022.50 × (1 + 2.25%) ≈ 1 045.51（元）。

第三年：本利和 = 1 045.51 × (1 + 2.25%) ≈ 1 069.03（元）。

按这种考虑复利因素的存款方式，三年后他可获得本金和利息1 069.03元。但是，如果第一年他就以三年期存入银行，三年后得到的本利和则为：

1 000 × (1 + 2.79% × 3) = 1 083.7（元）。

利率结构是指利率体系中各种利率的组合情况。利率结构包括风险结构和期限结构。利率的风险结构是指期限相同的债券在违约风险、流动性和所得税规定等因素作用下各不相同的利率间的关系。利率期限结构是指债券的到期收益率与到期期限之间的关系。利率的风险结构是指期限相同的各种信用工具利率之间的关系。

六、影响利率的因素

利率指一定时期内利息与本金的比率，是决定利息多少的因素与衡量标准。利率作为资金的价格，决定和影响的因素很多、很复杂，利率水平最终是由各种因素的综合影响所决定的。

1. **平均利润水平**

利率分别受到产业的平均利润水平的影响。利率高低决定利息多少，而利息又是核算利润的核心指标，因此平均利润水平和利率同方向变化，影响着利率的高低。

2. **物价水平**

利率受到物价水平的影响，当一国物价上涨，则该国名义利率水平也会相对上涨，以抵消物价上涨给实际利率带来的影响；反之，则降低名义利率水平。

3. **资金的供求状况**

根据马克思的利率理论，资金的供求状况决定和影响其价格的高低，利率就是资金市场的价格，资金供给大于需求，则利率降低，相反则上升。

4. **国家经济发展的状况**

一国经济发展的状况，决定和影响了储蓄供给与投资需求，当一国经济发展状况良好时，预示着该国投资回报率高，影响着该国利率水平高；相反，则利率水平低。

总之，决定利率及影响利率变动的因素很多、很复杂。中央银行在制定存款利率水平时，主要考虑以下几个因素：物价变动率，在制定存款利率时，考虑物价变动因素，是为了保障存款人不致因物价上涨而使存款的实际货币金额减少；证券收益率，确定存款利率时要考虑证券收益率，因为人们对闲置的货币资本的支配方式有多种选择，可以保留在手边，可以存到银行,可以购买国库券或企业股票、债券。

七、利率的浮动区间

利率浮动区间的调整是利率市场化改革的重要环节,央行对此举措的实施一直较为谨慎,多年来一直执行存款利率暂时不能上下浮动,贷款利率可以在基准利率基础上下浮10%至上浮70%的政策。但自2012年6月8日起,这一政策开始出现变化,中国人民银行允许商业银行可以将存款利率上浮最高至基准利率的10%,利率市场化的步子开始逐渐迈开。

2006年以来我国存贷款基准利率的历次调整情况如下:

2006年4月27日公布、28日生效的存款基准利率为2.25%(调整前为2.5%),贷款基准利率为5.85%(调整前为5.56%);2011年4月5日公布、6日生效的存款基准利率为3.25%(调整前为3%),贷款基准利率为6.31%(调整前为6.06%)。2012—2015年,对应的存贷款基准利率的整体调整情况为降低趋势,2010—2011年相应的存贷款基准利率变化趋势为上涨。2015年10月23日公布、24日生效的存款基准利率为1.5%(调整前为1.75%),贷款基准利率为4.35%(调整前为4.6%)。

八、利率市场化

利率市场化是指金融机构在货币市场经营融资的利率水平。它由市场供求来决定,包括利率决定、利率传导、利率结构和利率管理的市场化。实际上,它就是将利率的决策权交给金融机构,由金融机构自己根据资金状况和对金融市场动向的判断来自主调节利率水平,最终形成以中央银行基准利率为基础,以货币市场利率为中介,由市场供求决定金融机构存贷款利率的市场利率体系和利率形成机制。2013年7月20日起全面放开金融机构贷款利率管制。

(一)我国利率市场化环境分析

1. 外部环境

(1)国际环境因素分析。20世纪80年代以来,国际金融市场上利率市场化已成趋势,美国于1986年3月成功地实现了利率市场化,日本于1994年10月最终成功地实现了利率市场化。

(2)加入WTO后的影响分析。中国加入WTO后,在5年后取消外资银行开展人民币业务的地域和客户服务限制,并可以经营银行零售业务,银行业的所有业务将彻底放开。

(3)外汇管理政策的影响分析。推动利率市场化改革,在缩小本外币利率差额的同时,也会减轻实施外汇管制的政策压力,使积极稳妥地放开更多的本外币沟通渠道成为可能。

(4)国际金融市场的发展趋势分析。进行利率市场化改革,不但为金融机构扩大规模创造了条件,而且也为以后人民币资本项目下可兑换创造条件。同时,也为将来金融机构之间通过资本市场工具,以市场为导向进行大规模的并购重组创造了条件。

2. 内部环境

财政连年赤字,宏观经济稳定存在隐患;商业化的银行体系和金融机构良性竞争的局面尚未形成,金融监管体系尚不够完善;国有企业经营状况不佳,预算软约束尚未消除;受亚洲金融危机的影响,加上自身长期积累下来的体制与结构弊端,目前国内市场普遍存在需求不足的情况，政府已将利率调到相当低的水平。

（二）利率市场化的不利因素

1. 商业银行经营压力增加

利率市场化以后，并不意味着所有金融贷款利率都会升高，中小商业银行等金融机构的经营压力可能会有所增加。

2. 利率波动的风险

利率市场化之后，利率对经济环境变化的敏感性增加，无论是国际金融市场利率上升或下降，各种市场经济变化，还是银行客户变更还贷或取款时间等，都可能会对利率产生一定程度的影响。

（三）利率市场化的积极影响

1. 让金融更好地支持实体

金融机构采取了差异化的利率策略，可以降低企业融资成本，提升金融服务水平，加大金融机构对企业，尤其是中小微企业的支持，融资变得多元化，促使金融更好地支持实体经济发展，也有利于经济结构调整，促进经济转型升级。

2. 增加金融机构获利能力

贷款利率市场化以后，一些金融机构可能会上浮贷款利率，能够获得更多贷款利息收入，为银行增加更多获利能力。同时，银行在给中小企业贷款的时候，可能会更加严格地控制贷款条件，对于发展前景更好的中小企业优先贷款，这样也可以进一步减少不良贷款。此外，还可以增加金融机构之间的市场竞争，进一步提高金融机构服务水平，促进金融服务创新。

3. 提高信贷质量

贷款利率市场化之后，金融机构会给优质客户创造更多收益，而使那些质量不高的客户收益下降，风险较大且信誉低的客户将退出信贷市场。

4. 更有效地吸引闲置资金

利率市场化择机有序放开存款利率，有效地吸纳闲散资金，把社会上闲置的资金很好地利用起来，金融机构可以根据自身特点来决定利率，更好地把闲置资金利用起来，利率市场化可以起到积极作用。提高资金利用效率，更好地创造价值，更好地促进经济发展。

5. 将推进存款保险制度

利率市场化后，商业银行之间竞争会增强，一些银行可能面临新的风险，为了维护整个市场稳定，或将推进存款保险制度。

利率市场化将在未来3～5年内完成，是有步骤、有层次、有阶段地逐步完成，既科学又合理。放开贷款利率下限，标志着中国利率市场化改革迈出了关键的一步，利率市场化进程进入了一个新的阶段。

课后练习题

（一）单项选择题

1. 国家信用的主要形式是（　　）。

   A. 发行政府债券　　　　　　　　B. 向商业银行短期借款

C. 向商业银行长期借款　　　　　D. 自愿捐助

2. 商业信用的基本形式是（　　）。
   A. 银行贷款　　B. 发行国债　　C. 商品赊销　　D. 政府拨款

3. 信用活动的基本特征是（　　）。
   A. 一手交钱，一手交货
   B. 无条件地价值单方面让渡
   C. 约期归还本金并支付利息
   D. 无偿地赠予或援助

4. 下列关于银行信用的表述错误的是（　　）。
   A. 银行信用在商业信用广泛发展的基础上产生
   B. 银行信用的形成与商业信用无关
   C. 银行信用是以货币形态提供的信用
   D. 银行在信用活动中充当信用中介的角色

5. 与直接融资相比，间接融资的优点不包括（　　）。
   A. 灵活便利　　　　　　　　　　B. 分散投资、安全性高
   C. 具有规模经济　　　　　　　　D. 信息公开、强化监督

6. 判断商业票据有效性的依据是（　　）。
   A. 商业活动内容　　　　　　　　B. 取得票据的过程
   C. 交易规模　　　　　　　　　　D. 票据的真实性

7. 从整体视角看，属于货币资金盈余部门的是（　　）。
   A. 个人部门　　　　　　　　　　B. 非金融企业部门
   C. 政府部门　　　　　　　　　　D. 金融机构

8. 地方政府发行的市政债券属于（　　）。
   A. 商业信用　　B. 银行信用　　C. 国家信用　　D. 消费信用

9. 间接融资方式中的核心中介机构是（　　）。
   A. 中央银行　　B. 商业银行　　C. 投资银行　　D. 政策性银行

10. 企业之间相互提供的与商品交易直接相联系的信用形式是（　　）。
    A. 商业信用　　B. 消费信用　　C. 银行信用　　D. 民间信用

11. 银行向借款人发放10 000元贷款，年利率8%，期限2年。按单利计算，到期后借款人应向银行支付的利息为（　　）。
    A. 1 600元　　B. 11 600元　　C. 11 664元　　D. 1 664元

12. 在借贷期限内根据市场资金供求变化定期调整的利率是（　　）。
    A. 固定利率　　B. 基准利率　　C. 浮动利率　　D. 实际利率

13. 利息率是指（　　）。
    A. 利息额与利润的比率
    B. 利息额与货币供应量的比率
    C. 借贷期内所形成的利息额与所贷金额的比率
    D. 利息额与金融资产的比率

14. 强调货币因素在利率决定中作用的经济学家是（　　）。

A. 马克思　　　　B. 凯恩斯　　　　C. 马歇尔　　　　D. 庇古

15. 货币的时间价值通常体现为（　　）。

A. 股票收益　　　B. 风险价值　　　C. 利息　　　　　D. 节俭观念

16. 中国人民银行确定的存贷款利率市场化改革的顺序是（　　）。

A. 先外币，后本币；先贷款，后存款
B. 先本币，后外币；先存款，后贷款
C. 先本币，后外币；先贷款，后存款
D. 先外币，后本币；先存款，后贷款

（二）多项选择题

1. 银行信用与商业信用的关系表现为（　　）。

A. 商业信用的广泛发展是银行信用产生的基础
B. 银行信用的发展是商业信用产生的基础
C. 银行信用与商业信用是替代关系
D. 银行信用克服了商业信用的局限性
E. 银行信用的出现进一步促进了商业信用的发展

2. 国家信用的工具主要有（　　）。

A. 中央政府债券　　B. 地方政府债券　　C. 金融债券
D. 公司债券　　　　E. 政府担保债券

3. 间接融资的优点表现为（　　）。

A. 灵活便利　　　　　　　　　　B. 分散投资、安全性高
C. 具有规模经济　　　　　　　　D. 资金供给者的投资收益高
E. 有利于加强资金供给者对资金使用的关注度

4. 按发行主体的不同可将债券分为（　　）。

A. 国家债券　　　　B. 地方政府债券　　C. 金融债券
D. 企业债券　　　　E. 国际债券

5. 下列关于商业信用的表述正确的有（　　）。

A. 信用规模无限制
B. 商品赊销是其典型做法
C. 具有方便、简单、快速的特点
D. 与银行信用是一种相互支持、相互促进的关系
E. "口头信用"是其规范形式

6. 下列关于银行信用的表述正确的有（　　）。

A. 突破了商业信用规模上的局限性
B. 突破了商业信用方向上的局限性
C. 是我国最主要的信用形式
D. 与商业信用相互支持、相互促进
E. 最主要采用"挂账信用"的形式

7. 国家信用在经济生活中的积极作用体现为（　　）。

A. 是解决财政困难的较好途径

B. 可以引导企业加快技术改造

C. 促进了商品交换

D. 可以筹集大量资金，改善投资环境，创造投资机会

E. 可以成为国家宏观经济调控的重要手段

8. 现代信用货币制度下国际货币的特点有（　　）。

A. 规定有法定含金量

B. 在国际结算中广泛应用

C. 可自由兑换成其他货币

D. 输出国外需货币主管当局批准

E. 币值波动强烈

（三）计算题

1. 某企业拟向银行申请期限为2年的贷款3 000万元。A银行给出的2年期贷款年利率为6%，按单利计息；B银行给出的2年期贷款年利率为5.7%，按年复利计息。在其他贷款条件相同的情况下，该企业应向哪家银行贷款？

2. 2007年1月1日，某人在中国工商银行存入一年期定期存款5万元，若一年期定期存款年利率为2.78%，单利计息，请计算利息所得税为5%时，此人存满一年的实得利息额。若2007年通货膨胀率为4.6%，不考虑利息税，请计算此人此笔存款的实际收益率。

（四）论述题

试述消费信用与次贷危机的关系及对我国的启示。

答案解析

（一）单项选择题

1. 国家通常会通过建立政策性金融机构对需要扶持的产业提供资金支持，目前的国家信用主要表现为政府作为债务人而形成的负债，即国家信用的主要形式是发行政府债券。故答案为A。

2. 赊销和预付货款是商业信用的两种基本形式。故答案为C。

3. 偿还性与支付利息是信用活动的基本特征。故答案为C。

4. 银行信用是在商业信用广泛发展的基础上产生发展起来的；银行信用是银行或其他金融机构以货币形态提供的间接信用；银行在信用活动中扮演着信用中介的角色。故答案为B。

5. 间接融资的优点包括：灵活便利；分散投资、安全性高；具有规模经济。故答案为D。

6. 判断商业票据有效性的依据是票据的真实性。故答案为D。

7. 从整体视角看，个人部门是货币资金的盈余部门。故答案为A。

8. 国家信用的工具主要包括中央政府债券、地方政府债券和政府担保债券三种。其中地方政府债券也被称为市政债券。故答案为C。

9. 如果货币资金供求双方通过金融机构间接实现货币资金的相互融通，则这种融资形式被称为间接融资。最典型的间接融资即商业银行的存贷款业务。故答案为B。

10. 商业信用是工商企业间难以赊销或预付货款等形式相互提供的信用。故答案为 A。

11. 注意：年利率和期限应相互对应。单利计息计算公式：$C = P \times r \times n = 10\,000 \times 8\% \times 2 = 1\,600$（元），即到期后借款人应向银行支付的利息为 1 600 元，故答案为 A。

12. 浮动利率是指在借贷期内会根据市场上货币资金供求状况的变化情况而定期进行调整的利率。故答案为 C。

13. 利率是利息率的简称，指借贷期内所形成的利息额与所贷金额的比率。故答案为 C。

14. 凯恩斯强调货币因素在利率决定中的作用，认为利率决定于货币供给与货币需求数量的对比。故答案为 B。

15. 利息是货币时间价值的体现。故答案为 C。

16. 中国人民银行确定了利率市场化改革的总体思路：先放开货币市场利率和债券市场利率，再逐步推进存、贷款利率的市场化；存、贷款利率市场按照"先外币，后本币；先贷款，后存款；先长期、大额，后短期、小额"的顺序进行。故答案为 A。

（二）多项选择题

1. 银行信用与商业信用的关系有：银行信用是在商业信用广泛发展的基础上产生发展起来的；银行信用克服了商业信用的局限性；银行信用的出现进一步促进了商业信用的发展。故答案为 ADE。

2. 目前国家信用的工具主要包括中央政府债券、地方政府债券和政府担保债券三种。故答案为 ABE。

3. 间接融资的优点包括：灵活便利；分散投资、安全性高；具有规模经济。D、E 均属于直接融资的优点。故答案为 ABC。

4. 按发行主体的不同可将债券分为国家债券、地方政府债券、金融债券、企业债券、国际债券。故答案为 ABCDE。

5. 商业信用是工商企业间难以赊销或预付货款等形式相互提供的信用，具有方便、简单、快速的特点，且与银行信用是一种相互支持、相互促进的关系。故答案为 BCD。

6. 银行信用与商业信用的关系有：银行信用是在商业信用广泛发展的基础上产生发展起来的；银行信用克服了商业信用的局限性；银行信用的出现进一步促进了商业信用的发展。银行信用是我国最主要的信用形式，最主要采用"挂账信用"的形式。故答案为 BCDE。

7. 国家信用：中央政府以国家的名义同国内外其他信用主体之间所结成的信用关系。分内债和外债。内债主要采取政府债券发行方式。国家信用在经济生活中起着积极的作用：①是解决财政赤字的较好途径。②可以筹集大量资金，改善投资环境，创造投资机会。③成为国家宏观经济控制的重要手段。故答案为 ADE。

8. 现代信用货币制度下国际货币的特点有在国际结算中广泛应用、可自由兑换成其他货币。故答案为 BC。

（三）计算题

1. A 银行到期后借款要向银行支付的利息为：$C_a = P \times r \times n = 3000 \times 6\% \times 2 = 360$（万元）。

B 银行到期后要向银行支付的利息为：$C_b = P\,[\,(1+r)^n - 1\,] = 3000 \times [\,(1 +

$5.7\%)^2 - 1$] $=351.7$（元），$C_a > C_b$，故应向 B 银行贷款。

2. 单利计息下此人存满一年的实得利息额：

$C = P \times r \times n \times$（1 – 所得税）$= 5 \times 2.78\% \times 1 \times$（1 – 5%）$= 0.13205$（万元）

此人此笔存款的实际收益率 = 名义收益率 – 通货膨胀率 = 2.78% – 4.6% = – 1.82%

即其实际收益率为 – 1.82%。

（四）论述题

(1) 消费信用是工商企业、银行和其他金融机构向消费者个人提供的、用于其消费支出的一种信用形式，包括零售分期付款信用、信用卡、汽车贷款、住房按揭贷款和住房产权抵押贷款。低利率环境和房产价格的持续飙升在很大程度上掩盖了次级抵押贷款的风险。

(2) 次级抵押贷款是指美国的一些贷款机构向信用程度较差和收入不高的借款人提供的贷款。次级抵押贷款借款人的信用记录比较差，由此造成次级抵押贷款的信用风险比较大。次贷危机便与信贷消费文化有着直接的关系。

(3) 美国的次贷危机正是消费信用不可过度扩张，这也警示、提醒我们，一定要建立整套的监管和预警机制，控制信用消费的风险。

第七章

金融机构

第一节 金融机构体系

一、中华人民共和国金融机构体系的建立与发展

中华人民共和国金融机构体系的建立和发展大致可以分为以下五个阶段。

（一）1948年—1953年：初步形成阶段

1948年12月1日，在原华北银行、北海银行、西北农民银行的基础上建立了中国人民银行，以华北银行为总行，地点设在河北省石家庄市，它标志着新中国金融机构体系的开始。

（二）1953年—1978年："大一统"的金融机构体系

1953年，金融机构体系实行了高度集中的"大一统"模式。该模式与我国经济体制和管理方式上实行的高度集中统一的计划经济体制及计划管理方式相对应。这个模式的基本特征为：中国人民银行是全国唯一一家办理各项银行业务的金融机构，集中央银行和普通银行于一身，其内部实行高度集中管理，资金统收统支。

（三）1979年—1983年8月：初步改革和突破"大一统"的金融机构体系

该阶段成立了中国银行、中国农业银行、中国建设银行，打破中国人民银行"大一统"的格局。1979年，中国银行作为外汇专业银行，从中国人民银行中分设出来，负责管理外汇资金并经营对外金融业务；1979年，恢复中国农业银行，负责管理和经营农业资金；1980年，中国建设银行从财政部分设出来，最初专门负责管理基本建设资金，1983年开始经营一般银行业务。

（四）1983年9月—1993年：多样化的金融机构体系初具规模

1983年起在金融机构方面进行一系列改革，建立了多样化的金融机构体系：1983年9月，决定中国人民银行专门行使中央银行职能；1984年1月，专设中国工商银行，承办原来人民银行负责的信贷及城镇储蓄业务；1986年以后，增设交通银行等综合性银行，广东发展银行等区域性银行；设立非银行金融机构，如中国人民保险公司、中国国际信托投资公司、中国投资银行、光大金融公司，以及各类财务公司、城乡信用合作社、金融租赁公司等。在金融机构体系加大改革力度的同时，金融业进一步实行对外开放，允许部分合格的营

业性外资金融机构在我国开业,使我国金融机构体系从封闭走向开放。

(五) 1994年至今:建设和完善社会主义市场金融机构体系的阶段

该阶段是新型金融机构体系的建设阶段。1994年,国务院决定进一步改革金融体制,确定了金融体制的改革目标:建立在中央银行宏观调控之下的政策性金融与商业性金融分离、以国有商业银行为主体、多种金融机构并存的金融机构体系;成立三大政策性银行:国家开发银行、中国农业发展银行、中国进出口银行。1995年组建了第一家民营商业银行——中国民生银行;1995年,各大中城市开始组建城市合作银行,1998年更名为城市商业银行。

为了加强对金融机构的监管,1992年成立了中国证券业监督管理委员会,1998年成立了中国保险业监督管理委员会,2003年成立了中国银行业监督管理委员会,形成了"分业经营、分业监管"的基本框架。这一新的金融机构体系目前仍处在完善过程之中。

二、我国金融机构体系的组成

我国金融机构体系是以"一行三会"(中国人民银行、银行业监督管理委员会、证券业监督管理委员会、保险业监督管理委员会)为主导、以中央银行为核心、政策性银行与商业性银行相结合、以国有商业银行为主体、多种非银行金融机构并存的层次丰富、种类较为齐全、服务功能比较完备的金融机构体系,在国民经济发展中,发挥了重要的作用。

我国银行机构主要包括:中央银行、政策性银行、商业银行、合作银行、涉外银行及其分支机构。

中央银行即中国人民银行;政策性银行有三家,分别是国家开发银行、中国进出口银行、中国农业发展银行;商业银行有五大国有独资商业银行和其他非国有商业银行,五大国有商业银行为中国工商银行、中国农业银行、中国银行、中国建设银行、中国交通银行。还有非银行金融机构,如保险公司、信托投资公司等。

三、我国金融机构体系的分类及特点

(一) 分类

(1) 货币当局,也叫中央银行,即中国人民银行。

(2) 银行。银行包括政策性银行和商业银行。商业银行又可分为国有独资商业银行、股份制商业银行、城市商业银行等。

(3) 非银行金融机构。非银行金融机构主要包括国有保险公司、股份制保险公司、城市信用合作社及农村信用合作社、信托投资公司、证券公司、其他非银行金融机构。

(4) 在境内开办的外资、侨资、中外合资金融机构。其包括外资、侨资、中外合资的银行、财务公司、保险机构等金融机构在中国境内设立的业务分支机构和驻华代表处。

(二) 特点

我国金融机构体系的发展具有以下三个特点。

1. 商业银行以信贷业务为主

商业银行以信贷业务为主;银行信贷业务高度同质化;商业银行信贷仍是我国最主要的社会融资来源;商业银行仍主导国内融资体系;国有商业银行实力雄厚但市场份额不断

下降。

2. 其他金融机构迅速发展

股份制商业银行迅速成长；外资银行发展势头强劲；保险市场的规模扩张迅速；证券公司随证券市场的发展不断壮大；基金管理公司发展迅速，前景光明。

3. "非正规金融机构"有待进一步规范

"非正规金融机构"泛指国家正规金融机构以外，主要以货币资金转移及本息支付的融资活动的金融机构，如民间融资、影子银行等形式，其中民间融资是最主要的。"非正规金融机构"具备信用创造功能，容易产生系统性风险，存在监管进一步规范的空间。

四、我国金融体系的现状

（一）银行、保险、证券业相互渗透发展，满足不同群体需求的金融机构体系已基本建立

从1999年开始，我国金融领域出现了一个重大的变化：银行、保险、证券三者开始互相渗透、共同发展。1999年10月12日经中国人民银行批准，国泰基金等10家基金管理公司和中信证券等7家证券公司，进入银行间同业拆借市场，从事资金拆借、买卖债券、债券现券交易及债券回购业务。我国货币市场与资本市场长期隔离的局面终于被打破，并开始形成种类齐全、功能互补、多种金融机构全面健康发展的金融机构体系，我国满足不同群体需求的金融机构体系已基本建立。

（二）在我国金融机构体系中：银行业产权单一、改革滞后

经过30年的改革，我国商业银行取得了很大的成效：形成了商业银行组织体系的新格局，探索了现代商业银行企业制度和管理体制新模式；实施资产负债管理方式；建立了双向选择的新型银企关系；实现了商业银行政策性业务与商业性业务的分离，商业银行开始走上规范化、法制化轨道。

（三）缺乏金融中介机构

我国仍需要一些适应中小企业发展的金融中介机构，这种机构大致上分为三类。

第一类是中小商业银行。大型商业银行主要是面对大企业服务的，在存贷总量失衡的同时还存在着中小企业融资难的问题，所以中小银行的发展也成了搞活经济的重要出口，必须对商业银行进行整顿，让它更好地发挥作用。

第二类是合作性机构。中小企业刚刚发展的时候，并不能从经济上非常合理地判断出它的可靠性和生长性，这时候相当程度上靠的是对人的判断，合作性金融机构利用了合作者知根知底这个优越性，能从地方实际出发引导投资的合理化。

第三类是非银行金融机构。

（四）我国金融机构面临巨大风险

根据中国金融业的现状，以下七点风险是在金融机构的改革中必须加以重视的。

1. "存差"严重发生

与银行高负债相对应的不是资产的有效投放，而是存款总额大于贷款总额的现象日趋严重。对银行来说，这部分资金的运作处于亏损状态。

2. 支付风险

一些银行因为期限错配，会导致难以偿还银行间同业拆借款项，从而引发支付风险。

3. 信用风险

银行为企业提供融资时，客户贴现承兑汇票银行先行垫付资金时，以及客户信用卡透支时，均会产生信用风险。

4. 操作风险

因管理方面的漏洞出现的经营风险。

5. 价格风险

金融机构大多持有一定数量的有价证券，因证券价格下跌导致的损失；或因供求关系改变，利率变动也会造成损失。

6. 决策风险

金融机构因错误判断和决策失误造成的损失。

7. 政策性风险

主要表现为利率风险、汇率风险、政策风险、国家风险。

第二节 中央银行

一、中央银行概述

（一）中央银行的定义和业务

中央银行作为现代金融体系的核心，在现代经济和金融活动中扮演着十分重要的角色。中央银行是一国最高的货币金融管理机构，在各国金融体系中居于主导地位。中央银行的职能是宏观调控、保障金融安全与稳定、金融服务。中央银行所从事的业务与其他金融机构所从事的业务的根本区别在于，中央银行所从事的业务不是为了营利，而是为实现国家宏观经济目标服务，这是由中央银行所处的地位和性质决定的。

中央银行的主要业务有：货币发行、集中存款准备金、贷款、再贴现、证券、黄金占款和外汇占款、为商业银行和其他金融机构办理资金的划拨清算和资金转移的业务等。

知识拓展：我国的中央银行

1948年12月1日，中国的央行中国人民银行在华北银行、北海银行、西北农民银行的基础上合并组成。1984年以前，中国人民银行既行使央行权力，又办理企业居民存贷款业务。1983年9月，中国人民银行专门行使央行权力，不再办理普通银行业务。中央银行通常指管理一国银行等金融机构的银行，负责发行货币、制定货币政策、代理国库、充当商业银行最后贷款人等职责。在中国，中国人民银行就是中央银行。美国的央行就是通常说的美联储（美国联邦储备系统）。一个由政府组建的机构，负责控制国家货币供给、信贷条件，监管金融体系，特别是商业银行和其他储蓄机构。

（二）中央银行的结构

中央银行的结构即中央银行制度的结构，它主要包括中央银行的资本结构、资产负债结构和权力结构等方面的内容。

知识拓展：各国中央银行制度

中央银行制度源于西方资本，第一家中央银行出现在英国，即苏格兰银行。各国的中央银行制度不同，有单一的中央银行制度（指国家单独建立中央银行机构），复合的中央银行制度（指国家没有设立专门的中央银行，而是用一家大银行集中中央银行职能，同时经营一般的货币存取款业务），此外还有跨国的中央银行（欧盟的欧洲中央银行），准中央银行（政府授权几个银行行使央行权力，如中国香港、新加坡）。央行不以营利为目的，一般不经营普通银行业务，制定和执行国家的货币方针政策。此外，央行代理国库，代理国家债券发行，对国家给予信贷扶持，保管外汇和黄金储备，进行黄金外汇买卖和管理，制定并监督执行有关金融管理法规。

（三）中央银行发挥的作用

从中央银行发挥的作用看，它是保障金融稳健运行、调控宏观经济的国家行政机关，具有特殊的地位。

（1）中央银行履行其职责主要是通过特定金融业务进行的。

（2）中央银行对经济的宏观调控是分层次实现的。

（3）中央银行在政策制定上有一定的独立性。

二、中央银行的性质

中央银行的性质是指中央银行是国家赋予其制定和执行货币政策，对国民经济进行宏观调控和管理监督的特殊的金融机构。这种特殊性是由其在国民经济中的地位所决定的，并随着中央银行制度的发展而不断变化。

从中央银行业务活动的特点和发挥的作用看，中央银行既是为商业银行等普通金融机构和政府提供金融服务的特殊金融机构，又是制定和实施货币政策、监督管理金融业、规范与维护金融秩序、调控金融和经济运行的宏观管理部门。这可以看作对中央银行性质的基本概括。它是代表国家调节宏观经济、管理金融的特殊机构，在一国金融体系中处于领导地位。

（一）中央银行是特殊的金融机构

中央银行的性质集中体现在它是一个"特殊的金融机构"上面，具体来说，包括其地位的特殊性、业务的特殊性和经营目的的特殊性。中央银行的主要业务活动与普通金融机构有所不同，主要表现为以下三方面。

1. 地位的特殊性

这主要表现在与政府有特殊关系上，中央银行既要与政府保持协调，又要有一定的独立性，可独立地制定和执行货币政策，实现稳定货币的政策目标。

2. 业务的特殊性

从中央银行业务活动的特点看，它是特殊的金融机构。

（1）业务对象特殊。

中央银行的业务对象仅限于政府和金融机构，不是一般的工商客户和居民个人；其业务对象仅限于政府和金融机构，不是一般的工商客户和居民个人。

（2）业务权利特殊。

享有政府赋予的一系列特有的业务权利，如发行货币、代理国库、保管存款准备金、制定金融政策等。中央银行拥有一系列特有的业务权利。中央银行拥有发行货币、代理国库、保管存款准备金、制定金融政策等一系列特有的业务权利。

3. 经营目的的特殊性

经营目的特殊性主要指中央银行是国家政府机关，所需要的各项经费由国家财政拨付。

其所从事的各项金融业务活动，是从国民经济宏观需要出发，从保持货币币值稳定的需要出发而发展的，不是为了追逐利润。因此，中央银行的业务活动不以营利为目的。

（二）中央银行是保障金融稳健运行、调控宏观经济的工具

（1）中央银行通过改变基础货币的供应量，保障社会总需求和总供给在一定程度上的平衡。

（2）承担着监督管理普通金融机构和金融市场的重要使命，保障金融稳健运行。

（3）中央银行是最后贷款者。它通过变动存款准备率和贴现率对商业银行和其他信用机构进行贷款规模和结构的调节，间接地调节社会经济活动。

（三）中央银行是国家最高的金融决策机构和金融管理机构，具有国家机关的性质

（1）中央银行履行其职责主要是通过特定金融业务进行的，对金融和经济管理调控基本上采用经济手段，这与主要靠行政手段进行管理的国家机关有明显不同。

（2）中央银行对宏观经济的调控是分层次实现的。通过货币政策工具操作调节金融机构的行为和金融市场运作，然后再通过金融机构和金融市场影响到各经济部门，市场回旋空间较大，作用也较平缓，而国家机关一般是用行政手段直接作用于各微观主体。

（3）中央银行在政策制定上有一定的独立性。中央银行既是为商业银行等普通金融机构和政府提供金融服务的特殊金融机构，又是制定和实施货币政策、监督和管理金融业、规范与维护金融秩序、调控金融与经济运行的宏观管理部门。这可以看作对中央银行性质的一个基本概括。

三、中央银行的职能及角色

（一）中央银行的职能

1. 服务职能

（1）为政府服务。

代理国家财政金库，执行国家预算出纳业务，代理政府发行和销售政府债券，并办理还本付息事宜；作为政府的金融代理人，代办有关金融业务，如经营国家外汇储备、黄金储备等；根据政府需要，通过贷款或者购买政府债券的方式为政府筹措资金；代表政府参加有关国际金融活动和为政府充当金融政策顾问。

（2）为商业银行和非银行金融机构服务。

为商业银行金融机构保管准备金；为商业银行、金融机构相互之间的债务关系办理转账结算和提供清算服务；当商业银行、金融机构需要资金或者资金周转困难时，对其提供贷款或者信用，以及其他形式的融资服务。

（3）为社会公众服务。

依法发行国家法定货币并维护货币的信誉和货币币值稳定；通过货币政策、信用政策，影响商业银行、金融机构的行为和活动，使之配合适应国民经济的需要；搜集、整理和反映有关经济资料以及自身的资产、负债状况，并定期公布，为各有关方面制定政策、计划、措施提供参考；为维护银行客户存款安全所进行的其他活动等，中央银行也为公众开具个人征信证明等。

2. 监管职能

（1）中央银行行使监管职能的对象：商业银行和其他金融机构的监管；对金融市场的

设置、业务活动和运行机制进行监督管理。

（2）监督职能的主要内容：制定有关的金融政策、法规，作为金融活动的准则和中央银行进行监管的依据和手段；依法对各类金融机构的设置统筹规划，审查批准商业银行和其他金融机构的设立、业务范围和其他重要事项；对商业银行和其他金融机构的业务活动进行监督；管理信贷、资金、外汇、黄金、证券等金融市场，包括利率、汇率。监督检查商业银行和其他金融机构的清偿能力，资产负债结构准备金情况；督促、指导商业银行和其他金融机构依法开展业务活动，稳健经营等。

3. 调控职能

中央银行以国家货币政策制定者和执行者的身份，通过金融手段，对全国的货币、信用活动进行有目的、有目标的调节和控制，进而影响国家宏观经济，促进整个国民经济健康发展，实现其预期的货币政策目标。

（二）中央银行的三个角色

中央银行的三个角色一般被概括为中央银行有发行的银行、银行的银行、国家的银行三个身份。

1. 发行的银行

中央银行是"发币的银行"，对调节货币供应量、稳定币值有重要作用。中央银行是发行的银行，一是指它垄断货币的发行权，是全国唯一的现钞发行机构；二是指中央银行作为货币政策的最高决策机构，在决定一国的货币供应量方面具有至关重要的作用。

2. 银行的银行

中央银行是银行的银行。这一职能最能体现中央银行的特殊金融机构性质。办理"存、放、汇"，是中央银行的主要业务内容，但业务对象不是一般企业和个人，而是商业银行与其他金融机构。中央银行是"银行的银行"，它集中保管银行的准备金，并对它们发放贷款，充当"最后贷款者"。作为金融管理的机构，这一职能具体表现为以下三方面。

（1）集中存款准备。

（2）组织全国范围的资金清算。

（3）充当最后贷款者。

3. 国家的银行

中央银行是国家的银行。所谓国家的银行，并非指中央银行一定归政府所有，而是指它同政府有着密切的联系，包括为政府提供各种金融服务，代表政府执行金融管理职责等。中央银行是"国家的银行"，它是国家货币政策的制定者和执行者，也是政府干预经济的工具。

这一职能主要表现在以下几个方面：代理国库；代理国家债券的发行；向国家给予信贷支持；保管外汇和黄金准备；制定并监督执行有关金融管理法规。此外，中央银行还代表政府参加国际金融组织，出席各种国际会议，从事国际金融活动以及代表政府签订国际金融协定；在国内外经济金融活动中，充当政府的顾问，提供经济、金融情报和决策建议。

四、中央银行的独立性

（一）中央银行独立性的含义

中央银行的独立性应该是指独立于国家的权力，通过立法确定为中央银行，中央银行的职能和权限也都是由法律赋予的。所谓的独立性不可能是独立于立法和司法,中央银行的活动必须在法律授予的范围内进行。

中央银行的独立性是否就是指独立于行政或政府呢?

(1) 无论是总统制的政府还是内阁制的政府都对议会负责。

(2) 中央银行作为政府的银行和政府在金融领域的代理人,必然要体现和实现政府的某些意图,在为政府提供服务的同时,还要接受政府的一定控制。

(3) 中央银行在很多国家是作为政府机构存在的。在有些国家虽然不是作为政府机构,但也是通过专门立法作为特殊法人或机构成立的。因此,要完全独立于行政或政府也是不可能的,独立性只能是相对的。

(4) 中央银行作为一个国家的货币当局,负责具体制定和贯彻执行货币政策,必须以国家经济发展目标为根本目标,遵从经济发展客观规律和货币信用规律,独立制定和执行货币政策。中央银行的相对独立性是中央银行制定和执行货币政策的独立性,包括中央银行选择货币政策最终目标的相对独立性和为实现最终目标使用货币政策手段的独立性。

(二) 中央银行独立性的主要内容

中央银行独立性的内容大致可以归纳为以下三个方面。

1. 垄断货币发行权

中央银行必须建立符合国家实际经济状况的货币发行制度,维持货币币值的稳定。这主要体现为:中央银行必须垄断货币发行权,不能搞多头发行;中央银行发行货币的多寡、发行货币的时间和发行方式应该由中央银行根据货币政策的目标以及经济发展和货币信用规律,自行决定而不能受政府或其他利益团体的干扰;中央银行应按经济原则发行货币,不能搞财政发行,不能在国债发行市场上直接购买长期国债,也不能代行应由财政行使的职能。

2. 独立制定货币政策目标

中央银行必须遵从经济发展的客观规律和货币信用规律,独立决定货币政策目标。在决定货币政策目标时,必须考虑政府的宏观经济目标,尽可能保持货币政策目标与宏观经济目标一致。

3. 独立选择货币政策手段

货币政策目标能否顺利实现,完全依靠货币政策的具体操作手段。货币政策目标决定以后,中央银行独立选择实现货币政策目标的手段,也就是说,货币政策的操作权必须掌握在中央银行手中。

(三) 保持中央银行相对独立性的必要性

(1) 货币政策的特殊性。

(2) 中央银行与政府地位、目标、利益驱动和制约机制不同。

(3) 虽然金融和货币政策有其特殊性,在保持中央银行相对独立性的同时,也需要对中央银行的行动进行某些监督。

知识拓展:中央银行与政府的关系

根据各国立法的不同,中央银行同政府之间的关系大致上可以分为三种类型。第一种类型:中央银行是完全独立于政府的,以美国、德国、瑞典、瑞士等国为代表。美国、德国、瑞士的中央银行直接对国会负责,政府不能直接对中央银行发布命令,不能干涉中央银行的货币政策行为。中央银行独立地制定和执行货币政策。第二种类型:中央银行名义上隶属于政府，而实际却独立于政府，以日本、英国、法国等国为代表。日本等国的法律规定，中央银行由政府主管，因此从法律形式上确定了中央银行隶属于政府。但在中央银行的实际运行中，政府极少行使监督等权力。相反，还通过一系列机构（如日本银行政策委员会）来强化日本中央银行的独立性。第三种类型：中央银行完全隶属于政府，以意大利、巴西为代表。中央银行根据政府的指令制定货币政策，中央银行采取重大金融改革必须经政府批准，政府有权停止或推迟中央银行决议的执行。从立法条文上看，中国的中央银行同政府的关系就属于第三种类型，中国的中央银行属于国家行政机关，接受国务院领导。

尽管中央银行与政府关系密切，但中央银行仍然保持相对的独立性。即中央银行能够独立地制定、执行货币政策，根据中央银行的独立程度不同，可以分为三类：独立性较大的模式、独立性稍次的模式、独立性较小的模式。独立性较大的模式：在这种模式中，中央银行直接对国会负责，直接向国会报告工作，获得国会立法授权后可以独立地制定货币政策及措施，政府不得直接对它发布命令指示，不得干涉货币政策，如美国和德国。独立性稍次的模式：所谓独立性稍次的模式是指中央银行名义上隶属于政府，而实际上保持着一定的独立性。政府一般不过问货币政策的制定，中央银行可以独立地制定执行货币政策，如英格兰银行和日本银行。独立性较小的模式：这一模式的中央银行，接受政府的指令，货币政策的制定及采取的措施要经政府批准，政府有权停止、推迟中央银行决议的执行，如意大利银行。

五、中央银行业务

（一）中央银行负债业务

中央银行的负债是指由社会各集团和家庭个人持有的对中央银行的债权，其负债业务是指金融机构、政府、特定部门持有的中央银行的债券。中央银行负债业务主要包括存款业务，货币发行业务，发行中央银行债券、对外负债和资本业务。中央银行负债业务的内容：

1. 货币发行

货币发行是中央银行最重要的负债业务。当今各国的货币发行，都由各国的中央银行所垄断。中央银行的纸币通过贴现、贷款、购买证券、收购金银外汇等方式投入市场，从而形成流通中的纸币，以满足经济发展对货币的需要。

2. 代理国库和吸收财政性存款

中央银行作为政府的银行，代理国库和吸收财政性存款是它的主要业务之一。中央银行为政府融资提供条件，对国库存款不支付利息。

3. 集中管理存款准备金

中央银行集中保管各商业银行的法定存款准备金，并对存放的这些准备金不支付利息。中央银行将这些准备金用于商业银行资金周转不灵时对其贷款，这便节省了各商业银行本应保留的存款准备金，充分发挥了资金的作用。中央银行负责规定商业银行的存款准备金率，并督促各商业银行按期如数上交存款准备金。

4. 办理全国的清算业务

企业之间的债权债务关系一般通过银行来清算，于是企业间的债权债务关系转变为银行间的债权债务关系。中央银行通过各商业银行开设的账户，对全国银行间的债权债务关系进行清算，从而免除了两地间的现金运用麻烦，方便了地区间的资金往来，加速了商品流通。

5. 其他业务

除了上述四种负债业务外，中央银行还有国际金融机构负债业务、国库券基金兑付业务等其他业务。

（二）中央银行的资产业务

中央银行的资产指中央银行在一定时点上所拥有的各种债权。中央银行的资产是指中央银行在一定时点上所拥有的各种债权。中央银行的资产业务主要包括再贴现业务和贷款业务、证券买卖业务、国际储备业务及其他一些资产业务。

1. 中央银行的再贴现业务

中央银行的再贴现业务是商业银行等金融机构在急需资金周转时，将其由贴现而取得的商业票据向中央银行转让，中央银行据此以贴现方式向商业银行融通资金的业务。

2. 贷款业务

（1）对商业银行等金融机构放款。

（2）对政府放款。

（3）对非货币金融机构放款。

（4）其他放款。

3. 中央银行的证券买卖业务

（1）买卖的对象：政府公债、国库券以及其他流动性高的有价证券。

（2）买卖方式：直接买卖与回购协议。

（3）买卖的限制：只能在二级市场购买；不能买流动性差的有价证券；一般不能买国外的有价证券。

4. 黄金外汇储备业务

国际储备的种类构成：黄金、IMF 的储备头寸、特别提款权。

（三）中央银行的中间业务

中央银行的中间业务指的是清算业务，主要有以下几种。

（1）集中办理票据交换。

（2）清算交换差额。

（3）办理异地资金转移。

（4）为金融衍生工具交易清算服务。

（5）为跨国交易的支付提供清算服务。

其中，办理异地资金汇兑业务，通过电子清算网络进行，汇兑差额最终由中央银行清算。

知识拓展：国外央行的典型模式

常见的两种典型模式：德国模式与美国模式。

（1）德国模式。德国中央银行是独立性很高的中央银行的典型代表。根据《联邦银行法》（德国中央银行法），它不受总理领导，不受政府监督，也不受议会的控制，而是依法享有完全的自主权。联邦政府与联邦银行不存在行政上的隶属关系，联邦政府在任何时候都无权向联邦银行发布命令。联邦银行的最高决策机构是中央银行理事会，执行理事会是其执行机构，行长、副行长及执行理事会的其他成员由联邦政府提名、联邦共和国总统任命。其任期与联邦总统任期不一致，致使政府无法随时撤换他们。联邦政府成员有权出席中央银行理事会会议，但无表决权。在德国，法律禁止政府向联邦银行透支，政府机构虽然可以向联邦银行借款，但必须保证归还，并且在数额上也有限制。

（2）美国模式。美国中央银行是由12家联邦储备银行组成的联邦储备系统，它也是独立性较大的中央银行的范例。法律规定，联邦储备系统直接对国会负责，独立制定和执行货币政策。联邦储备系统理事会理事在参议院认可和同意后，由总统任命，但理事任期14年，比总统任期长得多，且每两年改派一人，这便避免了总统直接操纵理事会的可能性。在与财政的资金往来上，法律禁止财政透支，禁止联储直接购买财政债券。联储的资本来自会员银行和公众，但持股者没有表决权。联储收入主要来自为进行公开市场业务而持有的政府债券的利息收入，联储的所有管理费用开支，由其自行解决，完全不依赖于财政拨款。

第三节　政策性银行

一、政策性银行的基本概念

政策性银行是指由政府发起、出资成立，为贯彻和配合政府特定经济政策和意图而进行融资和信用活动的机构。政策性银行不以营利为目的，专门为贯彻、配合政府社会经济政策或意图，在特定的业务领域内，直接或间接地从事政策性融资活动，充当政府发展经济、促进社会进步、进行宏观经济管理工具。

二、政策性银行建立的目的

（一）补充和完善市场融资机制

政策性银行的融资对象，一般是限制在那些社会发展需要而商业性金融机构又不愿意提供资金的银行或项目，因此可以补充商业性融资的缺陷，完善金融体系的功能。

（二）诱导和牵制商业性资金的流向

一是政策性银行通过自身的先行投资行为，给商业性金融机构指示了国家经济政策的导向和支持重心，从而消除商业性金融机构的疑虑，带动商业性资金参与。

二是政策性银行通过提供低息或贴息贷款可以部分弥补项目投资利润低而又无保证的不足，从而吸引商业性资金的参与。

三是政策性银行通过对基础行业或新兴行业的投入，可以打开经济发展的瓶颈或开辟新的市场，促使商业性资金的后续跟进。

（三）提供专业性的金融服务

政策性银行一般为特定的行业或者领域提供金融服务，具有很强的专业性，积累了丰富的实践经验和专业技能，聚集了一大批精通业务的技术人员，可以为这些领域提供专业化的金融服务。

三、政策性银行的基本特征

政策性银行不同于政府的中央银行和商业银行，它的重要作用在于弥补商业银行在资金配置上的缺陷，从而健全与优化一国金融体系的整体功能。与其他银行相比，政策性银行具有以下五个特点。

（一）资本金性质不同

政策性银行的资本金多由政府财政拨付，一般由政府财政拨款出资或政府参股设立，由政府控股,与政府保持着密切关系。如德国(复兴开发银行法)规定:复兴开发银行为政府所有,其中联邦政府占80%的股份,各州政府占20%的股份。法国的对外贸易银行,由法国的中央银行持股24.5%,信托储蓄银行持股24.5%,以及其他大商业银行投资组成。

(二)经营宗旨不同

政策性银行经营时主要考虑国家的整体利益、社会效益,不以营利为目标,但政策性银行的资金并不是财政资金,政策性银行也必须考虑盈亏,坚持银行管理的基本原则,力争保本微利,以贯彻执行国家的社会经济政策为己任。其主要功能是为国家重点建设和按照国家产业政策重点扶持的行业及区域的发展提供资金融通。一般包括支持农业开发贷款,农副产品收购贷款,交通、能源等基础设施和基础产业贷款,进出口贸易贷款等。不以营利为目的,但政策性银行也保持合理盈利水平,奉行不亏损原则。

(三)业务范围不同

政策性银行有特定的业务领域,不与商业银行竞争。政策性银行不能吸收活期存款和公众存款,主要资金来源是政府提供的资本金、各种借入资金和发行政策性金融债券筹措的资金,其资金运用多为长期贷款和资本贷款。政策性银行收入的存款也不作为转账使用,贷款一般为专款专用,不会直接转化为储蓄存款和定期存款。所以,不会像商业银行那样具备存款和信用创造职能。政策性银行有自己特定的服务领域,不与商业银行产生竞争。它一般服务于那些对国民经济发展、社会稳定具有重要意义,且投资规模大、周期长、经济效益低、资金回收慢的项目领域,如农业开发、重要基础设施建设、进出口贸易、中小企业、经济技术开发等领域。

(四)融资原则不同

政策性银行有其特殊的融资原则。在融资条件或资格上,要求其融资对象必须是从其他金融机构不易得到所需的融通资金的条件下,才有从政策性银行获得资金的资格,且提供的全部是中长期信贷资金,贷款利率明显低于商业银行同期同类贷款利率,有的甚至低于筹资成本,但要求按期还本付息。

(五)信用创造能力不同

政策性银行一般不参与信用的创造过程,资金的派生能力较弱。因为政策性银行的资金来源主要不是吸收存款,而往往是由政府提供的,而且政策性银行的贷款主要是专款专用,正常情况下不会增加货币供给。

四、政策性银行的分类

政策性银行是专业性的银行,但并非所有的专业性银行均是政策性银行,专业性银行较政策性银行的范围更为宽广。政策性银行依照不同的标准,可做多种分类。

第一,按照活动范围可以划分为全国性的政策性银行和地方性的政策性银行。全国性的政策性银行业务范围覆盖全国,在世界各国政策性银行中占绝大多数;地方性的政策性银行多为开发银行,主要适用于一国经济发展过程中对某一落后地区的区域开发。

第二,按照组织结构可以划分为单一型政策性银行和"金字塔"形政策性银行。单一型政策性银行是指只有一家机构、无分支机构的政策性银行;"金字塔"形政策性银行是指由一个总机构领导的、由具有不同层次的会员或分支机构组成的呈"金字塔"形的政策性银行。

第三，按照业务领域可以划分为农业、中小企业、进出口、住房、经济开发、基础产业、主导产业、环境、国民福利等政策性银行。

第四，按业务性质可以分为4类：第1类是专为经济开发提供投资性贷款的银行，一般称为开发银行；第2类是支持和扶植农业开发的农业信贷银行；第3类是专门经营对外贸易信用业务的银行；第4类是为便利居民购买房屋、支持房地产业发展的住宅信贷银行。

此外，还有为扶植中小企业发展及履行其他特殊职能的政策性银行。

五、政策性银行的职能及遵循的原则

（一）政策性银行的职能

政策性银行作为一种特殊的金融机构，其职能主要体现为：信用中介职能、直接扶持性职能、政策导向性职能、补充辅助性职能。

（二）政策性银行遵循的原则

1. 政策性原则

政策性银行的经营管理活动必须始终服从和贯彻国家的产业政策，并为这些政策的实施服务。政策性银行通常通过其贷款投向、贷款期限和贷款利率的安排来具体体现国家政策的要求。

2. 安全性原则

3. 流动性原则

4. 效益性原则

政策性银行在业务经营时，应该遵循效益性原则，其包括两层含义：一是追求社会效益，这是由政策性银行自身的性质决定的；二是在追求社会效益的同时，努力提高资金运用的经济效益。

5. 融资性原则

政策性银行是政府根据社会和经济发展的特殊需要，依据一定的特殊目的建立起来的政策性金融机构，它要遵守特殊的融资性原则。

政策性银行在遵循特殊的融资原则时需要满足的条件：一是不能屈从于外部压力向不符合政策性条件的项目贷款，要坚持独立地进行项目贷款评审、核查；二是不能超出业务领域范围贷款；三是对政策性项目的风险，必须精确计算可以承受的风险，研究如何规避风险。

六、政策性银行资金运用及我国政策性银行的业务范围

（一）政策性银行资金运用

1. 贷款

普通贷款、特别贷款。后者称为政策性贷款，体现政策意图，由政府补贴或担保的贷款，如产业开发贷款、基础设施贷款、扶贫开发贷款。在确定对象时主要以社会效益为标准，在贷款投向和投放数量上具有严格审核模式与审核程序，期限长、额度大、风险高、利率低。

2. 投资

股权投资、债券投资。

3. 担保

形式是出口信贷、补偿贸易、透支、延期付款、承包工程、国际金融机构贷款等担保。

（二）我国政策性银行的业务范围

1. 国家开发银行的业务

国家开发银行是发放长期贷款、支持基础设施、基础产业和支柱产业的产业开发银行，其贷款种类主要有基本建设贷款和技术改造贷款。

2. 中国进出口银行的业务

中国进出口银行的主要任务是执行国家政策和外贸政策，为机电产品和成套设备等资本性货物进出口提供进出口信贷（卖方信贷、买方信贷）；办理与机电产品出口信贷有关的外国政府贷款等。

3. 中国农业发展银行的业务

中国农业发展银行的主要任务是筹集农业政策性信贷资金，承担国家规定的农业政策性金融业务，代理财政性支农资金的拨付，为农业和农村经济发展服务。它所经营的业务主要有：办理由国务院确定、中国人民银行安排资金并由财政部和地方政府予以贴息的各项贷款，还办理业务范围内开户企事业单位的存款以及发行金融债券和境外筹资业务。

知识拓展：我国三大政策性银行的发展历程

1993年12月25日，国务院发布《国务院关于金融体制改革的决定》及其他文件，提出深化金融改革，将工、农、中、建四大行建设成国有大型商业银行，为此，从四大行中剥离出政策性业务，组建了专门承担政策性业务的专业银行，即政策性银行。该文件成为政策性银行筹建的主要法律文件，从此，工、农、中、建四大行由专业银行转型为国有商业银行，不再承担政策性金融业务。1994年，我国组建了三家政策性银行，即国家开发银行、中国进出口银行、中国农业发展银行，均直属国务院领导。1994年3月17日，国家开发银行在北京成立，注册资本500亿元人民币，主要承担国内开发型政策性金融业务。1994年7月1日，中国进出口银行在北京成立，注册资本33亿元人民币，主要承担大型机电设备进出口融资业务。1994年11月8日，中国农业发展银行在北京成立，注册资本200亿元人民币，主要承担农业政策性扶植业务。改革开放后，国家采取了多项举措，使国内银行业呈现多元化发展。自2006年以来，中国政府提出一系列中国政策性银行的改革思路，主要围绕一行一策、分账经营管理、补充资本金三个方向进行，改革思路从进行准确定位、为三家政策性银行立法、账户之间设立隔离机制、治理结构和内在运行机制改革几个方面进行。目前，在组织形式上我国三大政策性银行都是国务院全资设立的、直属国务院领导的政策性金融机构，在法律形式上均为独立法人。我国的政策性银行主要采取单一制形式，但它们可以委托一些金融机构或设立派出机构办理业务。

第四节 商业银行

一、商业银行概述

（一）商业银行的性质

（1）商业银行是一种企业：把追求最大限度的利润作为自己的目标。

(2) 商业银行是一种特殊的企业：商业银行的经营和内容具有特殊性；商业银行对整个社会经济的影响要远远大于一般工商企业；商业银行责任特殊。

(3) 商业银行是一种特殊的金融企业：商业银行的业务经营具有很强的广泛性和综合性，它既经营"零售"业务，又经营"批发"业务，已成为业务触角延伸至社会经济生活各个角落的"金融百货公司"和"万能银行"。

（二）商业银行的职能

1. 信用中介职能

商业银行作为货币借贷双方的"中介人"，通过负债业务（集中社会上各种闲散资金）和资产业务（将集中的闲散资金投放到需要资金的国民经济各部门），实现资本的融通，对经济结构和运行过程进行调节。这是商业银行的最基本职能，最能反映其基本特征。

2. 支付中介职能

商业银行作为企事业单位和个人的货币保管、出纳和支付代理者，通过账户上存款转移，代理客户支付；基于储户存款，为储户兑付现款等，减少现金使用，节约流通费用，加速结算过程和货币资金周转，促进扩大再生产。支付中介和信用中介两种职能相互推进，构成商业银行借贷资本的整体运作。

3. 信用创造职能

商业银行把负债作为货币进行流通，在支票流通和转账结算的基础上，贷款转化为存款，在存款不提现或不完全提现时，增加了商业银行的资金来源，形成数倍于原始存款的派生存款。信用创造的实质是流通工具的创造，而不是资本的创造。

4. 金融服务职能

商业银行为适应经济发展和科技进步，满足客户要求，不但开拓金融服务领域，促进资产负债业务的扩大，实现资产负债业务和金融服务的有机结合。如代发工资、提供信用证服务、代付其他费用、办理信用卡等。金融服务职能逐步成为商业银行的重要职能。

二、商业银行业务

根据《中华人民共和国商业银行法》的规定，中国的商业银行可以经营下列业务。

(1) 吸收公众存款，发放贷款。

(2) 办理国内外结算、票据贴现、发行金融债券。

(3) 代理发行、兑付、承销政府债券，买卖政府债券。

(4) 从事同业拆借。

(5) 买卖、代理买卖外汇。

(6) 提供信用证服务及担保。

(7) 代理收付款及代理保险业务等。

（一）商业银行的负债业务

负债业务是商业银行通过对外负债方式筹措日常工作所需资金的活动，是商业银行资产业务和中间业务的基础，主要由自有资本、存款和借款构成，其中存款和借款属于吸收的外来资金，另外联行存款、同业存款、借入或拆入款项或发行债券等，也构成银行的负债。其中，存款、派生存款是银行的主要负债，约占资金来源的 80% 以上。

1. 自有资金

在商业银行的负债业务中，自有资金是基础，标志着商业银行的资金实力；商业银行的自有资金是指其拥有所有权的资本金。自有资金主要包括股本金、储备资金以及未分配利润。其中，股本金是银行成立时发行股票所筹集的股份资本；储备资本即公积金，主要是税后利润提成而形成的，用于弥补经营亏损的准备金；利润是指经营利润尚未按财务制度规定进行提取公积金或者分利处置的部分。

在商业银行的全部信贷资金来源中，自有资金所占比重小，一般为全部负债业务总额的10%左右，但是自有资金在银行经营活动中发挥着十分重要和不可替代的作用。首先，它是商业银行开业并从事银行业务的前提；其次，它是银行资产风险损失的物质基础，为银行债权人提供保障；再次，它成了提高银行竞争力的物质保证。

2. 存款负债

存款是银行负债业务中最重要的业务，是商业银行经费的主要来源。吸收存款是商业银行赖以生存和发展的基础，占到负债总额的70%以上。存款负债是其主要业务，标志着商业银行的经营实力。

商业银行的存款种类可以按不同的标准来划分：按性质可划分为活期存款、定期存款、储蓄存款和通知存款等；按存款期限长短可划分为短期存款、中期存款、长期存款。通常按第一种分类来讲解，具体内容如下。

（1）活期存款。

活期存款是相对于定期存款而言的，不限存期，可在银行柜台或银行自助设备凭银行卡或者存折及密码，可随时提取或支付的存款。活期存款构成了商业银行的重要资金来源，也是商业银行创造信用的重要条件，但成本较高。商业银行只向客户免费或低费提供服务，一般不支付或较少支付利息。

（2）定期存款。

定期存款是相对于活期存款而言的，是一种由存户预先约定期限的存款。定期存款占银行存款比重较高。因为定期存款固定而且比较长，从而为商业银行提供了稳定的资金来源，对商业银行长期放款与投资具有重要意义。

（3）储蓄存款。

储蓄存款是个人为积蓄货币和取得利息收入而开立的存款账户，储蓄存款又可分为活期存款和定期存款。储蓄存款的活期存款，或者称为活期储蓄存款，存取无一定期限，只凭存折便可提现。存折一般不能转让流通，存户不能透支款项。

（4）可转让定期存单存款。

可转让定期存单存款是定期存款的一种主要形式，但与前述定期存款又有所区别。可转让定期存单存款的明显特点是：存单面额固定，不记姓名，利率有固定的也有浮动的，存期为3个月、6个月、9个月和12个月不等。存单能够流通转让，以能够满足流动性和盈利性的双重要求。

（5）可转让支付命令存款账户。

它实际上是一种不使用支票的支票账户。它以支付命令书取代了支票。通过此账户，商业银行既可以提供支付上的便利，又可以支付利息，从而吸引储户，扩大存款。开立这种存款账户，存户可以随时开出支付命令书，或直接提现，或直接向第三方支付，其存款余额可取得利息收入。由此满足了支付上的便利要求，同时也满足了收益上的要求。

(6) 自动转账服务存款账户。

这一账户与可转让支付命令存款账户类似，是在电话转账服务基础上发展而来的。发展到自动转账服务时，存户可以同时在银行开立两个账户：储蓄账户和活期存款账户。银行收到存户所开出的支票需要付款时，可随即将支付款项从储蓄账户上转到活期存款账户上，自动转账，即时支付支票上的款项。

3. 借款负债

借款负债是商业银行通过票据的再抵押、再贴现等方式向中央银行融入资金和通过同业拆借市场向其他银行借入资金进行短期活动。

(1) 向中央银行借款，是商业银行为了解决临时性的资金需要进行的一种融资业务。向中央银行借款的方式有再贴现、再抵押和再贷款3种。

(2) 同业借款，是商业银行向往来银行或通过同业拆借市场向其他金融机构借入短期资金的活动。同业借款的用途主要有两方面：一是为了填补法定存款准备金的不足，这一类借款大多属于日拆借行为；二是为了满足银行季节性资金的需求，一般需要通过同业拆借市场来进行。同业借款在方式上比向中央银行借款灵活，手续也比较简便。

4. 其他负债

其他负债是指商业银行利用除存款负债和借款负债以外的其他方式形成的资金来源。其他负债主要包括：代理行的同业存款负债、金融债券负债、大额可转让定期存单负债、买卖有价证券、占用客户资金、境外负债等。

借款负债和其他负债是商业银行资金的重要调剂和补充，体现商业银行的经营活力。

(二) 商业银行的资产业务

资产业务是商业银行的主要收入来源。放款业务是商业银行最主要的资产业务。

1. 信用放款

信用放款，指单凭借款人的信誉，而不需提供任何抵押品的放款，是一种资本放款。

(1) 普通借款限额。

企业与银行订立一种非正式协议，以确定一项贷款，在限额内，企业可随时得到银行的贷款支持，限额的有效期一般不超过90天。普通贷款限额内的贷款，利率是浮动的，与银行的优惠利率挂钩。

(2) 透支放款。

银行通过允许客户在其账户上透支的方式向客户提供贷款。提供这种便利被视为银行对客户所承担的合同之外的"附加义务"。

(3) 备用贷款承诺。

备用贷款承诺，是一种比较正式和具有法律约束的协议。银行与企业签订正式合同，在合同中银行承诺在指定期限和限额内向企业提供相应贷款，企业要为银行的承诺提供费用。

(4) 消费者放款。

消费者放款是对消费者个人发放的用于购买耐用消费品或支付其他费用的放款，商业银行向客户提供这种贷款时，要进行多方面的审查。

(5) 票据贴现放款。

票据贴现放款，是顾客将未到期的票据提交银行，由银行扣除自贴现日起至到期日止的利息而取得现款。

2. 抵押放款

抵押放款有以下四种类型。

（1）存货贷款。存货贷款也称商品贷款，是一种以企业的存贷或商品作为抵押品的短期贷款。

（2）客账贷款。银行发放的以应收账款作为抵押的短期贷款，称为"客账贷款"。这种贷款一般都为一种持续性的信贷协定。

（3）证券贷款。银行发放的企业借款，除以应收款和存货作为抵押外，也有不少是用各种证券特别是公司企业发行的股票和债券作为抵押的。这类贷款称为"证券贷款"。

（4）不动产抵押贷款。不动产抵押贷款通常是指以房地产或企业设备抵押品的贷款。

3. 保证书担保放款

保证书担保放款，是指由第三者出具保证书担保的放款。保证书是保证为借款人做贷款担保，与银行的契约性文件，其中规定了银行和保证人的权利和义务。

银行只要取得经保证人签字的银行拟定的标准格式保证书，即可向借款人发放贷款。所以，保证书是银行可以接受的最简单的担保形式。

（三）商业银行的投资业务

商业银行的投资业务是指银行购买有价证券的活动。投资是商业银行的一项重要的资产业务，是银行收入的主要来源之一。

商业银行的投资业务，按照对象的不同，可分为国内证券投资和国际证券投资。国内证券投资大体可分为三种类型，即国家政府证券投资、地方政府证券投资和公司证券投资。

国家政府发行的证券，按照销售方式的不同，可以分为两种，一种叫作公开销售的证券，一种叫作不公开销售的证券。

商业银行购买的政府证券，包括国库券、中长期债券两种。

1. 国库券

国库券是政府短期债券，期限在一年以下。

2. 中长期债券

中长期债券是国家为了基建投资的资金需要而发行的一种债券，其利率一般较高，期限也较长，是商业银行较好的投资对象。

知识拓展：贷款证券化

贷款证券化是指商业银行通过一定程序将贷款转化为证券发行的总理资过程。具体做法是：商业银行将所持有的各种流动性较差的贷款，组合成若干个资产库（Assets Pool），出售给专业性的融资公司（Special Purpose Corporation），再由融资公司以这些资产库为担保，发行资产抵押证券。这种资产抵押证券同样可以通过证券发行市场发行或私募的方式推销给投资者。出售证券所收回的资金则可作为商业银行新的资金来源再用于发放其他贷款。

（四）商业银行的中间业务

商业银行的中间业务可分为九类：支付结算类中间业务、银行卡业务、代理类中间业务、担保类中间业务、承诺类中间业务、交易类中间业务、基金托管业务、其他类中间业务。

1. 支付结算类中间业务

支付结算类业务是指由商业银行为客户办理因债权债务关系引起的与货币支付、资金划拨有关的收费业务。

（1）结算工具。结算业务借助的主要结算工具包括银行汇票、商业汇票、银行本票和支票。

银行汇票是出票银行签发的、由其在见票时按照实际结算金额无条件支付给收款人或者持票人的票据。

商业汇票是出票人签发的、委托付款人在指定日期无条件支付确定的金额给收款人或持票人的票据。商业汇票分银行承兑汇票和商业承兑汇票。

银行本票是银行签发的、承诺自己在见票时无条件支付确定的金额给收款人或者持票人的票据。

支票是出票人签发的、委托办理支票存款业务的银行在见票时无条件支付确定的金额给收款人或持票人的票据。

（2）结算方式，主要包括同城结算方式和异地结算方式。

汇款业务，是由付款人委托银行将款项汇给外地某收款人的一种结算业务。汇款结算分为电汇、信汇和票汇三种形式。

托收业务，是指债权人或售货人为向外地债务人或购货人收取款项而向其开出汇票，并委托银行代为收取的一种结算方式。

信用证业务，是由银行根据申请人的要求和指示，向收益人开立的载有一定金额，在一定期限内凭规定的单据在指定地点付款的书面保证文件。

（3）其他支付结算业务，包括利用现代支付系统实现的资金划拨、清算，利用银行内外部网络实现的转账等业务。

2. 银行卡业务

银行卡是由经授权的金融机构（主要指商业银行）向社会发行的具有消费信用、转账结算、存取现金等全部或部分功能的信用支付工具。银行卡业务的分类方式一般包括以下几类：

（1）依据清偿方式，银行卡业务可分为贷记卡业务、准贷记卡业务和借记卡业务。借记卡可进一步分为转账卡、专用卡和储值卡。

（2）依据结算的币种不同，银行卡可分为人民币卡业务和外币卡业务。

（3）按使用对象不同，银行卡可以分为单位卡和个人卡。

（4）按载体材料不同，银行卡可以分为磁性卡和智能卡（IC卡）。

（5）按使用对象的信誉等级不同，银行卡可分为金卡和普通卡。

（6）按流通范围，银行卡还可分为国际卡和地区卡。

（7）其他分类方式，包括商业银行与营利性机构/非营利性机构合作发行联名卡/认同卡。

3. 代理类中间业务

代理类中间业务指商业银行接受客户委托、代为办理客户指定的经济事务、提供金融服务并收取一定费用的业务，包括代理政策性银行业务、代理中国人民银行业务、代理商业银行业务、代收代付业务、代理证券业务、代理保险业务、代理其他银行银行卡收单业务等。

（1）代理政策性银行业务，指商业银行接受政策性银行委托，代为办理政策性银行因服务功能和网点设置等方面的限制而无法办理的业务，包括代理贷款项目管理等。

（2）代理中国人民银行业务，指根据政策、法规应由中央银行承担，但由于机构设置、专业优势等方面的原因，由中央银行指定或委托商业银行承担的业务，主要包括财政性存款代理业务、国库代理业务、发行库代理业务、金银代理业务。

（3）代理商业银行业务，指商业银行之间相互代理的业务，例如为委托行办理支票托收等业务。

（4）代收代付业务，是商业银行利用自身的结算便利，接受客户的托代为办理指定款项的收付事宜的业务，例如代理各项公用事业收费、代理行政事业性收费和财政性收费、代发工资、代扣住房按揭消费贷款还款等。

（5）代理证券业务，是指银行接受委托办理的代理发行、兑付、买卖各类有价证券的业务，还包括接受委托代办债券还本付息、代发股票红利、代理证券资金清算等业务。此处的有价证券主要包括国债、公司债券、金融债券、股票等。

（6）代理保险业务，是指商业银行接受保险公司委托代其办理保险业务的业务。商业银行代理保险业务，可以受托代个人或法人投保各险种的保险，也可以作为保险公司的代表，与保险公司签订代理协议，代保险公司承接有关的保险业务。代理保险业务一般包括代售保单业务和代付保险金业务。

（7）其他代理业务，包括代理财政委托业务、代理其他银行的银行卡收单业务等。

4. 担保类中间业务

担保类中间业务指商业银行为客户债务清偿能力提供担保，承担客户违约风险的业务。担保类中间业务主要包括银行承兑汇票、备用信用证、各类保函等。

（1）银行承兑汇票，是由收款人或付款人（或承兑申请人）签发，并由承兑申请人向开户银行申请，经银行审查同意承兑的商业汇票。

（2）备用信用证，是开证行应借款人要求，以放款人作为信用证的收益人而开具的一种特殊信用证，以保证在借款人破产或不能及时履行义务的情况下，由开证行向收益人及时支付本利。

（3）各类保函业务，包括投标保函、承包保函、还款担保履约保函、借款保函等。

（4）其他担保业务。

5. 承诺类中间业务

承诺类中间业务是指商业银行在未来某一日期按照事前约定的条件向客户提供约定信用的业务，主要指贷款承诺，包括可撤销承诺和不可撤销承诺两种。

（1）可撤销承诺附有客户在取得贷款前必须履行的特定条款，在银行承诺期内，如果客户没有履行条款，银行则可撤销该项承诺。可撤销承诺包括透支额度等。

（2）不可撤销承诺是银行不经客户允许不得随意取消的贷款承诺，具有法律约束力，包括备用信用额度、回购协议、票据发行便利等。

6. 交易类中间业务

交易类中间业务指商业银行为满足客户保值或自身风险管理等方面的需要，利用各种金融工具进行的资金交易活动，主要包括金融衍生业务。

（1）远期合约，是指交易双方约定在未来某个特定时间以约定价格买卖约定数量的资产，包括利率远期合约和远期外汇合约。

（2）金融期货，是指以金融工具或金融指标为标的的期货合约。

（3）互换，是指交易双方基于自己的比较利益，对各自的现金流量进行交换，一般分为利率互换和货币互换。

（4）期权，是指期权的买方支付给卖方一笔权利金，获得一种权利，可于期权的存续期内或到期日当天，以执行价格与期权卖方进行约定数量的特定标的的交易。按交易标的分，期权可分为股票指数期权、外汇期权、利率期权、期货期权、债券期权等。

7. 基金托管业务

基金托管业务是指有托管资格的商业银行接受基金管理公司委托，安全保管所托管的基金的全部资产，为所托管的基金办理基金资金清算款项划拨、会计核算、基金估值、监督管理人投资运作。基金托管业务包括封闭式证券投资基金托管业务、开放式证券投资基金托管业务和其他基金托管业务。

8. 咨询顾问类业务

咨询顾问类业务指商业银行依靠自身在信息、人才、信誉等方面的优势，收集和整理有关信息，并通过对这些信息以及银行和客户资金运动的记录和分析，形成系统的资料和方案，提供给客户，以满足其业务经营管理或发展需要的服务活动。

（1）企业信息咨询业务，包括项目评估、企业信用等级评估、验证企业注册资金、资信证明、企业管理咨询等。

（2）资产管理顾问业务，指为机构投资者或个人投资者提供全面的资产管理服务，包括投资组合建议、投资分析、税务服务、信息提供、风险控制等。

（3）财务顾问业务，包括大型建设项目财务顾问业务和企业并购顾问业务。大型建设项目财务顾问业务指商业银行为大型建设项目的融资结构、融资安排提出专业性方案。企业并购顾问业务指商业银行为企业的兼并和收购双方提供的财务顾问业务，银行不仅参与企业兼并与收购，而且作为企业的持续发展顾问，参与公司结构调整、资本充实和重新核定、破产和困境公司的重组等策划和操作。

（4）现金管理业务，指商业银行协助企业，科学合理地管理现金账户头寸及活期存款余额，以达到提高资金流动性和使用效益的目的。

9. 其他类中间业务

其他类中间业务包括保管箱业务以及其他不能归入以上八类的业务。

（五）商业银行的表外业务

表外业务是商业银行从事的不列入资产负债表但能影响银行当期损益的经营活动。表外业务按业务内容可分为承诺业务、担保业务、委托代理业务、衍生金融工具业务及咨询服务业务。

（1）承诺业务是指商业银行在未来某一时期按照事先约定的条件向客户提供约定的信用业务，如承诺贷款。

（2）担保业务是指商业银行接受客户的委托对第三方承担连带付款责任的业务，包括担保、信用证、承兑等。

（3）委托代理业务是指商业银行以收取一定手续费等为目的，接受客户委托，利用自己的资源优势为客户提供代理、分销、代客理财等金融服务的业务，包括委托贷款、代理债券、代理资金清算、代收代付、代客理财、基金托管等。

（4）衍生金融工具业务是指建立在基础金融工具或基础金融变量之上，其价格取决于后者价格变动的派生产品，是交易双方通过对利率、汇率、股价等因素变动趋势的预测，约定在未来某一时间按照某一条件进行交易或选择是否交易的合约，包括金融期货、金融期权、金融远期、互换金融等。

（5）咨询服务业务是指以银行拥有的专营许可权或行业优势，为客户提供的纯咨询服务性质的业务，包括理财顾问、委托代保管等。

表外业务按业务性质可分为委托代理业务、衍生金融工具业务、或有负债业务和咨询服务业务。其中，或有负债业务包括承诺、担保、保函、信用证、承兑等业务。

三、商业银行经营

（一）商业银行的经营原则

商业银行的经营一般至少应当遵守下列原则。

1. 效益性、安全性、流动性原则

商业银行作为企业法人，盈利是其首要目的。但是，效益以资产的安全性和流动性为前提。安全性又集中体现在流动性方面，而流动性则以效益性为物质基础。商业银行在经营过程中，必须有效地在三者之间寻求有效的平衡。《中华人民共和国商业银行法》第4条规定："商业银行以安全性、流动性、效益性为经营原则，实行自主经营，自担风险，自负盈亏，自我约束。"商业银行既要追求自身盈利，又要注重社会效益，这是《中华人民共和国商业银行法》所规定的经营原则。

2. 依法独立自主经营的原则

这是商业银行作为企业法人的具体体现，也是市场经济机制运行的必然要求。商业银行依法开展业务，不受任何单位和个人的干涉。作为独立的市场主体，商业银行有权依法处理其一切经营管理事务，自主参与民事活动，并以其全部法人财产独立承担民事责任。

3. 保护存款人利益原则

存款是商业银行的主要资金来源，存款人是商业银行的基本客户。商业银行作为债务人，是否充分尊重存款人的利益，严格履行自己的债务，切实承担保护存款人利益的责任，直接关系到银行自身的经营。如果存款人的合法权益得不到有效的尊重和保护，他们就选择其他银行或退出市场。

4. 自愿、平等、诚实信用原则

商业银行与客户之间是平等主体之间的民事法律关系。因此，商业银行与客户之间的业务往来，应以平等、自愿为基础，公平交易，不得强迫，不得附加不合理的条件，双方均应善意、全面地履行各自的义务。

5. 资信担保

依法按期收回贷款本金和利息。

6. 依法营业，不损害社会公共利益

7. 公平竞争

8. 依法接受中央银行与银监会的监督和管理

（二）商业银行的资产负债管理

资产负债比例管理，就是对商业银行资产和负债进行全面管理，协调资产和负债项目在期限、利率、风险和流动性方面的搭配，尽可能使资产、负债达到均衡，以实现安全性、流动性和营利性的完善统一。

第五节 金融监管机构

一、金融监管机构

金融监管机构是根据法律规定对一国的金融体系进行监督管理的机构。其职责包括按照规定监督管理金融市场；发布有关金融监督管理和业务的命令和规章；监督管理金融机构的合法合规运作等。我国目前的金融监管机构包括"一行两会"，即中国人民银行（又称"央行"）、中国银行保险监督管理委员会（简称"中国银保监会"）、中国证券监督管理委员会（简称"中国证监会"）。其具体内容如下：

"一行两会"分别负责银行、证券、保险三大市场的监管。

（1）中国人民银行，负责货币政策。

（2）中国银保监会，统一监督管理银行、金融资产管理公司、信托投资公司以及其他存款类金融机构，并负责统一监督管理全国保险市场。

（3）中国证监会，负责对全国证券、期货业进行集中统一监管。

二、银行法的意义

2003年12月27日，第十届全国人大常务委员会第六次会议通过了《中华人民共和国银行业监督管理法》《关于修改〈中华人民共和国中国人民银行法〉的决定》《关于修改〈中华人民共和国商业银行法〉的决定》，并于2004年2月1日起正式施行。三部银行法和《中华人民共和国证券法》《中华人民共和国保险法》《中华人民共和国信托法》《中华人民共和国证券投资基金法》《中华人民共和国票据法》及有关的金融行政法规、部门规章、地方法规、行业自律性规范和相关国际惯例中有关金融监管的内容共同组成了中国现行的金融监管制度体系。

三部银行法的颁布和实施，标志着中国现代金融监管框架的基本确立。根据修正后的《中华人民共和国中国人民银行法》，中国人民银行的主要职责是："在国务院领导下，制定和执行货币政策，防范和化解金融风险，维护金融稳定。"

知识拓展：我国金融监管发展史

清末的金融监管从1908年清政府度支部奏准颁发了《银行通行则例》开始。《银行通行则例》是中国第一部由国家颁发的专门管理金融机构的法令，它的颁布标志着中国政府对金融业实行法律监管的开始。北洋政府时期的金融监管主要包括对金融机构的监管、对货币市场的监管和行业自律监管三方面。1920年，全国银行公会联合会、钱业公会成立。1924年，北洋政府财政部颁布了《银行通行法》。南京国民政府时期的金融监管主要从南京国民政府于1927年设立了金融监管局开始，1929—1935年国民政府颁布了一系列金融法规对金融业进行监管。1933年，国民政府实行废"两"改"元"，彻底废止存在数千年的银两制度，确立银本位制度。1935 年，国民政府实行法币改革，实行白银国有，禁止银币流通；取消商业银行的发行权，将纸币发行权集中于国家银行。抗战时期，国民政府在 1939 年 12 月改组了四联总处，改组后的四联总处成为战时最高财政金融决策机构，与财政部共同承担监管金融的职能。抗战结束后，金融工作的重点是恢复金融，1947 年颁布了新《银行法》。1948 年四联总处被撤销，其监管金融的权力划归财政部。中华人民共和国成立后至改革开放以前，全国基本上只有一家金融机构，即中国人民银行实施金融监管。1983 年，国务院决定中国人民银行专门履行中央银行职能，正式成为中国的货币金融管理部门。1984 年，中国人民银行负责货币政策的制定和金融监管，形成了集中监管体制。1992 年，国务院证券委员会和中国证券监督管理委员会成立。1995 年，颁布《中华人民共和国中国人民银行法》，这是我国第一次从立法角度明确了金融监管的主体。1998 年，国务院证券委员会并入中国证券监督管理委员会，将中国人民银行的证券监管权全部移交证监会。1998 年 11 月，保监会成立，并实施中国人民银行的保险监管权。至此，中国金融分业监管体制格局正式形成。2003 年 4 月 28 日，银监会正式挂牌运作，它标志中国金融业形成了"三驾马车"式垂直的分业监管体制。2018 年，银监会、保监会合并，组建中国银行保险监督管理委员会。

三、各个国家和地区进行的金融监管改革对我国的启示

第一，树立目标导向金融改革方向，在现有基础上明确目标主体，控制金融系统性风险，重视金融稳定问题。随着混业经营的发展和金融体系的进一步开放，我国金融体系的系统性风险特征会与发达国家趋于同步。

第二，建立权威的金融监管协调机构，并通过相应立法明确其职权和责任，实现监管信息的联通与共享，为最终实现统一监管奠定基础。我国现有的"一行两会"带来的协调性问题使各个部门之间的协调成为重中之重。建立这样一个协调机构，可以有效地减少监管重叠和预防监管死角，克服分业监管模式的弊端。

第三，监管角度和监管手段的变化。过去以金融机构名称来确定分业监管的模式已不适用当今金融体系的监管。而金融体系的功能比较稳定，根据功能进行监管更加具有针对性和稳定有效性。并且从长期趋势来看，金融产品向金融市场转移，更加突出功能监管的重要性。监管角度由机构转向功能可以增强监管的灵活性，减少寻租的机会，进而提高金融体系的运行效率。金融业务自身所具有的技术含量随着网络和金融创新迅速发展，金融监管面临的挑战也日益增多，单纯依靠传统的行政和司法手段已经远远不足。计算机和网络技术在金融业的广泛运用，需要相应的网络监管手段与之匹配；金融衍生品的发展需要更为复杂精密的计量方法。许多发达国家的金融监管部门充分利用计算机或计量模型监管系统来收集和处理金融信息资料，评价和预测金融运行状况。

课后练习题

1. 专门向经济不发达成员国的私有企业提供贷款和投资的国际性金融机构是（　　）。
   A. 国际货币基金组织　　　　　　　　B. 国际金融公司
   C. 国际清算银行　　　　　　　　　　D. 巴塞尔银行监管委员会
2. 负责制定和实施货币政策的金融机构是（　　）。

A. 中央银行　　　　B. 商业银行　　　　C. 政策性银行　　　　D. 专业银行
3. 巴塞尔银行监管委员会是（　　）领导下的常设监管机构。
A. 世界银行　　　　　　　　　　　B. 国际货币基金组织
C. 国际金融公司　　　　　　　　　D. 国际清算银行
4. 国际货币基金组织最主要的资金来源是（　　）。
A. 国际金融市场借款　　　　　　　B. 成员国认缴的基金份额
C. 资金运用利息收入　　　　　　　D. 会员国捐款
5. 我国金融机构体系中居于主体地位的金融机构是（　　）。
A. 商业银行　　　　B. 政策性银行　　　　C. 证券公司　　　　D. 保险公司
6. 由政府出资设立的专门收购和集中处置银行业不良资产的金融机构是（　　）。
A. 投资银行　　　　　　　　　　　B. 政策性银行
C. 金融资产管理公司　　　　　　　D. 财务公司
7. 我国财务公司的特点是（　　）。
A. 以吸收储蓄存款为主要资金来源
B. 为消费者提供广泛金融服务
C. 以消费信贷业务为主营业务
D. 由大型企业集团成员单位出资组建
8. 巴塞尔银行监管委员会的领导机构是（　　）。
A. 国际清算银行　　　　　　　　　B. 世界银行
C. 国际货币基金组织　　　　　　　D. OECD 组织
9. "大一统"的金融机构体系下，我国存在的唯一一家银行是（　　）。
A. 中国工商银行　　　　　　　　　B. 中国人民银行
C. 中国银行　　　　　　　　　　　D. 中国建设银行
10. 我国制定货币政策的银行是（　　）。
A. 中国银行　　　B. 中国建设银行　　　C. 中国工商银行　　　D. 中国人民银行
11. 不以营利为目的的金融机构是（　　）。
A. 商业银行　　　　B. 投资银行　　　　C. 中央银行　　　　D. 保险公司
12. 中国农业发展银行是一家（　　）。
A. 商业银行　　　　B. 投资银行　　　　C. 中央银行　　　　D. 政策性银行
13. 我国三家政策性银行成立的时间是（　　）。
A. 1993 年　　　　B. 1994 年　　　　C. 1995 年　　　　D. 1996 年
14. 我国的中央银行是（　　）。
A. 中国工商银行　　B. 中国银行　　　　C. 中国人民银行　　D. 中国农业银行
15. 四大银行中最晚成立的是（　　）。
A. 中国工商银行　　B. 中国银行　　　　C. 中国建设银行　　D. 中国农业银行
16. 商业银行内部风险管理人员根据银行所承担的风险计算出来的、银行需要保有的最低资本量被称为（　　）。
A. 账面资本　　　　B. 核心资本　　　　C. 监管资本　　　　D. 经济资本
17. 商业银行贷款五级分类中，不良贷款包括（　　）。

A. 关注贷款、次级贷款
B. 次级贷款、可疑贷款、损失贷款
C. 关注贷款、次级贷款、可疑贷款
D. 关注贷款、可疑贷款、损失贷款

18. 按质量高低划分的五类贷款形式是（　　）。
A. 正常贷款、关注贷款、次级贷款、呆账贷款、损失贷款
B. 正常贷款、次级贷款、关注贷款、呆账贷款、损失贷款
C. 正常贷款、关注贷款、次级贷款、可疑贷款、损失贷款
D. 正常贷款、关注贷款、可疑贷款、呆账贷款、损失贷款

19. 汇兑结算属于商业银行的（　　）。
A. 负债业务　　　B. 资产业务　　　C. 表外业务　　　D. 衍生产品交易业务

答案解析

1. 国际金融公司是专门向经济不发达成员国的私有企业提供贷款和投资的国际性金融组织，属于世界银行集团，总部设在华盛顿，1956年成立。故答案为B。

2. 中国人民银行是我国的中央银行。所谓中央银行，是指专门制定和实施货币政策、统一管理金融活动并代表政府协调对外金融关系的金融管理机构。故答案为A。

3. 国际清算银行领导下的常设监督机构称作巴塞尔银行监督委员会，致力于跨国性银行的监管工作。故答案为D。

4. 成员国认缴的基金份额是国际货币基金组织最主要的基金来源。故答案为B。

5. 在我国金融机构体系中，银行业一直占据着主要地位，商业银行是我国金融业的主体。故答案为A。

6. 金融资产管理公司是在特定时期，政府为解决银行业不良资产，由政府出资专门收购和集中处置银行业不良资产的机构。故答案为C。

7. 我国的财务公司是由大型企业集团成员单位出资组建，以加强企业集团资金集中管理和提高企业集团资金使用效率为目的，为企业集团成员单位提供财务管理的非银行金融机构。故答案为D。

8. 国际清算银行领导下的常设监督机构称作巴塞尔银行监督委员会，致力于跨国性银行的监管工作。故答案为A。

9. 1953年到1978年，"大一统"的金融机构体系的特征是：中国人民银行是全国唯一一家办理各项银行业务的金融机构，集中央银行和普通银行于一身。其内部实行高度集中管理，利润分配实行统收统支。故答案为B。

10. 中国人民银行是"发行的银行"垄断发行货币。故答案为D。

11. 中央银行在与商业银行等金融工具进行业务往来时，其主要目的是维护金融稳定、调控宏观经济，而不是盈利。故答案为C。

12. 政策性银行包括中国农业发展银行、中国进出口银行、国家开发银行。故答案为D。

13. 1994年，为了适应建立社会主义市场经济体制的需要，更好地发挥金融在国民经济中宏观调控和优化资源配置的作用，国务院决定建立在中央银行宏观调控之下的政策性金融

与商业性金融相分离的金融机构体系，为此建立了国家开发银行、中国农业发展银行、中国进出口银行，将各专业原有的政策性业务与经营性业务分离。故答案为 B。

14. 中国人民银行是我国的中央银行。故答案为 C。

15. 此知识点作为了解。答案为 A。

16. 经济资本是指银行内部风险管理人员根据银行所承担的风险计算出来的、银行需要保有的最低资本量。故答案为 D。

17. 银行贷款按质量的高低，可分为正常贷款、关注贷款、次级贷款、可疑贷款和损失贷款，后三类被称为不良贷款。故答案为 B。

18. 银行贷款按质量的高低，可分为正常贷款、关注贷款、次级贷款、可疑贷款和损失贷款，后三类被称为不良贷款。故答案为 C。

19. 汇兑结算是支付结算业务之一，支付结算业务属于表外业务。故答案为 C。

第八章

金融市场

第一节 金融市场概述

一、金融市场的概念

金融市场是指资金融通市场，是资金供应者和资金需求者双方通过信用工具进行交易而融通资金的市场，广而言之，是实现货币借贷和资金融通、办理各种票据和有价证券交易活动的市场。比较完善的金融市场定义是：金融市场是交易金融资产并确定金融资产价格的一种机制。

形成条件：
（1）商品经济高度发达，社会上存在着庞大的资金需求与供给。
（2）拥有完善和健全的金融机构体系。
（3）金融交易的工具丰富，交易形式多样化。
（4）有健全的金融立法。
（5）政府能对金融市场进行合理有效的管理。

二、金融市场的构成

金融市场应包括三个基本要素：资金供应者和资金需求者、信用工具、价格。

（一）资金供应者和资金需求者

资金供应者和资金需求者是指参与金融市场的交易活动而形成证券买卖双方的单位。既能向金融市场提供资金，也能从金融市场筹措资金。这是金融市场得以形成和发展的一项基本因素。包括政府部门、工商企业、金融机构和个人。

（二）信用工具

信用工具是在信用活动中产生，能够证明金融交易金额、期限和价格的书面文件，是金融市场上实现投资、融资活动必须依赖的标的。

特征：
（1）偿还性：是指债务人必须归还本金以前所经历的时间。
（2）流动性：是指金融工具迅速变为货币而不致遭受损失的能力。
（3）风险性（安全性）：是指购买金融工具的本金和预期收益所具有的风险程度或其安

全的保障程度。

(4) 收益率（营利性）：是指金融工具所取得的收益和本金的比率。

(三) 价格

金融市场的价格指它所代表的价值，即规定的货币资金及其所代表的利率或收益率的总和。

三、金融市场的类型

金融市场从不同的角度考察，可做以下分类。

(一) 按地理范围分

(1) 国际金融市场，由经营国际间货币业务的金融机构组成，其经营内容包括资金借贷、外汇买卖、证券买卖、资金交易等。

(2) 国内金融市场，由国内金融机构组成，办理各种货币、证券等业务活动。

(二) 按经营场所分

(1) 有形金融市场，指有固定场所和操作设施的金融市场。

(2) 无形金融市场，以营运网络形式存在的市场，通过电子电信手段达成交易。

(三) 按融资交易期限分

(1) 长期资金市场（资本市场），主要供应一年以上的中长期资金，如股票与长期债券的发行与流通。

(2) 短期资金市场（货币市场），是一年以下的短期资金的融通市场，如同业拆借、票据贴现、短期债券及可转让存单的买卖。

(四) 按交易性质分

(1) 发行市场，也称一级市场，是新证券发行的市场。

(2) 流通市场，也称二级市场，是已经发行、处在流通中的证券的买卖市场。

(五) 按交易对象分

同业拆借市场、贴现市场、大额定期存单市场、证券市场（包括股票市场和债券市场）、外汇市场、黄金市场和保险市场。

(六) 按交割期限分

(1) 金融现货市场，融资活动成交后立即付款交割。

(2) 金融期货市场，融资活动成交后按合约规定在指定日期付款交割。

按照上述各内在联系对金融市场进行科学系统的划分，是进行金融市场有效管理的基础。

第二节　金融工具

金融工具是指在金融市场中可交易的金融资产。人们可以用金融工具在市场中尤其是在不同的金融市场中发挥各种"工具"作用，以期实现不同的目的。比如：企业可以通过发行股票、债券达到融资的目的，股票、债券就是企业的融资工具等。

一、原生金融工具

原生金融工具亦称原生金融产品、原生金融商品、基础性金融工具、基础性金融商品、基础性金融产品,包括货币、外汇、存单、债券、股票,以及利率或债务工具的价格、外汇汇率、股票价格或股票指数、商品期货价格等。

原生金融工具是金融市场上最广泛使用的工具,也是衍生金融工具赖以生存的基础。

（一）票据

票据是指出票人依法签发的、约定自己或委托付款人在见票时或在指定日期向收款人或持票人无条件支付一定金额货币,并可以转让的有价证券。各种票据中最主要的是商业票据。

商业票据是商业信用的工具,是由企业签发的以商品和劳务交易为基础的短期无担保的债权债务凭证。

商业票据有三类：支票、本票和汇票,其中汇票较为复杂。汇票按出票人的不同,可以分为银行汇票和商业汇票；商业汇票又可以根据承兑人的不同,分为商业承兑汇票和银行承兑汇票。

（二）股票

股票是一种有价证券,它是股份有限公司公开发行的、用于证明投资者的股东身份和权益并据以获得股息和红利的凭证。股票一经发行,持有者即为发行股票的公司的股东,有权参与公司的决策、分享公司的利益；同时,也要分担公司的责任和经营风险。股票一经认购,持有者不能以任何理由要求退还股本,只能通过证券市场将股票转让和出售。

按股票所代表的股东权利划分,股票可分为普通股股票和优先股股票。普通股股票是最普通也是最重要的股票种类,普通股股票的股息随公司盈利多少而增减,还可以在公司盈利较多时分享红利。优先股股票是股份有限公司发行的具有收益分配和剩余财产分配优先权的股票,优先股股票根据事先确定的股息率优先取得股息,股息与公司的盈利状况无关,公司解散时,股东可优先得到分配的剩余资产。

知识拓展：我国的股票

我国的股票具有典型的中国特色。根据股票上市地点及股票投资者的不同,可以将我国上市公司股票分为A股、B股、H股、F股等几种。A股是以人民币标明面值、以人民币认购和进行交易、供国内投资者买卖的股票。B股又称人民币特种股票,是指以人民币标明面值、以外币认购和进行交易、专供外国和我国香港、澳门、台湾地区的投资者买卖的股票。从2001年2月28日开始,国内居民也被允许用银行账户的外汇存款购买B股。H股是指由中国境内注册的公司发行、直接在香港上市的股票。F股是指我国股份公司在海外发行上市流通的普通股票。

（三）债券

债券是债务人向债权人出具的、在一定时期支付利息和到期归还本金的债权债务凭证,上面载明债券发行机构、面额、期限、利率等。根据发行人的不同,债券可分为企业债券、政府债券和金融债券三大类。

1. 企业债券

企业债券又称公司债券,是企业为筹集资金而发行的债务凭证。

2. 政府债券

政府债券是国家根据信用原则举借债务的借款凭证。政府债券按偿还期的不同，可分为短、中、长期债券。1年以内的短期政府债券通常称为国库券；1年以上的中、长期政府债券称为公债券，是长期资金市场中的重要金融工具。由中央政府发行的称为国家公债券或国库券，由地方政府发行的称为地方公债券。

3. 金融债券

金融债券是银行或其他金融机构作为债务人发行的借债凭证，目的是筹措中、长期贷款的资金来源，同时也用于资产负债的管理，形成资产与负债的最佳组合。

（四）基金

基金是债务人向债权人出具的、在一定时期支付利息和到期归还本金的债权债务凭证，上面载明债券发行机构、面额、期限、利率等。目前，基金在许多国家都受到投资者的广泛欢迎。

二、衍生金融工具

衍生金融工具是指在一定的原生金融工具或基础性金融工具上派生出来的金融工具。

（一）基本特征

1. 跨期交易

衍生金融工具是为了规避或防范未来价格、利率、汇率等变化风险而创设的合约，合约标的物的实际交割、交收或清算都约定在未来的时间进行。跨期可以是即期与远期的跨期，也可以是远期与远期的跨期。

2. 杠杆效应

衍生金融工具具有以小博大的能量，借助不到合约标的物市场价值5%~10%的保证金，或者支付一定比例的权益费而获得一定数量合约标的物在未来时间交易的权限。无论是保证金还是权益费，与合约标的物价值相比都是很小的数目，衍生工具交易相当于以0.5~1折买到商品或金融资产，具有10~20倍的交易放大效应。

3. 高风险性

衍生金融工具价格变化具有显著的不确定性，由此给衍生金融工具的交易者带来的风险也是很高的，无论是买方还是卖方，都要承受未来价格、利率、汇率等波动造成的风险。

4. 合约存续的短期性

衍生金融工具的合约都有期限，从签署到失效的这段时间为存续期。衍生工具的存续期一般不超过1年。

（二）分类

主要有金融远期合约、金融期货、金融期权、金融互换四大类。

1. 金融远期合约

金融远期合约是指交易双方在场外市场上通过协商，按约定价格（称为"远期价格"）在约定的未来日期（交割日）买卖某种标的金融资产（或金融变量）的合约。金融远期合约规定了将来交割的资产、交割的日期、交割的价格和数量，合约条款根据双方需求协商确定。金融远期合约主要包括远期利率协议、远期外汇合约和远期股票合约。

2. 金融期货

金融期货是指买卖双方在有组织的交易所内以公开竞价的形式达成的，在将来某一特定时间交收标准数量特定金融工具的协议。金融期货一般分为三类，即外汇期货、利率期货和股票指数期货。

（1）外汇期货。

外汇期货是以汇率为标的物的期货合约。外汇期货合约是由交易双方订立的，约定在未来日期成交时所确定的汇率交割一定数量的某种外汇的标准化合约。

（2）利率期货。

利率期货是以利率为标的物的期货合约。它可以回避银行利率波动所引起的证券价格变动的风险。利率期货的种类繁多，分类方法也有多种。通常，按照合约标的的期限，利率期货可分为短期利率期货和长期利率期货两大类。

（3）股票指数期货。

股票指数期货简称股指期货。股指期货就是将某一股票指数视为一个特定的、独立的交易品种。开设其对应的标准期货合约，并在保证金交易（或杠杆交易）体制下，进行买空、卖空交易，通常股指期货都使用现金交割。期货交易是交易双方通过买卖期货合约并根据合约规定的条款，约定在未来某一特定时间和地点，以某一特定价格买卖某一特定数量和质量的标的物的交易。

3. 金融期权

金融期权是指合约买方向卖方支付一定的费用，在约定日期内（或约定日期）享有按事先确定的价格向合约卖方买卖某种金融工具的权利的契约。场内交易的金融期权主要包括股票期权、利率期权和外汇期权。

（1）股票期权。股票期权指买方在交付了期权费后即取得在合约规定的到期日或到期日以前按协议价买入或卖出一定数量相关股票的权利。

（2）利率期权。利率期权是一种与利率变化挂钩的期权，到期时以现金或者与利率相关的合约（如利率期货、利率远期或者政府债券）进行结算。

（3）外汇期权。外汇期权又称货币期权（Currency Option），是一种选择契约，其持有人即期权买方享有在契约届期或之前以规定的价格购买或销售一定数额某种外汇资产的权利，而期权卖方收取期权费，则有义务在买方要求执行时卖出（或买进）期权，买方买进（或卖出）的该种外汇资产。

4. 金融互换

金融互换是指两个或两个以上的当事人按共同商定的条件，在约定的时间内定期交换现金流的金融交易。金融互换可分为货币互换、利率互换、股权互换、信用违约互换等类别。其主要功能有以下几个。

（1）通过金融互换可在全球各市场之间进行套利，从而一方面降低筹资者的融资成本或提高投资者的资产收益，另一方面促进全球金融市场的一体化。

（2）利用金融互换，可以管理资产负债组合中的利率风险和汇率风险。

（3）金融互换为表外业务，可以逃避外汇管制、利率管制及税收限制。

第三节 货币市场

一、货币市场的概念

货币市场是指以短期金融工具为媒介而进行的一年期以内的资金交易活动的总称。在我国称作短期资金市场。因短期资金市场交易的金融工具期限短、变现力强,近似于货币(可称准货币),故称之为货币市场。

二、货币市场的种类

(一) 同业拆借市场

同业拆借是指金融机构之间以货币借贷方式相互融通短期资金的资金通融活动。

特点:融资期限短,交易手续简单,凭信用进行交易,交易金额大。

(二) 票据市场

票据市场是指在商品交易和资金往来过程中产生的以汇票、本票和支票的发行、担保、承兑、贴现、转贴现、再贴现来实现短期资金融通的市场。

(三) 大额可转让定期存单市场

大额可转让定期存单市场是指发行和转让大额定期存单的市场。

特点:

(1) 期限短,一般都在一年以内。

(2) 面额固定,起点高。

(3) 利率比同期限的定期存款高。

(4) 不记名,可自由转让。

发行方式:批发式发行、零售式发行。

(四) 回购协议市场

回购协议市场是指资金余缺双方通过签订证券回购协议融通资金的市场。

第四节 资本市场

一、资本市场概述

资本市场是长期资金市场,是指证券融资和经营一年以上的资金借贷和证券交易的场所,也称中长期资金市场。

交易对象:股票、债券和证券投资基金。

相关特点:

(1) 融资时间长,至少在1年以上,也可以长达几十年,甚至无到期日。

(2) 流动性差、在资本市场上筹集到的资金多用于解决中长期融资需求,故流动性和变现性相对较弱。

(3) 风险大。由于融资期限较长，发生重大变故的可能性也大，市场价格容易波动，投资者需承受较大风险。同时，作为对风险的报酬，其收益也较高。在资本市场上，资金供应者主要是储蓄银行、保险公司、信托投资公司及各种基金和个人投资者；而资金需求方主要是企业、社会团体、政府机构等。其交易对象主要是中长期信用工具，如股票、债券等。资本市场主要包括中长期信贷市场与证券市场，资金借贷量大，价格变动幅度大。

知识拓展：我国的资本市场

成熟的多层次资本市场，应当能够同时为大、中、小型企业提供融资平台和股份交易服务，在市场规模上，则体现为"金字塔"结构。我国的资本市场从1990年沪、深两市开办至今，已经形成了主板、中小板、创业板、三板（含新三板）市场、产权交易市场、股权交易市场等多种股份交易平台，具备了发展多层次资本市场的雏形。

主板市场存在于上海和深圳两家证券交易所，是开办最早、规模最大、上市标准最高的市场。中小板市场开办于2004年5月17日，由深圳证券交易所承办，是落实多层次资本市场建设的第一步。

创业板市场启动于2009年3月31日，是深圳证券交易所筹备10年的成果，开办目的是为创新型和成长型企业提供金融服务，为自主创新型企业提供融资平台，并为风险投资企业和私募股权投资者建立新的退出机制。三板（含新三板）市场、产权交易市场、股权交易市场是上海、深圳两家证券交易所之外的交易市场，亦即我国的场外交易市场。

二、股票市场

股票市场是股票发行和交易的场所，包括发行市场和流通市场两部分。股份公司通过面向社会发行股票，迅速集中大量资金，实现生产的规模经营；而社会上分散的资金盈余者本着"利益共享、风险共担"的原则投资股份公司，谋求财富的增值。

（一）股票的特征

1. 不可偿还性

股票是一种无偿还期限的有价证券，投资者认购了股票后，就不能要求退股还资。股票的转让只意味着公司股东的改变，并不减少公司资本。

2. 收益性

股东凭其持有的股票，有权从公司领取股息或红利，获取投资的收益。股息或红利的多少，主要取决于公司的盈利水平和公司的盈利分配政策。股票的收益性，还表现在股票投资者可以获得价差收入或实现资产保值增值。通过低价买入和高价卖出股票，投资者可以赚取价差利润。以美国可口可乐公司股票为例，如果在1983年年底投资1 000美元买入该公司股票，到1994年7月便能以11 554美元的市场价格卖出，赚取10倍多的利润。在通货膨胀时，股票价格会随着公司原有资产重置价格上升而上涨，从而避免了资产贬值，股票通常被视为在高通货膨胀期间可优先选择的投资对象。

3. 流通性

股票的流通性是指股票在不同投资者之间的可交易性。流通性通常以可流通的股票数量、股票成交量以及股价对交易量的敏感程度来衡量。可流通股数越多，成交量越大，价格对成交量越不敏感（价格不会随着成交量一同变化），股票的流通性就越好，反之就越差。

4. 风险性

股票在交易市场上作为交易对象，同商品一样，有自己的市场行情和市场价格。由于股票价格要受到诸如公司经营状况、供求关系、银行利率、大众心理等多种因素的影响，其波动有很大的不确定性。正是这种不确定性，有可能使股票投资者遭受损失。价格波动的不确定性越大，投资风险也越大。因此，股票是一种高风险的金融产品。

5. 参与性

股东有权出席股东大会，选举公司董事会，参与公司重大决策。股票持有者的投资意志和享有的经济利益，通常通过出席股东大会来行使股东权。股东参与公司决策的权力大小，取决于其所持有的股份的多少。从实践中看，只要股东持有的股票数量达到左右决策结果所需的实际多数时，就能掌握公司的决策控制权。

（二）股票发行市场

1. 股票发行市场的特点

一是无固定场所，可以在投资银行、信托投资公司和证券公司等处发生，也可以在市场上公开出售新股票；二是没有统一的发行时间，由股票发行者根据自己的需要和市场行情走向自行决定何时发行。

2. 股票发行方式

在各国不同的政治、经济、社会条件下，特别是金融体制和金融市场管理的差异使股票的发行方式也多种多样。根据发行的对象不同分为公开发行和不公开发行，根据发行者推销出售股票的方式不同分为直接发行与间接发行。

3. 股票发行价格

一是面值发行，二是溢价发行，三是折价发行，四是时价发行，五是中间价发行。

（三）股票流通市场

1. 定义

股票流通市场是已发行的股票进行买卖交易的场所。股票行市是指在股票流通市场上买卖股票的价格，股票行市取决于两个基本因素：一是证券收益，二是当时的市场利率。股票行市的计算公式为：股票行市＝股票预期收益/市场利息率。

2. 股票流通市场体系

场内交易市场，场外交易市场（店头市场、第三市场、第四市场）。

三、债券市场

债券市场是发行和买卖债券的场所，是金融市场的一个重要组成部分。债券市场是一国金融体系中不可或缺的部分。

一个成熟的债券市场可以为全社会的投资者和筹资者提供低风险的投融资工具；债券的收益率曲线是社会经济中一切金融商品收益水平的基准，因此债券市场也是传导中央银行货币政策的重要载体。可以说，统一、成熟的债券市场构成了一个国家金融市场的基础。

（一）根据债券的运行过程和市场的基本功能划分

根据债券的运行过程和市场的基本功能划分，可将债券市场分为发行市场和流通市场。

1. 债券发行市场

债券发行市场又称一级市场，是发行单位初次出售新债券的市场。债券发行市场的作用是将政府、金融机构以及工商企业等为筹集资金向社会发行的债券，分散发行到投资者手中。

2. 债券流通市场

债券流通市场又称二级市场，指已发行债券买卖转让的市场。债券一经认购，即确立了一定期限的债权债务关系，但通过债券流通市场，投资者可以转让债权，把债券变现。

债券发行市场和流通市场相辅相成，是互相依存的整体。发行市场是整个债券市场的源头，是债券流通市场的前提和基础。发达的流通市场是发行市场的重要支撑，流通市场的发达是发行市场扩大的必要条件。

（二）根据市场组织形式、债券流通方式划分

根据市场组织形式、债券流通方式划分，市场可进一步分为证券交易所和场外交易市场。

1. 证券交易所

证券交易所是专门进行证券买卖的场所，如我国的上海证券交易所和深圳证券交易所。在证券交易所内买卖债券所形成的市场，就是场内交易市场，这种市场组织形式是债券流通市场的较为规范的形式。交易所作为债券交易的组织者，本身不参加债券的买卖和价格的决定，只是为债券买卖双方创造条件，提供服务，并进行监管。

2. 场外交易市场

场外交易市场是在证券交易所以外进行证券交易的市场。柜台市场为场外交易市场的主体。许多证券经营机构都设有专门的证券柜台，通过柜台进行债券买卖。在柜台交易市场中，证券经营机构既是交易的组织者，又是交易的参与者，此外，场外交易市场还包括银行间交易市场，以及一些机构投资者通过电话、电脑等通信手段形成的市场等。我国债券流通市场由三部分组成，即沪深证券交易所市场、银行间交易市场和证券经营机构柜台交易市场。

四、投资基金市场

（一）概念

投资基金市场是进行证券投资基金认购、申购和赎回的市场，即进行投资资金发售和交易的市场，是证券市场的一部分。

纵观世界各国投资基金市场的发展史可以看出，投资基金市场之所以能够成为业界金融市场中不可缺少的组成部分，一方面是因为投资基金作为一种投资工具所固有的特点和独特优势，另一方面是因为各国加强对投资基金市场的监管。投资基金市场由小到大，由不规范走向规范化发展，并非一帆风顺，曾经有过因监管不力而带来的沉痛教训。

目前投资基金市场较为发达的英、美、日等国无不得益于基金监管水平的不断提高，而监管水平的高低在很大程度上又取决于其基金监管体系的建立和完善程度。由于各国的国情及所处的具体条件和状况以及对投资基金市场发展的目标要求不同，基金市场监管主体的选择和监管手段的运用也表现出明显的差异，因而在实践中形成了各具特色的投资基金市场监管模式。

知识拓展：集合投资制度的发展

投资基金是一种集合投资制度，也是过去20年来市场经济国家发展最迅速的大众金融投资工具，在许多发达国家已经成为与银行、保险并列的三大金融业支柱。在中国，直接投

资基金又流行称为产业投资基金。这是因为,中国投资基金的实践,最早是从设立境外产业投资基金开始的。

从20世纪80年代中后期开始,在境外陆续设立了许多主要投资于境内企业或项目的直接投资基金,其投资领域一般都限制在某个特定行业(如电力、收费公路、高科技等)。这些基金在中国境内的投资被计入外商直接投资。1995年,国务院批准中国人民银行颁布了《设立境外中国产业投资基金管理办法》,这是中国关于投资基金的第一个全国性法规。

中国内地投资基金业的发展,从1992年前后起步。1991—1997年,全国先后设立投资基金79只,资产总规模约90亿元人民币。1997年11月,国务院证券委员会发布了《证券投资基金管理暂行办法》。1998年4月,证监会开始依法组织证券投资基金试点,并于1999年3月起按照国务院的要求,对1997年以前设立的老基金进行了清理规范。2003年10月,《证券投资基金法》颁布,并于2004年6月1日正式施行。

(二)基金种类

(1)按照基金组织形式的不同,基金可分为契约型基金和公司型基金。

(2)按照基金在存续期内基金份额是否可以变动为标准,基金可分为封闭式基金和开放式基金。

(3)根据投资目标和风险差异,基金可分为三种:成长型基金、收入型基金和平衡性基金。

(4)根据投资标的不同,基金可分为国债基金、股票基金、货币市场基金、黄金基金、衍生证券投资基金、指数基金和对冲基金。

(5)按其投资目标、投资对象以及投资策略的不同大致可以分为以下四种基本类型。

股票基金:主要投资于股票,高风险高收益。

混合基金:分散投资于股票、债券和货币市场工具,风险和收益水平都适中。

债券基金:主要投资于债券,以获取固定收益为目的。风险和收益都较股票型基金小得多。

货币市场基金:仅仅投资于货币市场工具,收益稳定,风险极低。

第五节 外汇市场与黄金市场

一、外汇市场

(一)外汇市场的概念

外汇市场,是指经营外币和以外币计价的票据等有价证券买卖的市场,是金融市场的主要组成部分。静态的外汇又分为广义的外汇和狭义的外汇。广义的外汇是外国外汇管理法所称的外汇。狭义的外汇是指以外币表示的用于国际结算的支付手段。总之,外汇市场是指经营外币和以外币计价的票据等有价证券买卖的市场,是金融市场的主要组成部分。

(二)外汇市场的参与者和交易方式

外汇市场的主要参与者有以下几类。

1. 外汇银行

外汇银行是外汇市场的首要参与者,具体包括专业外汇银行和一些由中央银行指定的没有外汇交易部的大型商业银行两部分。

2. 中央银行

中央银行是外汇市场的统治者或调控者。

3. 外汇经纪人

外汇经纪人是存在于中央银行、外汇银行和顾客之间的中间人，他们与银行和顾客都有着十分密切的联系。

4. 顾客

在外汇市场中，凡是在外汇银行进行外汇交易的公司或个人，都是外汇银行的顾客。

（三）外汇市场交易的三个层次

外汇市场的交易层次主要有以下几种：外汇银行与外汇经纪人或客户之间的外汇交易；同一外汇市场上各外汇银行之间的外汇交易；不同外汇市场上各外汇银行之间的外汇交易；中央银行与外汇银行之间的外汇交易；各中央银行之间的外汇交易。

二、黄金市场

黄金市场是买卖双方集中进行黄金买卖的交易中心，提供即期交易和远期交易，允许交易商进行实物交易或者期权期货交易，以投机或套期保值，是各国完整的金融市场体系的重要组成部分。

1. 按照黄金市场所起的作用和规模划分为主导性市场和区域性市场

主导性黄金市场是指国际性集中的黄金交易市场，其价格水平和交易量对其他市场都有很大影响。

2. 按照交易类型和交易方式的不同划分为现货交易市场和期货交易市场

黄金现货交易基本上是即期交易，在成交后即交割或者在两天内交割。

3. 按有无固定场所划分为无形黄金交易市场和有形黄金交易市场

无形黄金交易市场，主要指黄金交易没有专门的交易场所；有形黄金交易市场主要指黄金交易是在某个固定的地方进行交易的市场。

4. 按交易管制程度划分为自由交易市场和限制交易市场

自由交易市场是指黄金可以自由输出、输入，而且居民和非居民都可以自由买卖的黄金市场，如苏黎世黄金市场。

知识拓展：我国的黄金市场

以上海黄金交易所为例，作为我国唯一的黄金场内交易所，2005年该所年黄金交易量突破900吨，交易金额首次突破1 000亿元人民币。但与世界上最大的黄金市场——伦敦黄金市场相比，上海黄金交易所的交易量不足其1%。原因在于：上海黄金交易所为场内交易，并以实物黄金为主；而伦敦黄金市场则是场外交易，并且其黄金现货延期交割的交易模式，吸引了大量的机构和个人投资者参与进来，因此造就了全球最为活跃的黄金市场。

中国黄金市场又是一个相对封闭的市场，黄金交易所的外资会员实行较为严格的审批。就场内交易而言，目前上海黄金交易所的交易品种单一，交易机制不健全。反观国际主要金市场，场内交易的主流品种即是黄金期货，从纽约商品交易所到东京工业品交易所，其黄金期货品种引导着市场对黄金价格定位和预期。中国人民银行行长周小川2004年9月在伦敦金银市场协会（LBMA）上海年会上就曾表示中国黄金市场应当逐步实现三个转变：由商品交易为主向金融交易为主的转变、由现货交易为主向期货交易为主的转变、由国内市场向国际市场的转变。这段话概括了中国黄金市场的现状和特点——以实物现货为主，市场封闭；同时也为其未来的发展趋势做了指引——黄金金融衍生产品为主要交易方式的国际性黄金市场。中国黄金消费量连年增长，于 2013 年超过印度，成为全球最大黄金消费国。截至 2014 年 2 月 16 日，中国已经发展成为当今全球增长最快的黄金市场。

我们相信，中国黄金市场在经历十几年的发展后，将逐步成为占据主导地位的国际黄金市场。我们深信，黄金市场必将成为我国除股票、期货、外汇市场之外的第四大金融投资市场。

课后练习题

（一）单项选择题

1. 债券的票面年收益与票面金额的比率是债券的（　　）。
   A. 到期收益率　　B. 持有期收益率　　C. 现时收益率　　D. 名义收益率
2. 某一时点上基金资产的总市值扣除负债后的余额是（　　）。
   A. 基金净值　　B. 单位净值　　C. 基金价格　　D. 基金收益
3. 上海证券交易所实行的交易制度是（　　）。
   A. 做市商交易制度　　　　　　B. 报价驱动制度
   C. 竞价交易制度　　　　　　　D. 协议交易制度
4. 债券的票面年收益与当期市场价格的比率为（　　）。
   A. 现时收益率　　　　　　　　B. 名义收益率
   C. 持有期收益率　　　　　　　D. 到期收益率
5. 基金份额总数可变且投资者可在每个营业日申购或赎回基金份额的是（　　）。
   A. 公司型基金　　B. 契约型基金　　C. 开放式基金　　D. 封闭式基金
6. 某上市公司股票的初始发行价为 8 元，若该股票某日的收盘价为 12 元，每股盈利为 0.5 元，则该股票的市盈率为（　　）。
   A. 16　　B. 24　　C. 4　　D. 6
7. 金融互换合约产生的理论基础是（　　）。
   A. 比较优势理论　　B. 对价理论　　C. 资产组合理论　　D. 合理预期理论
8. 金融期货合约的特点不包括（　　）。
   A. 在交易所内交易　　B. 流动性强　　C. 采取盯市原则　　D. 保证金额高
9. 允许期权持有者在期权到期日前的任何时间执行期权合约的是（　　）。
   A. 日式期权　　B. 港式期权　　C. 美式期权　　D. 欧式期权
10. 下列不属于金融衍生工具市场功能的是（　　）。
    A. 价格发现　　B. 套期保值　　C. 投机获利　　D. 融通资金
11. 如果到期时间和执行价格一样，那么美式期权的价格（　　）。
    A. 通常高于欧式期权的价格
    B. 通常低于欧式期权的价格
    C. 通常高于买入期权的价格
    D. 通常低于买入期权的价格

12. 如果预期标的物价格上升，那么投资者可以选择（　　）。
   A. 购买买进期权　　B. 购买卖出期权　　C. 售出买进期权　　D. 售出标的物

13. 关于期货合约表述正确的是（　　）。
   A. 可以用来套期保值，但不能用来投机
   B. 可以用来投机，但不能用来套期保值
   C. 既可用来套期保值，又可用来投机
   D. 既不能用来套期保值，又不能用来投机

14. 对期权合约的购买者来说，（　　）。
   A. 买进期权的风险有限，卖出期权的风险无限大
   B. 买进期权的风险无限大，卖出期权的风险有限
   C. 买进期权和卖出期权的风险都无限大
   D. 买进期权和卖出期权的风险都有限

（二）计算题

1. 某基金于2000年3月1日发行，基金单位净值为1元，发行总份数为100亿份。到2012年6月8日，该基金的总资产市值为160亿元，无负债。其间，该基金共有6次分红，每份基金累计分红1元。试计算该基金在2012年6月8日的单位净值与累计单位净值。

2. 某外贸企业预计9月1日有200万美元的收入。为防止美元汇率下跌蒙受损失，该公司于当年6月3日买入1份9月1日到期、合约金额为200万美元的美元看跌期权（欧式期权），协定汇率为1美元=6.6元人民币，期权费为6万元人民币。若该期权合约到期日美元即期汇率为1美元=6.5元人民币。请问该公司是否会执行期权合约？并请计算此种情况下该公司的人民币收入。

3. 2010年1月1日，某人在中国建设银行存入一年期定期存款20万元，若一年期定期存款年利率为2.25%，单利计息，请计算此人存满一年可得的利息额。若2010年通货膨胀率为3.3%，请计算此人此笔存款的实际收益率。

4. 某期限为60天的凭证式国库券每张面额10 000元，采取贴现方式发行，若年收益率为3%，请计算该国库券的实际发行价格（一年按360天计算）。

答案解析

（一）单项选择题

1. 名义收益率＝票面年收益/票面金额。故答案为D。
2. 基金净值也称为基金资产净值，是指某一时点上基金资产的总市值扣除负债后的余额，代表了基金持有人的权利。故答案为A。
3. 上海证券交易所规定，采用竞价交易制度。记忆性的知识。故答案为C。
4. 现时收益率＝票面年收益/当期市场价格。故答案为A。
5. 开放式基金是指基金可以无限地向投资者追加发行基金份额，并且随时准备赎回发行在外的基金份额，因此基金份额总数是不固定的。故答案为C。
6. 市盈率＝每股市价/每股盈利。故答案为B。
7. 比较优势理论是金融互换合约产生的理论基础。故答案为A。

8. 金融期货合约的特点如下：金融期货合约都在交易所内进行交易，交易双方不直接交易，而是各自跟交易所的清算部或专设的清算公司结算；金融期货合约具有很强的流动性；金融期货交易采取盯市原则，每天进行结算。故答案为 D。

9. 美式期权允许期权持有者在期权到期日前的任何时间执行期权合约。故答案为 C。

10. 金融衍生工具市场的功能：价格发现功能、套期保值功能、投机获利手段。故答案为 D。

11. 美式期权灵活性高，可以随时行使期权，对于期权的卖方来说，美式期权比欧式期权使他承担着更大的风险，他必须随时为履约做好准备，因此在其他情况一定时，美式期权的期权费通常比欧式期权的期权费要高一些。故答案为 A。

12. 如果预期标的物价格上升，那么投资者可以选择购买买进期权。上升就买进，下降就卖出。故答案为 A。

13. 从期货合约的特点上总结出：金融期货合约既可以用来套期保值，又可以用来投机。故答案为 C。

14. 从金融期权合约的盈亏风险承担中得知：合约的买方损失有限（以期权费为限），盈利可能无限。所以对期权合约的购买者来说，买进期权和卖出期权的风险都是有限的。故答案为 D。

(二) 计算题

1. 答：基金单位净值 = 基金资产净值 ÷ 基金总份数 = 160 ÷ 100 = 1.6（元）。

基金累计单位净值 = 基金单位净值 + 基金成立后累计单位派息金额 = 1.6 + 1 = 2.6（元）。

2. 答：执行后的收益 = 200 × 6.6 − 6 = 1 314（万元人民币）。

不执行的收益 = 200 × 6.5 = 1 300（万元人民币）。

执行后的收益大于不执行，因此该公司会执行期权合约，此种情况下该公司的人民币收入为 1 314 万元人民币。

3. 存满一年可得的利息额 = 本金 × 利率 × 期限 = 20 × 2.25% × 1 = 0.45（万元）。

实际收益率 = 名义利率 − 通货膨胀率 = 2.25% − 3.3% = −1.05%。

4. 实际发行价格 = 10 000 × (1 − 3% × 60/360) = 9 950（元）。

第九章

货币供求

第一节 货币供应

一、货币层次

货币层次,也称为货币分层,是指各国中央银行在确定货币供给的统计口径时,以金融资产流动性的大小作为标准,并根据自身政策目的的特点和需要,划分了货币层次。货币层次的划分有利于中央银行进行宏观经济运行监测和货币政策操作。货币层次的划分不是从来都有的,部分发达国家从20世纪60年代开始才划分货币层次。而划分的目的主要是便于中央银行控制货币供给,而且在划分标准的问题上,各国经济学者都有不同的见解和说法。

要讨论货币层次的问题,首先必须弄明白的是货币的范围。在很多国家的货币统计指标中,货币的范畴不仅囊括了流通中的纸币和辅币,还包括银行存款,甚至包括有价证券和电子货币等。在一般情况下,银行存款、有价证券等,与货币定义颇为相似但又被排除在货币定义之外,均称为准货币,而通货又只是货币的一部分。可见货币包含的范围很大很广,因此货币可以划分为许多层次。各国有各自的划分标准,而且就是同一国家在不同时期的货币层次划分方法也有可能有差别。基本思路是按照货币的流动性来划分的。

流动性是指金融资产转化为现金或活期存款的能力,也就是金融资产变为现实的流通手段和支付手段的能力。其转换为现金和活期存款的成本越低、时间越短,则流动性越强,货币层次也就越高;反之,则货币层次越低。

(一)国际货币基金组织关于货币层次的划分

M0 = 银行体系以外的现钞和铸币。

M1 = M0 + 商业银行的活期存款 + 其他活期存款。

M2 = M1 + 准货币(定期存款和政府债券)。

(二)中国人民银行于1994年第三季度开始,正式确定并按季公布货币供应量指标,根据国际通用的按货币流动性的强弱进行货币划分的原则,结合我国国情,我国的货币供应量划分为以下四个层次

M0 = 流通中的现金。

M1 = M0 + 企业活期存款 + 机关团体部队存款 + 个人持有的信用卡类存款。

M2 = M1 + 城乡居民储蓄存款 + 企业存款中具有定期性质的存款 + 外币存款 + 信托类

存款。

M3 = M2 + 金融债券 + 商业票据 + 大额可转让定期存单。

其中，M1 是通常所说的狭义货币量，流动性较强，是国家中央银行的重点调控对象。M2 是广义货币量，M2 与 M1 的差额是准货币，流动性较弱。M3 是考虑到金融创新的现状而设立的，暂未测算。

我国货币层次划分的流动性标准是以该金融资产的国内流动性为基础的。关于中美之间货币分层的一些区别：中美两国的 M 系统，若 M1 数值相同，则美国的有实际经济意义的现钞就是 M1，而中国有实际经济意义的现钞则要远远小于 M1。这个差别使中国经济单位没有足够的流通货币，而美国相对于中国则有充裕的货币。

造成这个差别的原因在于，中国的支票不能直接兑换成现钞，尽管它是货币。

再比如在 M2 项目下，若 M2 相同，则中国的储蓄额很大，但流通的、有实际经济意义的货币却很少，因为中国的 M2 被高额储蓄占掉了，而美国却几乎全部是 M1（美国储蓄率很低），实际也就是全是 M0，即绝大部分是现钞，市场有经济意义的货币充足。而中国却是市场严重缺少有实际经济意义的货币。

这就是美国一直倾向于使用 M2 来调控货币的原因。

因此，同样的 M2、M1、M0 水准，美国的 M 体系有较为充足的且具有实际经济意义的货币。

此外，我国把流通中的现金单独列为一个层次的原因是：与西方国家相比。我国的信用制度还不够发达，现金在狭义货币供应量 M1 中占 30% 以上，流通中现金的数量对我国消费品市场和零售物价的影响很大，现金的过度发行会造成物价上涨。

如果中国金融改革仅仅改变这个 M 系统，则中国实际有经济意义的货币就将增加十万亿以上（储蓄转成支票，支票可自由兑换现钞），而货币总量却不需要任何改变。

二、货币创造

货币创造在现代的货币体系中，一般由中央银行发行货币，但是商业银行负责吸收存款和发放贷款。商业银行在向中央银行缴纳一定的准备金后，可以将剩余资金贷给企业部门。企业得到贷款后又会将其中一部分存入这家商业银行或者其他商业银行。接着，商业银行可以再将其中的一部分作为贷款发放取出。如此反复，最终社会中形成的购买力将是中央银行发行货币的若干倍。这个过程，称为货币创造。

（一）商业银行创造存款货币的过程

商业银行是存款货币创造的主体。商业银行的活期存款总额由原始存款和派生存款共同构成。原始存款一般是指商业银行接受的客户以现金方式存入的存款和中央银行对商业银行的再贴现或再贷款而形成的准备金存款。原始存款是商业银行从事资产业务的基础，也是扩张信用的源泉。

派生存款指银行由发放贷款而创造出的存款，是原始存款的对称，是原始存款的派生和扩大，是指由商业银行发放贷款、办理贴现或投资等业务活动引申而来的存款。而派生存款产生的过程，就是各级商业银行吸收存款、发放贷款、转账结算，不断地在各银行存款户之间转移，形成新的存款额，最终导致银行体系存款总量增加的系列过程。用公式表示：

$$派生存款 = 原始存款 \times (1 \div 法定准备金率 - 1)$$

要理解商业银行体系如何创造存款,我们通过一个虚拟的例子来说明。假定商业银行的准备金率为20%。首先,假设某储户A,把10 000元现金存入某商业银行(简称为银行1),银行1按20%提留2 000元作为准备金,而将其余8 000元用于贷款或购买各种债券。比如,它将这8 000元放贷给B,B把8 000元用于购买衣服,结果这8 000元到了衣服销售者C的手中,我们假设C把钱全部存入银行2;这样,银行2增加8 000元存款,然后,它留下20%的准备金,即1 600元,把其余的6 400元放贷给农户D,农户D用之购买肥料,结果这6 400元流到了肥料销售商E的手中,E把它存入银行3,这样,银行3增加了6 400元的存款。银行3把1 280元留下,其余也放贷出去……这个过程一直可以持续下去。存款派生过程如表9-1所示。

表9-1 存款派生过程

银行名称	存款增加金额	准备金	贷款增加金额
银行1	10 000	2 000	8 000
银行2	8 000	1 600	6 400
银行3	6 400	1 280	5 120
银行4	5 120	1 024	4 096
…	…	…	…
银行10	1 342.18	268.44	1 073.74
合计	50 000	10 000	40 000

由表9-1可知,在部分准备金制度下,1万元的原始存款,银行体系创造货币的结果将是最初1万元新增现金的10倍,达到10万元。我们把10倍称为货币供给乘数。它是法定准备金的倒数。用公式表示:

存款总额 = 原始存款 × (1 ÷ 法定存款准备金率)

由上式得知,决定存款总额多少的两大因素:一是原始存款。原始存款越大,则往下派生数额也越大,两者成正比。二是法定存款准备金率。如果法定存款准备率高,往下派生数额相对减少;反之,派生数额相对增加,两者成反比。

除此之外,在现实经济生活中,还存在着两个事实:第一,在全部的银行存款中,还存在一部分储户取出的现金,所形成的提现率;第二,银行除了保留法定存款准备金之外,为了应对支付的需要,往往还需要保留一部分存款备付金,即超额准备金。考虑到存在的这两个事实,则可得公式:

存款总额 = 原始存款 × [1 ÷ (法定存款准备金率 + 提现率 + 超额准备金率)]

由上式可知,商业银行创造存款货币时的主要制约因素:

(1) 法定存款准备金率:商业银行必须从其吸收的存款中按一定比例提取法定存款准备金,上缴中央银行,商业银行不得动用。这部分资金就是法定存款准备金。法定存款准备金占全部活期存款的比例就是法定存款准备金率。

(2) 提现率:商业银行活期存款的提现率又称现金漏损率,是指现金漏损与银行存款总额的比率,这也是影响存款扩张倍数的一个重要因素。

(3) 超额准备金率:商业银行为了安全和应付意外,实际持有的资金准备金常常多于法定存款准备金,从而形成了超额准备金。这是指商业银行超过法定存款准备金而保留的准备金,超额准备金占全部活期存款的比率就是超额准备金率。

(二) 中央银行的货币创造

中央银行发行的货币称为基础货币。基础货币,又叫高能货币或强力货币,通常指创造存款货币的商业银行在中央银行的存款准备金与流通于银行体系之外的现金之和。用公式表示:

基础货币 = 法定准备金 + 超额准备金 + 银行系统的库存现金 + 社会公众手持现金

这个基础货币是决定货币流通量的基本要素。由前述公式可知,影响商业银行创造派生存款货币能力的一个重要因素就是原始存款的数量,而这些原始存款正是来源于中央银行创造和提供的基础货币。中央银行加大投放基础货币量,那么商业银行必然会多倍增加贷款和存款量。

中央银行投放基础货币有以下几个渠道:一是再贷款和再贴现。两者都由中央银行向商业银行提供,对商业银行来说,中央银行再贷款和再贴现即是重要的资金来源。二是中央银行收购居民手中持有的外汇,直接向流通中投放现金。三是收购个人持有的黄金。四是购买有价证券。除第一种方式外,后三种方式都是中央银行直接向流通中投放现金,增加基础货币。

无论中央银行以哪种方式投放基础货币,最终这些货币都会被分散于居民、企业、事业单位等各个经济主体手中,形成他们的资产。这些资产又以两种形式存在:一种是现金,一种是银行存款。现金和存款用于市场结算,从而形成两种基本结算方式:现金结算和转账结算。

综上所述,中央银行和商业银行相互联系,共同操作,来调节市场上的货币供应量。

(三) 影响货币供给量的因素

货币供给量决定于基础货币与货币乘数这两个因素,且是这两个因素的乘积。这两者又受多种复杂的因素影响。

1. 基础货币

基础货币是具有使货币供给总量倍数扩张或收缩能力的货币。它表现为中央银行的负债,即中央银行投放并直接控制的货币,包括商业银行的准备金和公众持有的通货。

在现代经济中,每个国家的基础货币都来源于货币当局的投放。货币当局投放基础货币的渠道主要有三条:一是直接发行通货;二是变动黄金、外汇储备;三是实行货币政策。

基础货币是中央银行的负债,是商业银行及整个银行体系赖以扩张信用的基础。基础货币通过货币乘数的作用改变货币供给量。在货币乘数一定的情况下,基础货币增多,货币供给量增加;基础货币减少,货币供给量减少。

2. 货币乘数

货币乘数,也称货币扩张系数,是用以说明货币供给总量与基础货币的倍数关系的一种系数。

在基础货币一定的条件下,货币乘数决定了货币供给的总量。货币乘数越大,则货币供给量越多;货币乘数越小,则货币供给量就越少。所以,货币乘数是决定货币供给量的又一个重要的,甚至是关键的因素。但是,与基础货币不同,货币乘数并不是一个外生变量,因为决定货币乘数的大部分因素都不是决定于货币当局的行为,而是决定于商业银行及社会大众的行为。

货币乘数的决定因素主要有5个,它们分别是活期存款的法定准备金率、定期存款的法定准备金率、定期存款比率、超额准备金率及通货比率。其中,法定准备金率完全由中央银行决定,成为中央银行的重要政策工具;超额准备金率的变动主要决定于商业银行的经营决策行为,商业银行的经营决策又受市场利率、商业银行借入资金的难易程度、资金成本的高低、社会大众的资产偏好等因素的影响;定期存款比率和通货比率决定于社会公众的资产选择行为,又具体受收入的变动、其他金融资产的收益率、社会公众的流动性偏好程度等因素的影响。

综上所述,货币供给量是由中央银行、商业银行及社会公众这三个经济主体的行为所共同决定的。

第二节 货币需求

一、货币需求的概念

所谓货币需求,实际上就是在这种最佳状态的资产组合中,人们愿意持有的货币量。自从剑桥学派的现金余额说出现之后,众多经济学家都是从这一角度分析货币需求的。

需要注意的是,我们这里所说的货币需求并不是指人们对货币的需求意愿,因为这一意义上的货币需求是无限的,没有任何研究的价值。我们所说的货币需求是在一定的收入或财富总量的前提下,人们愿意持有的货币数量,是货币的有效需求。

(一)货币需求

货币需求是一个商业经济的范畴,发端于商品交换,随商品经济及信用化的发展而发展。在产品经济以及半货币化经济条件下,货币需求强度(货币发挥自身职能作用的程度、货币与经济的联系即在经济社会中的作用程度,以及社会公众对持有货币的要求程度)较低;在发达的商品经济条件下,货币需求强度较高。

货币需求是指社会各部门(政府、企事业单位和居民个人)愿意并且能够以货币形式持有其拥有的部分或全部财产而形成的对货币的需求。为了全面理解货币需求的概念,应注意把握以下几点。

(1)货币需求是需求愿望与需求能力的统一。货币需求不是一种纯主观的或心理上的占有欲,只有同时满足两个基本条件才能形成货币需求:一是有能力获得或持有货币;二是必须愿意以货币形式保有其资产。

(2)现实经济生活中的货币需求量是对现金货币和存款货币的共同需求。现金和存款是货币的两种不同的存在形式。在商品流通过程中,不但现金可以在商品交易中起到媒介作用,而且存款同样可以发挥流通手段和支付手段职能,现金和存款都是作为一般等价物,为统一的商品流通服务的。

(3)货币需求是货币的交易需求与资产需求的总和。货币的交易需求是基于商品流通而产生的货币需求,是经济活动对货币流通手段和支付手段的数量要求。在实际生活中,货币除了作为交易媒介,其本身也具备保值的价值。随着信用制度的完善和金融市场业务的发展,人们将货币视为一种资产,并进行各种金融资产交易,以谋求货币资产的保值增值。这种为取得资产收益而形成的货币需求,称为货币的资产需求。

(二) 货币需求量

货币需求量指经济主体(如居民、企业和单位等)在特定利率下能够并愿意以货币形式持有的数量。经济学意义上的需求指的是有效需求,不单纯是一种心理上的欲望,而是一种能力和愿望的统一体。货币需求作为一种经济需求,理当是由货币需求能力和货币需求愿望共同决定的有效需求,这是一种客观需求。

货币需求量是指在一定时期因经济发展水平、经济结构以及经济周期形成的对货币的需求量的总和,是整个利率—货币需求量组合或向下倾斜的需求曲线。货币需求量反映某利率下的需求量,而货币需求则是弹性变化的。所谓货币需求,在凯恩斯看来,是指人们放弃流动性很差的金融资产而持有不生息货币的需要。货币需求是一种派生需求,派生于人们对商品的需求。货币是固定充当一般等价物的特定商品,具有流通手段、支付手段和贮藏手段等职能,能够满足商品生产和交换的需求,以及以货币形式持有财富的需求等。居民、企业和单位持有的货币是执行流通手段和贮藏手段的,如居民用货币来购买商品或者支付服务费用、购买股票和债券、偿还债务,以及以货币形式保存财富等;企业以货币支付生产费用,支付股票、债券的息金,以货币形式持有资本等。人们对货币有需求的原因是货币是最具方便性、灵活性、流动性的资产。持有货币能满足人们对货币流动性的偏好。

二、货币需求量的测定

(一) 马克思的货币需求理论

马克思的货币需求理论是通过货币流通规律展示出来的。马克思在分析了商品流通和货币流通的关系之后,揭示了货币流通规律是决定商品流通过程中货币需求量的规律。

马克思的货币需求量公式为:

$$M = PQ/V$$

式中,M 为流通中的货币需求量;P 为价格水平;Q 为待售商品数量;V 为货币流通速度。

上式表明,在一定时期内,作为流通手段的货币需求量主要取决于流通中的商品价格总额和货币流通速度两类因素。它与商品价格总额成正比,与货币流通速度成反比。它反映了商品流通决定货币流通这一基本原理。货币是为了适应商品交换的需要而产生的。

马克思的货币需求量公式强调商品价格由其价值决定,商品价格总额决定货币需求量,而货币数量对商品价格没有决定性影响。这个论断只在金属货币流通的条件下适用。

货币需求量公式提供了对货币需求进行理论分析的思路,但直接运用这个公式测算实际生活中的货币需求,还存在很多困难。比如,它反映的是货币的交易性需求,即执行流通手段职能的货币需求量,但是,在不兑现的信用货币流通取代金属货币流通以后,必须考虑货币供给对货币需求的反作用。

(二) 新古典学派的货币需求理论(货币数量论)

19 世纪末到 20 世纪初,由费雪、马歇尔和庇古等古典经济学家发展和完善的货币数量论,是一种探讨货币需求与名义国民收入之间关系的理论。这种理论认为货币本身是没有内在价值的,而仅仅起到了交易媒介的作用。货币对经济不发生实质的影响,因此只是覆盖于实物经济上的一层面纱。这就是著名的"货币面纱论"。

货币数量论是指货币的价值与商品的价格是由货币数量决定的。即货币价值与货币数量成反比,物价水平与货币数量成正比。商品流通决定货币流通,货币流通反作用于商品流通。

1. 现金交易数量论——费雪(交易)方程式

美国经济学家费雪在1911年的《货币购买力》一书中论述了现金交易的货币数量论,提出了著名的交易方程式(也称为费雪方程式):$MV = PY$,或 $P = MV/Y$。M 表示一定时期内的货币供应量;V 代表货币的流通速度(即货币周转率,指每一单位货币一定时期内用于购买经济中最终产品和劳务的平均次数);P 为价格水平;Y 是实际总产出。

费雪认为,人们持有货币的主要目的是购买最终产品或者劳务,因此货币在一定时期内的支付总额应当等于该时期内的总产出。交易方程式的左边为货币的总价值,右边是交易的总价值,该等式必然成立。

货币的流通速度受到经济中影响个人交易方式的制度和技术因素的影响,如人民的支付习惯、信用的发达程度、交通运输通信条件等。由于经济中的制度和技术特征只有在较长时间内才能对流通速度产生轻微的影响,故在短期内货币的流通速度可以视为常数。

费雪等古典经济学家又认为,工资和价格是完全弹性的,所以实际总产出总是维持在充分就业的水平上。实际总产出取决于资本、劳动、资源以及生产技术水平等非货币因素,它同样独立于货币因素。因为 V 和 Y 在短期内都可视为常数,货币供应量的增加会引起一般物价水平的同比例上升,即货币数量决定着物价水平。然而,费雪并未完全否定 V 和 Y 的变动,在长期内它们都会发生变化,但这种变化的速度很慢,并且是实际因素的作用,与货币供应量 M 无关。

两边同除以货币的流通速度 V,$M = \frac{1}{V} \cdot P \cdot Y$。

当货币市场均衡的时候,人们手中持有的货币数量 M 就等于货币需求,因此我们可以得到以下货币需求的方程式:$MD = \frac{1}{V} \cdot P \cdot Y$。由于 $\frac{1}{V}$ 是常数,所以由名义收入 PY 引致的交易水平就决定了整个经济体的货币需求量。由此可得出的结论是:货币需求仅为收入(名义国民收入)的函数。

2. 现金余额说——剑桥方程式

剑桥经济学家们认为,人们之所以愿意持有货币,是因为货币的交易媒介和价值储藏职能。一方面,货币需求与交易水平正相关(但并不完全相关),由交易引起的货币需求与名义收入成正比;另一方面,人们的财富水平的增加需要通过持有更多的货币来进行储藏。由于名义财富水平同名义收入之间存在正比例关系,从而货币需求与名义收入之间也存在正相关关系。

剑桥方程式:$MD = K \cdot P \cdot Y$。其中 MD 为货币数量,也就是现金余额;P 为一般价格水平;Y 为实际收入;K 是一个常数,它可以被看作名义收入中以货币形式持有的比例,即 $K = MD/PY$,意味着人们持有的货币占总收入的比例。

该方程式说明,一国货币的数量取决于影响 Y、P 和 K 的各种因素。就 Y 而言,主要是由经济资源数量、生产技术水平与生产要素供给等外生因素控制的。而短期内这些因素不易变化,因而 Y 是稳定的。对 K 有三个重要影响因素:第一,持有货币所带来的便利和所能避免的风险,持有货币的便利越大,K 值就越大;第二,把以货币形式所持有的资产用于投资所能获得的实际收入水平，投资收益越小，K 值就越大；第三，把货币用于消费所能得到的效用满足程度，消费满足程度越低，K 值就越大。而这三个因素短期内也不易变化，因而 K 值可以被看成一个常数。而货币量 M 与价格 P 的关系，剑桥方程式用不同的方法对货币需求进行了分析，但是在货币量与价格水平的关系上，最终还是与现金交易说殊途同归。

而现金交易说和现金余额说的本质区别在于：

首先，现金交易说强调的是货币的交易媒介功能，而现金余额说强调货币的价值储藏功能。

其次，现金交易说着重于支出流分析，而现金余额说却是存量分析，强调货币的持有而不是支出。

最后，虽然剑桥经济学家常常把 K 视为常量并同意费雪的货币数量决定名义收入的观点，但他们却强调个人对于货币的意愿持有量。是否选择以及选择多少货币用于储藏财富取决于其他可以作为财富储藏手段的财产的回报率，因此当利率发生变化时，人们的意愿货币持有量会随之改变。即短期内 K 可能会受利率的影响而发生波动，这一点与费雪强调制度与技术因素并排除短期利率对货币需求影响的理论完全不同。

（三）凯恩斯的货币需求分析

凯恩斯在 1936 年的《就业、利息和货币通论》一书中，系统地提出了货币需求理论，该理论最显著的特点就是注重对货币需求的各种动机的分析，所以又称为流动性偏好理论。所谓流动性偏好，是指人们宁愿持有不能生息的现金和活期存款以保持流动性而不愿意持不易变现的收益性资产（如股票和债券等）的现象。因此，流动性偏好理论与现金余额说相同，也强调个人选择货币储藏财富的货币需求动机。

凯恩斯认为人们对货币的需求出于三个动机，即交易动机、预防动机和投机动机。

1. 交易动机

人们持有货币主要是由于货币具有交易媒介的功能，可用以应付日常交易。交易型货币需求与收入水平呈现正相关关系，收入越高，交易性货币需求就越大。

2. 预防动机

人们通常还会持有一定的货币以应付意料不到的支出或未能预见的有利机会。预防性货币需求同收入水平呈现正相关关系。

3. 投机动机

投机动机是指人们为了在未来某个时候进行投机活动以获取利益而持有的一定数量的货币。投机性货币需求同利率的高低呈现负相关关系。

凯恩斯将可用来储藏财富的资产分为货币和债券（代表生息资产）两类，而影响人们在其中进行选择的主要因素是利率。

凯恩斯假定每个经济个体都认为利率会趋向某个正常值。当利率高于这一正常值的时候，经济个体预期未来利率会下降，货币需求会降低；相反，当利率低于这一正常值的时候，人们的货币需求会增大。

由于凯恩斯的货币需求表现为人们的流动性偏好，所以他用 L 表示流动性偏好，即货币需求函数。又由于交易动机和预防动机的货币需求都是收入的递增函数，而投机动机货币需求是利率的递减函数（图 9-1）。所以，可将总的货币需求 M 分解为两部分：满足交易动机和预防动机的货币需求 M_1 和满足投机动机的货币需求 M_2。

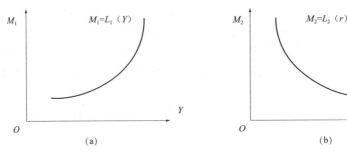

图 9-1 三大货币需求动机

注：图 9-1（a）表明了交易动机和预防动机中货币需求与收入的正比例关系；图 9-1（b）表明了投机动机中货币需求与当前利率的反比例关系。

若以 Y 表示收入，r 表示利率，L_1 表示 M_1 与 Y 的函数关系，L_2 表示 M_2 与 r 的函数关系，则凯恩斯的货币需求理论可用下列函数式来表示：

$$M = M_1 + M_2 = L_1(Y) + L_2(r) = L(Y, r)$$

凯恩斯认为，货币的交易动机和预防动机货币需求取决于经济发展状况和收入状况。

但对于货币的投机需求，情况则有所不同。因为货币的投机需求主要受人们对未来利率预期变动的影响。按照凯恩斯的思想，预期的无理性导致预期缺乏科学性，从而货币投机需求的变动常常是剧烈且变幻莫测的，有时候甚至会走向极端而发展为不规则的变化。

凯恩斯在他的《就业、利息和货币通论》中列举了这种极端的情况：

在利率水平降到一定低的水平（如图 9-2 的 r_0 处）后，几乎所有的人都会预期未来利率不会继续下降，也就是说未来的债券价格不会继续上升。每个人从收益和风险的角度考虑，都不会持有任何债券，所有的资产都以货币形式存在。一旦发生这种情况，货币需求就脱离了利率递减函数的轨迹，流动性偏好的绝对性使货币需求变得无限大，失去了利率弹性。我们称这一现象为"流动性陷阱"，这时金融货币当局无论怎样扩大货币供给，都不会使利率进一步下降，从而货币政策丧失了有效性。

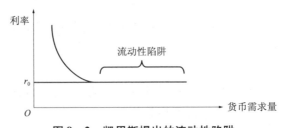

图 9-2 凯恩斯提出的流动性陷阱

（四）弗里德曼的货币需求理论

从 20 世纪 50 年代开始，经济形势发生了变化，大规模经济萧条现象已不是世界经济的主要问题，通胀成为经济中的头号难题。到 20 世纪 70 年代，简单的通胀又为更复杂的"滞胀"问题所代替。这种经济环境和背景的转变，在经济理论上反映为货币数量说的复兴。但是这种学说采用了理论分析与实证研究相结合的方式，与古典学派大不相同，所以称之为"新货币数量说"或"货币主义"，这一理论主要是由美国芝加哥大学经济学教授米尔顿·弗里德曼（Milton Friedman）在 1956 年发表的《货币数量说的重新表述》一文中提出的，奠定了现代货币数量说的基础。与凯恩斯不同，弗里德曼认为货币数量说不是关于产量、货币收入或物价问题的理论，而是关于货币需求的理论。弗里德曼也继承了凯恩斯等人把货币视为一种资产的观点，从而把货币需求作为一种资产选择行为进行分析。但弗里德曼没有像凯恩斯主义者那样把资产的范围只局限在货币和债券上，而是债券、股票以及各种实物资产都纳入货币的可替代性资产，并且得出了与凯恩斯主义完全不同的结论。

费里德曼认为，与消费者对商品的选择一样，人们对货币的需求同样受以下四种因素的影响。

1. 总财富

弗里德曼把货币看作人们持有财富的一种形式。个人所持有的货币量受其总财富限制。总财富包括人力财富和非人力财富。由于总财富难以直接计算，因此，他提出用"恒常收入"这一概念来代替财富（也称持久性收入）。所谓"恒常收入"是指人们在较长时期内所能取得的平均收入，它区别于带有偶然性的即时性收入，是一种比较稳定的收入，由于"恒常收入"易于计算，且具有稳定性，因而可以避免即时性收入受偶然因素影响而使货币需求函数出现不稳定的现象。

2. 财富构成

财富构成指人力财富与非人力财富的比例。人力财富是指个人在将来获得收入的能力，即人的生产能力，又叫人力资本。非人力财富即物质资本，指生产资料及其他物质财富。

3. 货币和其他资产的预期收益

人们持有多少货币，在很大程度上取决于货币与其他资产收益大小的比较。

4. 影响货币需求的其他因素

人们对货币的"嗜好"程度也会影响货币需求，如果人们把货币看作"必需品"，那么货币需求对收入的弹性为1或小于1；如果人们把货币看作"奢侈品"，则货币需求对收入的弹性就会大于1。此外，人们对未来经济稳定性预期也会影响货币需求。

通过以上的分析，弗里德曼得出了下面的货币需求函数：

$$\frac{MD}{p} = f\left(Y_p,\ w,\ r_m,\ r_b,\ r_e,\ \frac{1}{p} \cdot \frac{dp}{dt},\ u\right)$$

其中，$\frac{MD}{p}$表示实际货币需求；Y_p表示恒常收入，用来代表财富；w表示非人力财富占总财富的比例；r_m是货币预期的名义报酬率；r_b表示债券的名义报酬率，包括资本利得；r_e是股票的名义报酬率，也包括资本利得；$\frac{1}{p} \cdot \frac{dp}{dt}$表示商品价格的预期变化率，即实物资产的预期名义收益率；u表示其他影响货币需求的因素。不论采取哪一种名义单位来表示p和，都不会改变上式中的关系，所以如果表示物价和货币收入的单位发生变化，货币需求量也应作同比例变化。在数学上，这意味着货币需求M是p和的一阶齐次式。经过对上式简单的变化，我们可以看到：

$$M \cdot \frac{1}{f\left(p,\ w,\ r_m,\ r_b,\ r_e,\ \frac{1}{p} \cdot \frac{dp}{dt},\ u\right)}$$

在形式上，这与传统购数量说非常相似，这里的

$$\frac{1}{f\left(p,\ w,\ r_m,\ r_b,\ r_e,\ \frac{1}{p} \cdot \frac{dp}{dt},\ u\right)}$$

就可以看作货币流通速 V。

弗里德曼认为,货币需求函数的主要特点是该函数的稳定性。对此,弗里德曼做出了两点说明:第一,货币需求与决定因素间存在稳定的函数关系,并不等同于货币需求是不变的;第二,决定货币需求的因素必须限定在公式的范围之内,任意增减自变量都会破坏函数的稳定性。在这两个前提下,弗里德曼认为货币需求函数是稳定的,并且其变化是可以预测的。

首先,假定 u 是相对稳定的。因为短期内影响货币需求的因素,诸如消费习惯、偏好等不会发生剧烈变动。

其次,财富的构成比例也不会在短期内发生变化,它对收入和货币需求的变动不会产生影响,这样 w 也可以作为常数。

再次,根据国家统计的资料分析,物价变动率只有在变化很大、延期很长时,才直接影响货币需求,而这种情况是很少发生的,一般来说也可忽略不计。

最后,货币需求对利率的弹性很小,这也是弗里德曼货币需求函数的暗含结论。这是因为利率的变动往往是和货币的预期报酬率同向变化的。当利率上升时,银行可以从贷款中获得较高的收益,所以就会希望吸收更多的存款来发放贷款。

弗里德曼认为,事实上货币和其他资产的预期报酬率往往是同向变化的,所以影响货币需求的主要因素实际上只是持久性收入,货币需求函数可以简化为:

$$\frac{MD}{p}=f(Y_p)$$

这就意味着货币需求是稳定的,因为持久性收入的变化是缓慢的,而不像利率那样经常上下波动。

三、影响我国货币需求的因素

由于不同国家在经济制度、金融发展水平、文化和社会背景以及所处经济发展阶段的不同,影响货币需求的因素也会有所区别。如果把现阶段的货币需求也视为个人、企业等部门的货币需求之和的话,那么影响我国现阶段货币需求的主要因素有以下七点。

(一)收入因素

一般来说,收入提高,说明社会财富增多,支出也会相应扩大,因而需要更多的货币量来满足商品交易。所以,收入与货币需求呈现同方向变动关系。在经济货币化的过程中,货币需求有增加的趋势。

(二)价格因素

从本质上看,货币需求是在一定价格水平上人们从事经济活动所需要的货币量。在商品和劳务量既定的条件下,价格越高,用于商品和劳务交易的货币需求也必然增多。因此,价格和货币需求尤其是交易性货币需求之间,是同方向变动关系。在现实生活中,由商品价值或供求关系引起的正常物价变动对货币需求的影响是相对稳定的。而由通货膨胀造成的非正常物价变动对货币需求的影响则极不稳定。

(三)利率因素

利率的高低决定了人们持币机会成本的大小,利率越高,持币成本越大,人们就不愿持有货币而愿意购买生息资产以获得高额利息收益,因而人们的货币需求会减少;利率越低,持币成本越小，人们则愿意手持货币而减少了购买生息资产的欲望，货币需求就会增加。利率的变动与货币需求量的变动是反方向的。

（四）货币流通速度

动态地考察，一定时期的货币总需求就是货币的总流量，而货币总流量是货币平均存量与速度的乘积。在用来交易的商品与劳务总量不变的情况下，货币速度的加快会减少现实的货币需求量。反之，货币速度的减慢则必然增加现实的货币需求量。因此，货币流通速度与货币总需求呈现反方向变动关系。

（五）金融资产关系

在金融制度较发达的国家或地区，人们往往有投资性货币需求，即以营利为目的、以资产选择为内容的货币需求。当金融资产收益率明显高于存款利率时，人们会购买有价证券，这会增加投资性货币需求。所以各金融资产的收益率、安全性、流动性，以及公众的资产多样化选择，对货币需求量的增减量都有作用。

（六）企业与个人对利率与价格的预期

对利润的预期同货币呈现同方向变化，对通货膨胀的预期同货币需求呈现反方向变化。

（七）其他因素

如体制变化、对利润与价格的预期变化、财政收支引起的政府货币需求的变化、信用发展状况、金融服务技术与水平、金融机构技术手段的先进和服务质量的优劣、国家的政治形势对货币需求的影响，甚至民族特性、生活习惯等都影响我国的货币需求。

第三节　货币均衡

一、货币均衡

（一）货币均衡的含义

货币的需求与供给既相互对立，又相互依存，货币的均衡状况是这两者对立统一的结果。

货币均衡即货币供求均衡，是指在一定时期经济运行中的货币需求与货币供给在动态上保持一致的状态。货币均衡用来说明货币供给与货币需求的关系，货币的供给符合经济生活对货币的需求则达到均衡。

(1) 货币均衡是货币供求作用的一种状态，是货币供给与货币需求的大体一致，而非货币供给与货币需求在价值上的完全相等。

(2) 货币均衡是一个动态过程，在短期内货币供求可能不一致，但在长期内是大体一致的。

(3) 货币均衡不是货币供给量和实际货币需求量一致，而是货币供给量与适度货币需求要量基本一致。

（二）货币均衡与社会总供求平衡

从形式上看，货币均衡不过是货币供求相互平衡的一种货币流通状态，但从实质上说，则是社会总供求平衡的一种反映。

社会总需求是指一国在一定的支付能力条件下全社会对生产出来供最终消费和使用的商品和劳务的需求的总和，也就是社会的消费需求和投资需求的总和。任何需求都是以一定的货币量作为载体的，故社会总需求决定于货币的总供给。总需求指的是有效需求，即有支付能力的需求，如果没有货币供给，有效需求就无从产生。因此，货币供给决定并制约社会总需求。货币供给增加，社会总需求增大；货币供给减少，社会总需求减少。货币供给量的变化在保持国民经济持续、稳定发展和社会总供给与社会总需求的平衡中起重要作用。如果货币供给过多，就会造成消费需求和投资需求的膨胀，从而导致通货膨胀；如果货币供给不足，就会造成商品难以实现价值，市场疲软，从而导致经济停滞。两者都会表现为社会总供给的不平衡。可见，货币均衡是实现社会总供求平衡的前提条件，而社会总供求平衡是货币均衡的现象形态。

(三) 货币均衡的标志

为保持社会总供求的协调，需要力求货币供求的基本均衡。这就要求政府通过银行根据货币需求量向流通领域供给货币，但是在现实生活中不可能精确地测定出货币的需求量，因此，单靠直接通过比较货币供应与货币需求量的适应状况来衡量货币是否均衡是不够的。这就需要寻求运用其他方法和标志来衡量货币流通的状况，作为补充和验证。

衡量货币供求是否均衡的标志包括以下三方面。

1. 物价水平变动

在物价可以自由浮动的条件下，可用市场的物价水平作为衡量货币均衡与否的标志。根据纸币流通规律，在一定时期内，一定商品流通量的条件下，货币流通量越多，单位币值越低。由于币值是物价的倒数，因此币值越低，则物价越高。所以可以利用物价与币值的关系，通过物价的变化，来反映货币均衡状态。

2. 货币供应增长与生产和商品流通增长是否相适应

在一定的生产规模和商品销售规模下，总需要一定量的货币为之服务。在货币流通速度变化不大的情况下，随着生产总值和商品流通销售额的增大，两者的增长率应大致接近。如果货币供应量增长过快，远远超过生产的增长速度，就可能意味着货币供应存在偏多的问题。需要说明的是，用货币供应量增长速度与商品生产和商品流通增长速度的适应程度来衡量货币供求的均衡，是以承认基期货币供应量和商品生产与商品流通基本适应为前提的。如果基期货币实际供应量偏多，那么尽管报告期增长比例适当，对本期的货币均衡也会产生一定影响。

3. 商品市场供求状况

在物价水平不能灵敏地反映市场货币均衡状况的时候，可以直接从市场商品供应是否平衡去观察。如果出现大多数商品供应紧张，则说明市场货币供应量偏多；如果出现大多数商品积压，则说明市场货币供应量偏少。

总之，前述各种衡量标志都从某一个侧面说明货币均衡的状况，为了较准确地判断货币是否均衡，实际上需要用多种指标相互比较印证。

(四) 货币均衡的特征

(1) 货币均衡是一种状态，是货币供给与货币需求的基本适应，而不是指货币供给与货币需求的数量上的相等。

（2）货币均衡是一个动态过程。它并不要求在某一个时点上货币的供给与货币的需求完全相适应，它承认短期内货币供求不一致状态，但长期内货币供求之间应大体上是相互适应的。

（3）货币均衡在一定程度上反映了国民经济的平衡状况。在现代商品经济条件下，货币不但是商品交换的媒介，而且是国民经济发展的内在要素。货币收入的运动制约或反映着社会生产的全过程，货币收支把整个经济过程有机地联系在一起，一定时期内的国民经济状况必然要通过货币的均衡状况反映出来。

（五）货币供给量与社会总需求量的区别

货币供给量与社会总需求量是紧密相连，但又有严格区别的两个概念，其区别包括以下三点。

（1）货币供给量与社会总需求量二者在质上是不同的。货币供给量是一个存量的概念，是一个时点的货币量；而社会总需求量是一个流量的概念，是一定时期内的货币流通量。此外，在货币供给量中，既含有潜在货币，也含有流动性货币，而真正构成社会总需求的只能是流通性的货币。

（2）货币供给量变动与社会总需求量的变动，在量上也是不一致的。货币供给量变动以后，既会引起流通中的货币量变动，也会引起货币流通速度变动。社会总需求量是由流通性货币及其流通速度两部分决定的，而货币供给量则是由流通性货币与潜在性货币两部分构成的。因此，一定量的货币供给增加以后是否会引起社会总需求量增加以及增加的幅度为多大，则主要取决于以下两个因素：其一是货币供给量中潜在性货币与流通性货币的比例；其二是货币流通速度的变化情况。一般来说，流通性货币所占的比重大，流通速度加快，社会总需求量增加。所以，货币供给量的变动与社会总需求量的变动，在量上往往是不相同的。

（3）货币供给量变动与社会总需求量的变动在时间上也是不一致的。米尔顿·弗里德曼根据美国的实际情况研究表明，货币供给量变动以后，一般要经过 6~9 个月，才会引起社会总需求的变动，而引起实际经济的变动，则需 18 个月左右的时间。从我国的实际情况看，近几年的实际也表明，货币供给量的变动与社会总需求的变动，在时间上也是有差别的。

（六）货币均衡的实现条件

市场经济条件下货币均衡的实现有赖于三个条件，即健全的利率机制、发达的金融市场以及有效的中央银行调控机制。在完全市场经济条件下，货币均衡最主要的实现机制是利率机制。除利率机制之外，还有四个因素：①中央银行的调控手段。②国家财政收支状况。③生产部门结构是否合理。④国际收支是否基本平衡。在市场经济条件下，利率不仅是货币供求是否均衡的重要信号，而且对货币供求具有明显的调节功能。因此，货币均衡便可以通过利率机制的作用而实现。

就货币供给而言，当市场利率升高时，一方面社会公众因持币机会成本加大而减少现金提取，这样就使现金比率缩小，货币乘数加大，货币供给增加；另一方面，银行因贷款收益增加而减少超额准备金来扩大贷款规模，这样就使超额准备金率下降，货币乘数变大，货币供给增加。所以，利率与货币供给量之间存在着同方向变动关系。就货币需求来说，当市场利率升高时，人们的持币机会成本加大，必然导致人们对金融生息资产需求的增加和对货币需求的减少。所以利率同货币需求之间存在反方向变动关系。当货币市场上出现均衡利率水平时，货币供给与货币需求相等，货币均衡状态便得以实现。当市场均衡利率变化时，货币供给与货币需求也会随之变化,最终在新的均衡货币量上实现新的货币均衡。

二、通货膨胀

(一) 通货膨胀的定义

通货膨胀指在信用货币制度下,流通中的货币数量超过经济实际需要而引起的货币贬值和物价水平全面而持续的上涨。用更通俗的语言来说就是:在一段给定的时间内,给定经济体中的物价水平普遍持续增长,从而造成货币购买力的持续下降。理解通货膨胀要把握以下三点。

(1) 通货膨胀是指一般物价水平的持续上涨。

(2) 通货膨胀所引起的物价上涨是一个持续的过程。

(3) 通货膨胀是一般物价水平的明显上升。

在凯恩斯主义经济学中,其产生原因为经济体中总供给与总需求的变化导致物价水平的变动。而在货币主义经济学中,其产生原因为:当市场上货币发行量超过流通中所需要的金属货币量时,会出现纸币贬值,物价上涨,导致购买力下降,这就是通货膨胀。该理论被总结为一个非常著名的方程:$MV = PY$。

与货币贬值不同,整体通货膨胀为特定经济体内之货币价值的下降,而货币贬值为货币在经济体间之相对价值的降低。前者影响此货币在国内使用的价值,而后者影响此货币在国际市场上的价值。两者之相关性为经济学上的争议之一。通货膨胀的货是指"货币"。

(二) 通货膨胀的起因

纸币是国家或地区强制发行并使用的,在货币流通的条件下,如果纸币的发行量超过了流通中实际需要的数量,多余的部分继续在流通中流转,就会造成通货膨胀。造成通货膨胀的直接原因是国家货币发行量的增加。政府通常为了弥补财政赤字,或刺激经济增长(如2008年4万亿刺激计划),或平衡汇率(如中国的输入型通货膨胀)等原因增发货币。通货膨胀可能会造成社会财富转移到富人阶层,但一般情况下的通货膨胀都是国家为了有效影响宏观经济运行而采取措施无法避免的后果。许多经济学家认为,温和良性的通货膨胀有利于经济的发展。

通货膨胀是个复杂的经济现象,其成因也多种多样。

1. 需求拉动

需求拉动的通货膨胀即由于经济运行中总需求过度增加,超过了既定价格水平下商品和劳务等方面的供给而引发的通货膨胀。需求拉动的通货膨胀是指总需求过度增长所引起的通货膨胀,即"太多的货币追逐太少的货物",按照凯恩斯的解释,如果总需求上升到大于总供给的地步,过度的需求是能引起物价水平的普遍上升。在我国,财政赤字、信用膨胀、投资需求膨胀和消费需求膨胀常常会导致我国需求拉上型通货膨胀的出现。我国1979—1980年的通货膨胀的成因即是由财政赤字而导致的需求拉上。所以,任何总需求增加的任何因素都可以是造成需求拉动的通货膨胀的具体原因。

2. 成本推动

成本或供给方面的原因形成的通货膨胀,即成本推动的通货膨胀又称为供给型通货膨胀,是由厂商生产成本增加而引起的一般价格总水平的上涨,造成成本向上移动的原因大致有:工资过度上涨;利润过度增加;进口商品价格上涨。

（1）工资推进的通货膨胀。

工资推进的通货膨胀是工资过度上涨所造成的成本增加而推动价格总水平上涨，工资是生产成本的主要部分。工资上涨使生产成本增长，在既定的价格水平下，厂商愿意并且能够供给的数量减少，从而使总供给曲线向左上方移动。

在完全竞争的劳动市场上，工资率完全由劳动的供求均衡所决定，但是在现实经济中，劳动市场往往是不完全的，强大的工会组织的存在往往可以使工资过度增加，如果工资的增加超过了劳动生产率的提高，则提高工资就会导致成本增加，从而导致一般价格总水平上涨，而且这种通货膨胀一旦开始，还会引起"工资—物价螺旋式上升"，工资、物价互相推动，形成严重的通货膨胀。

工资的上升往往从个别部分开始，最后引起其他部分攀比。

（2）利润推进的通货膨胀。

利润推进的通货膨胀是指厂商为谋求更大的利润导致的一般价格总水平的上涨，与工资推进的通货膨胀一样，具有市场支配力的垄断和寡头厂商也可以通过提高产品的价格而获得更高的利润，与完全竞争市场相比，不完全竞争市场上的厂商可以减少生产数量而提高价格，以便获得更多的利润，为此，厂商都试图成为垄断者，结果导致价格总水平上涨。

（3）进口成本推进的通货膨胀。

造成成本推动的通货膨胀的另一个重要原因是进口商品的价格上升，如果一个国家生产所需要的原材料主要依赖于进口，那么进口商品的价格上升就会造成成本推进的通货膨胀，其形成的过程与工资推进的通货膨胀是一样的。

3. 结构失调

结构失调的通货膨胀即由于一国的部门结构、产业结构等国民经济结构失调而引发的通货膨胀。我国由于存在着较为严重的经济结构失调问题，因而结构失调型通货膨胀在我国也时有发生。

4. 供给不足

供给不足的通货膨胀即在社会总需求不变的情况下，社会总供给相对不足而引起的通货膨胀。"文化大革命"期间，我国发生的隐蔽型通货膨胀很大一部分原因即是社会生产力遭到严重破坏、商品供给严重匮乏而导致的。

5. 预期不当

预期不当的通货膨胀即在持续通货膨胀情况下，由于人们对通货膨胀预期不当（对未来通货膨胀的走势过于悲观）而引起更严重的通货膨胀。

在实际中，造成通货膨胀的原因并不是单一的，因各种原因同时推进的价格水平上涨，就是供求混合推进的通货膨胀。在计算中，需要经济学家给出一个合理的、多种参数的模型来解释。比如假设通货膨胀是由需求拉动开始的，即过度的需求增加导致价格总水平上涨，价格总水平的上涨又成为工资上涨的理由，工资上涨又形成成本推进的通货膨胀。在实际中，一旦形成通货膨胀，便会持续一段时期，这种现象被称为通货膨胀惯性，对通货膨胀惯性的一种解释是人们会对通货膨胀做出相应预期。预期是人们对未来经济变量做出一种估计，预期往往会根据过去的通货膨胀的经验和对未来经济形势的判断，做出对未来通货膨胀走势的判断和估计，从而形成对通货膨胀的预期。预期对人们的经济行为有重要的影响，人们对通货膨胀的预期会导致通货膨胀具有惯性。

(三) 通货膨胀的衡量标准

当一个经济中的大多数商品和劳务的价格连续在一段时间内普遍上涨时，宏观经济学就称这个经济经历着通货膨胀。按照这一说明，如果仅有一种商品的价格上升，这不是通货膨胀。只有大多数商品的价格和劳务的价格持续上升才是通货膨胀。

经济学界对于通货膨胀的解释并不完全一致，通常经济学家认可的概念是：在信用货币制度下，流通中的货币数量超过经济实际需要而引起的货币贬值和物价水平全面而持续的上涨。通俗地讲，就是纸币的发行量超过流通中所需要的数量，从而引起纸币贬值、物价上涨，我们把这种现象称为通货膨胀。

定义中的物价上涨不是指一种或几种商品的物价上升，也不是物价水平一时的上升，一般指物价水平在一定时期内持续普遍的上升过程，或者是货币价值在一定时期内持续的下降过程。

衡量通货膨胀率的价格指数一般有三种：消费价格指数、生产者价格指数、国民生产总值价格折算指数。

(四) 通货膨胀的主要类型

以通货膨胀的剧烈程度来划分，可分为以下三类。

1. 低通货膨胀

低通货膨胀的特点是，价格上涨缓慢且可以预测。可以将其定义为年通货膨胀率为1位数的通货膨胀。此时的物价相对来说比较稳定，人们对货币比较信任。

2. 急剧通货膨胀

当总价格水平以每年20%、100%甚至200%的2位数或3位数的比率上涨时，即产生了这种通货膨胀。这种通货膨胀局面一旦形成并稳固下来，便会出现严重的经济扭曲现象。

3. 恶性通货膨胀

最恶性的通货膨胀，货币几乎无固定价值，物价时刻在增长，其灾难性的影响使市场经济变得一无是处。

三、通货紧缩

通货紧缩是指一般物价水平持续下降的一种货币现象。在经济实践中，判断某个时期的物价下跌是不是通货紧缩，一看通货膨胀率是否由正转变为负，二看这种下降的持续是否超过了一定时限。通货紧缩是指流通中的货币供应量少于实际供应量，引发的货币升值、价格水平持续下降的一种经济现象。

(一) 通货紧缩的成因

(1) 总需求不足引发的通货紧缩，也就是投资和消费的有效需求不足。当人们预期实际利率进一步下降，经济形势继续不佳时，投资和消费需求都会减少，而总需求的减少会使物价下跌，形成需求拉下型的通货紧缩。

(2) 金融体系效率的降低。如果在经济过热时，银行信贷盲目扩张，造成大量坏账，形成大量不良资产，金融机构自然会"惜贷"和"慎贷"，加上企业和居民不良预期形成的不想贷、不愿贷行为，必然导致信贷萎缩，同样减少社会总需求，导致通货紧缩。

(3) 体制和制度因素。体制（企业体制、保障体制等）变化一般会打乱人们的稳定预期，如果人们预期将来收入会减少，支出将增加，那么人们就会"少花钱，多储蓄"，引起有效需求不足，物价下降，从而出现体制变化型的通货紧缩。

（4）汇率制度的缺陷。

（二）通货紧缩对社会经济的影响

（1）物价的持续下降会使生产者利润减少甚至亏损，继而减少生产或停产。这将严重打击生产者的积极性，使生产者减少生产甚至停产，结果社会的经济增长受到抑制。物价持续下降将使债务人受损，继而影响生产和投资。物价持续下降，生产投资减少会导致失业增加、居民收入减少，从而加剧社会总需求不足的现象。

（2）通货紧缩将促使长期利率下降，有利于企业投资改善设备，提高生产率。在适度通货紧缩状态下，经济扩张的时间可以延长而不会威胁经济的稳定。如果通货紧缩是与技术进步、效益提高相联系的，则物价水平的下降与经济增长是可以相互促进的。

（3）通货紧缩的财富收入再分配效益。实物资产的持有者受损，现金资产将升值。固定利率的债权者获利，而债务人受损。通货紧缩使企业利润减少，一部分财富向居民转移；通货紧缩使企业负债的实际利率上升，收入进一步向个人转移。

（三）通货紧缩的治理

1. 宽松的货币政策

采用宽松的货币政策，可以增加流通中的货币量，从而刺激总需求。

2. 宽松的财政政策

扩大财政支出，可以直接增加总需求，还可以通过投资的"乘数效应"带动私人投资的增加。

3. 结构性调整

对由于某些行业的产品或某个层次的商品生产绝对过剩引发的通货紧缩，一般采用结构性调整的手段，即减少过剩部门或行业的产量，鼓励新兴部门或行业发展。

4. 改变预期

政府通过各种宣传手段，增加公众对未来经济发展趋势的信心。

5. 完善社会保障体系

建立健全社会保障体系，适当改善国民收入的分配格局，提高中下层居民的收入水平和消费水平，以增加消费需求。

6. 加大改革，充分发挥市场机制

加大改革力度，充分发挥市场机制的作用，积极推进国有企业的转制工作，甩掉国有企业的沉重包袱，建立现代企业制度，增强国有企业的活力，使其真正发挥促进经济发展的关键作用。

（四）通货膨胀与通货紧缩的区别与联系

1. 区别

（1）含义和本质不同：通货膨胀是指纸币的发行量超过流通中所需要的数量，从而引起纸币贬值、物价上涨的经济现象。其实质是社会总需求大于社会总供给。通货紧缩是与通货膨胀相反的一种经济现象，是指在经济相对萎缩时期，物价总水平较长时间内持续下降，货币不断升值的经济现象。其实质是社会总需求持续小于社会总供给。

（2）表现不同：通货膨胀最直接的表现是纸币贬值，物价上涨，购买力降低。通货紧缩往往伴随着生产下降、市场萎缩、企业利润率降低、生产投资减少，以及失业增加、收入下降、经济增长乏力等现象。主要表现为物价低迷，大多数商品和劳务价格下跌。

（3）成因不同：通货膨胀的成因主要是社会总需求大于社会总供给，货币的发行量超过了流通中实际需要的货币量。通货紧缩的成因主要是社会总需求小于社会总供给，长期的产业结构不合理，形成买方市场及出口困难导致的。

（4）危害性不同：通货膨胀直接使纸币贬值，如果居民的收入没有变化，生活水平就会下降，造成社会经济生活秩序混乱，不利于经济的发展。不过在一定时期内，适度的通货膨胀又可以刺激消费，扩大内需，推动经济发展。通货紧缩导致物价下降，在一定程度上对居民生活有好处，但从长远看会严重影响投资者的信心和居民的消费心理，导致恶性的价格竞争，对经济的长远发展和人民的长远利益不利。

（5）治理措施不同：治理通货膨胀最根本的措施是发展生产，增加有效供给，同时要采取控制货币供应量，实行适度从紧的货币政策和量入为出的财政政策等措施。治理通货紧缩要调整优化产业结构，综合运用投资、消费、出口等措施拉动经济增长，实行积极的财政政策、稳健的货币政策、正确的消费政策，坚持扩大内需的方针。

2. 联系

（1）二者都是由社会总需求与社会总供给不平衡造成的，亦即流通中实际需要的货币量与发行量不平衡造成的。

（2）二者都会使价格信号失真，影响正常的经济生活和社会经济秩序，因此都必须采取有效的措施予以抑制。

本章小结

- 货币层次的划分有利于中央银行进行宏观经济运行监测和货币政策操作。货币层次的划分不是从来都有的，部分发达国家从 20 世纪 60 年代开始才划分货币层次。而划分的目的主要是便于中央银行控制货币供给，而且在划分标准的问题上，各国经济学者都有不同的见解和说法。

- 货币创造在现代的货币体系中，一般由中央银行发行货币，但是商业银行负责吸收存款和发放贷款。商业银行在向中央银行缴纳一定的准备金后，可以将剩余资金贷给企业部门。企业得到贷款后又会将其中一部分存入这家商业银行或者其他商业银行。接着，商业银行可以再将其中的一部分作为贷款发放取出。如此反复，最终社会中形成的购买力将是中央银行发行货币的若干倍。这个过程被称为货币创造。

- 商业银行是存款货币创造的主体。商业银行的活期存款总额由原始存款和派生存款共同构成。

- 原始存款一般是指商业银行接受的客户以现金方式存入的存款和中央银行对商业银行的再贴现或再贷款而形成的准备金存款。原始存款是商业银行从事资产业务的基础，也是扩张信用的源泉。

- 派生存款指银行由发放贷款而创造出的存款，是原始存款的对称，是原始存款的派生和扩大，是指由商业银行发放贷款、办理贴现或投资等业务活动引申而来的存款。而派生存款产生的过程，就是各级商业银行吸收存款、发放贷款、转账结算，不断地在各银行存款户之间转移，形成新的存款额，最终导致银行体系存款总量增加的系列过程。

- 货币需求量指经济主体（如居民、企业和单位等）在特定利率下能够并愿意以货币形式持有的数量。经济学意义上的需求指的是有效需求，不单纯是一种心理上的欲望，而是一种能力和愿望的统一体。货币需求作为一种经济需求，理当是由货币需求能力和货币需求愿望共同决定的有效需求，这是一种客观需求。

- 货币均衡即货币供求均衡，是指在一定时期经济运行中的货币需求与货币供给在动态上保持一致的状态。货币均衡是用来说明货币供给与货币需求的关系，货币供给符合经济生活对货币的需求则达到均衡。

- 通货膨胀指在信用货币制度下，流通中的货币数量超过经济实际需要而引起的货币贬值和物价水平全面而持续的上涨。用更通俗的语言来说就是：在一段给定的时间内，给定经济体中的物价水平普遍持续增长，从而造成货币购买力的持续下降。

- 通货紧缩是指一般物价水平持续下降的一种货币现象。在经济实践中，判断某个时期的物价下跌是不是通货紧缩，一看通货膨胀率是否由正转变为负，二看这种下降的持续是否超过了一定时限。通货紧缩是指流通中的货币供应量少于实际供应量，引发的货币升值、价格水平持续下降的一种经济现象。

重要概念

原始存款　派生存款　基础货币　超额准备金　货币需求　货币层次　通货膨胀　通货紧缩　居民消费物价指数

讨论分析题

（1）为什么我国在刺激经济增长的同时又不能放弃防范通货膨胀？联系我国经济实际，结合本章所学内容进行分析与讨论。

（2）根据本章所学的原理分析我国商业银行的行为对我国货币供给的影响。

（3）查找最近一个季度我国 CPI 资料，思考从货币角度如何防范和应对通货膨胀（通货紧缩）。

第十章

国际金融

第一节 国际收支

一、国际收支的产生与发展

国际收支是由一个国家对外经济、政治、文化等各方面往来活动而引起的。生产社会化与国际分工的发展，使各国之间的贸易日益增多，国际交往日益密切，从而在国家间产生了货币债权债务关系，这种关系必须在一定日期内进行清算与结算，从而产生了国家间的货币收支。国家间的货币收支及其他以货币记录的经济交易共同构成了国际收支的主要内容。

早在17世纪初叶的重商主义时代就有了国际收支的概念。当时的葡萄牙、法国、英国等国家的经济学家在提倡"贸易差额论"即通过扩大出口限制进口的方式积累金银货币的同时，就提出了国际收支的概念，并把它作为分析国家财富积累、制定贸易政策的重要依据。但由于当时的国际经济仍处于发展阶段，国际收支被解释为一个国家的对外贸易的差额。

随着国家经济的交往不断扩大，国家收支的含义也不断发展和丰富。在金本位制度崩溃后，国际收支的含义逐渐被扩展为反映一国外汇收支。凡是涉及一国外汇收支的各种国际交易都属于国际收支的范畴，并把外汇收支作为国际收支的全部内容，这种国际收支就是人们所称的狭义国际收支的概念。这一定义以现金支付为基础，即只有以现金支付的国际经济交易才能计入国际收支，对其他的债权债务则不予理会。但是，一国在对外交易中，并非所有的交易都涉及货币的支付，如补偿贸易。其中有些交易根本不需要支付，如以实物形式提供的无偿援助和投资等。这些不涉及货币支付的对外贸易在国际交易中的比重不断增加，以跨国公司为载体的国际资本流动日益频繁。在这种情况下，国际收支的概念又有了新的发展，由狭义的概念逐步发展为现在各个国家使用的广义概念，即国际货币基金组织制定的概念。

二、国际收支的概念

国际收支的概念是随着国际经济交易的发展变化（仅指一国一定时期的外汇收支）而变化的。资本原始积累时期，主要的国际经济交易是对外贸易，指一国一定时期内全部国际经济交易的货币价值总和，因而早期的国际收支概念是指一国一定时期的对外贸易差额。金本位货币制度崩溃后，演化为狭义的国际收支概念。第二次世界大战后，国际经济交易的内容和范围进一步增加与扩大，就发展为被各国普遍接受的广义的国际收支概念。

因此，国际收支有狭义和广义之分。狭义的国际收支是指一国在一定时期内（通常为一年），同其他国家清算到期债权债务所发生的外汇收支的总和。这个概念强调的是建立在现金收付（或外汇收付）基础上的对外交易。显然，它没有包括延期信用以及国家间的各种"援助"等无须用货币偿付的各种交易。广义的国际收支是指在某一特定时期（通常为一年），一个国家与其他国家之间进行的各种经济交易的系统记录。这是目前国际货币基金组织以及学术界对于国际收支最广泛的理解。

国际收支的内涵非常丰富，理解上应注意：

第一，国际收支是一个流量概念，是针对一定时期内的发生额，通常以一年为报告期。

第二，国际收支所反映的内容是经济交易，必须以货币计量。经济交易是指经济价值从一个单位向另一个单位转移。货币计量是指经济交易即使是以不同的货币进行，甚至可能不涉及货币支付，也须折算成同一种货币记录。

第三，国际收支记载的是一国居民和非居民之间的交换。居民与非居民的划分是以居住地为标准进行的。长期居住本国的自然人属于本国居民，它包括长期居住本国的外国公民、所有政府机构（无论是国内还是派驻国外，无论时间长短，都属于本国居民）、企业和非营利性机构（作为法人组织，它们在哪国成立、注册就属于哪国居民，其国外分支机构属于外国居民）。而国际性机构（联合国、世界贸易组织、国际货币基金组织、世界银行等）则是任何国家的非居民。

三、国际收支的意义

国际收支是一国居民在一定时期内与非居民之间的全部政治、经济、文化往来所产生的全部经济交易的货币记录。

具体包括以下三方面。

第一，国际上各经济实体之间的经济贸易，如进出口、运输、保险、旅游、投资收益。

第二，货币、黄金、提款权等国际储备品所有权变更和债权、债务变更。

第三，无偿变更及为平衡上述不能抵冲的交易必须做出的对应记录。

一国国际收支状况主要取决于经常账户、资本和金融账户；而经常账户的盈亏取决于一国商品在国际市场上的竞争力；金融账户主要决定于金融市场的利率、风险、投资报酬率与其他非经济因素的变动。就动态而言，它反映了一国在一定时期内全部对外往来的货币收付活动；就静态而言，它描述了一国与其他国家之间货币收支的对比结果。研究和探讨国际收支对于制定对外经济政策、提高竞争力、促进收支平衡有着重要的意义。

贸易顺逆差是指一个国家在一定时期内（如一年、半年、一个季度、一个月等）出口贸易总值与进口贸易总值的差值。它反映的是国与国之间的商品贸易状况，也是判断宏观经济运行状况的重要指标。当净出口为正值时，称为贸易顺差、贸易黑字、贸易盈余或出超。当净出口为负值时，称为贸易逆差、贸易赤字或入超。

国际货币基金组织在《国际收支手册》（第五版）中规定：国际收支是指一国在一定时期内（通常为一年）全部对外经济往来的系统的货币记录。它包括：①一个经济体和其他经济体之间的商品、劳务和收益交易。②一个经济体的货币黄金、特别提款权的所有权的变动和其他变动，以及这个经济体和其他经济体的债权债务的变化。③无偿转移以及在会计上需要对上述不能相互抵消的交易和变化加以平衡的对应记录。

在国际收支的统计中，居民是指在一个国家经济领土内具有经济利益中心的家庭及其个人和法人或社会团体。以美国为例，美联储（美国的中央银行）在进行外汇市场干预时，联邦储备资产负债表上的国际储备会增加或减少。国际储备交易是美国与其他国家间的几大资本流动之一。为了理解美联储如何积累国际储备及其可以用于外汇市场干预的储备数量，我们必须考虑美国与外国间的更广泛的资金流动。我们可以利用国际收支账户来理解国际资本流动。国际收支账户度量了本国（本例中的美国）与所有其他国家之间的所有的私人和政府的资金流动。美国的国际收支是一个类似于家庭或企业可以用于记录收入和支出的簿记过程。在国际收支中，从外国人到美国的资金流入是收入，被记录为正的数字。收入包括由于购买美国生产的商品和服务（美国的出口）、获取美国的资产（资本流入）以及美国居民收到的馈赠（单边转移）所带来的资金流入。

从美国到外国的资金流出是支出，支出用负号记录。

（1）购买外国的商品和服务（进口）。

（2）美国家庭或企业购买外国资产的货币支出（资本流出）。

（3）对外国人的馈赠，包括对外援助（单边转移）。

国际收支账户的主要组成部分概括了与商品和服务的购买和销售有关的交易（经常账户余额，包括贸易余额）以及与国际借贷有关的资金流动（金融账户余额，包括官方结算）。

每一笔国际交易代表了商品、服务或资产在家庭、企业或政府之间的交换。因此，交换的双方必须总是平衡的。换言之，国际收支账户的收入和支出必须等于0，或者说，经常账户余额+金融账户余额=0。

四、国际收支统计中的有关规定

一是计价：交易的计价基础一般是成交的市场价格，非货币性交易利用同等条件下已形成的已知市场价格推算需要的市场价格，国际贸易中统一按离岸价格计价，运费和保险费等记录在服务项目下。

二是记账单位的结算方法：记账单位目前国际上通用美元，折算过程中选择交易发生当日的市场汇率，或附近最短时期内的平均汇率。

三是时间确定：经济所有权转移或服务在提供的时间，是国际收支要记录的时间。

五、国际收支理论

（一）国际收支弹性论

国际收支弹性论主要是由英国剑桥大学经济学家琼·罗宾逊在马歇尔微观经济学和局部均衡分析方法的基础上发展起来的，它着重考虑货币贬值取得成功的条件及其对贸易收支和贸易条件的影响。

1. 弹性论的假设

（1）不考虑资本流动，商品贸易收支＝国际收支，即 $B = TB$。

（2）局部均衡。（只考虑汇率变化，假设商品价格、偏好等都不变，忽略货币贬值的收入效应和价格效应、不考虑汇率变化的货币效应。）

(3) 短期内产品供给弹性无穷大，即水平的供给曲线。
(4) 初始的贸易是平衡的，汇率变化较小。

2. 国际收支弹性论的基本思想

汇率变动通过国内外产品之间，以及本国生产的贸易品（出口品和进口替代品）与非贸易品之间的相对价格变动，影响一国进出口供给和需求，从而作用于国际收支。

3. 马歇尔—勒纳条件

贬值是改善国际收支的必要条件。

4. 结论

在进出口供给弹性无穷大的情况下，只要一国进出口需求弹性绝对值之和大于1，本国货币贬值就会改善国际收支的近况。

5. 评价

（1）国际收支弹性论的贡献。

国际收支弹性论纠正了以往的片面看法，正确地指出：只有在一定的进出口供求弹性条件下，货币贬值才有改善贸易收支的作用和效果。它曾长期流行，并为许多国家所采用，在调节国际收支方面取得了一定的效果。

（2）国际收支弹性论的局限性表现为以下四点。

第一，采用局部均衡分析方法，只考虑贬值对进出口商品市场的影响，而假定其他条件不变。事实上，汇率变化除了直接影响贸易品的相对价格外，还会影响本国的一般价格水平。本国货币贬值后，进口品本币价格上升，一方面直接影响进口原料与半成品的价格，进而使本国商品成本提高；另一方面进口消费品价格上涨，还会推动本国的工资水平上升，间接影响本国商品的成本。这两方面的作用共同导致本国国内价格水平上升，出口减少，进口增加，贸易收支改善程度缩小。此外，货币贬值在改善贸易收支的同时，也启动了外贸乘数，使本国国民收入成倍增加，通过边际进口倾向，本国的出口下降，进口增加，贸易收支改善程度缩小。事实上，贬值后，进口品价格上升，将推动本国贸易品和非贸易品生产成本上升，从而引起贸易品和非贸易品的要素价格均上涨，即通货膨胀效应。

第二，假定供给弹性无穷大。这一假定在小于充分就业均衡，即国内外都存在大量未被充分利用的闲置资源的条件下可能是成立的，但在经济接近充分就业时，各部门对资源的竞争将使生产要素价格上升，从而产品价格上涨，进出口品的供给价格弹性小于无穷。

第三，该理论把国际收支仅局限于贸易收支，未考虑劳务和国际资本流动。

第四，弹性的估计复杂，使理论的应用有技术困难。

（二）国际收支的乘数论

乘数法，又称收入论或收入分析法。

1. 乘数论的假设

（1）不考虑资本流动，商品贸易收支 = 国际收支，即 $B = TB$。
（2）其他条件（包括汇率、价格等）不变，只探讨收入变化对贸易收支的影响。

2. 国际收支乘数论的基本思想

进口支出是国民收入的函数，自主性支出的变动通过乘数效应引起国民收入的变动，从而影响进口支出。一国可以通过需求管理政策来调整国际收支。

凯恩斯主义的国民收入决定模型为

$$Y = \frac{1}{1-c+m}(C_0 + I + G + X - M_0)$$

由于贸易乘数 $\frac{1}{1-c+m}$ 大于1，因此，自主性支出的变动会带来国民收入的多倍变化。由于进口随国民收入的增减而增减，贸易差额也就受国民收入的影响。

$$B = X - M_0 - \frac{m}{1-c+m}(C_0 + I + G + X - M_0)$$

上式表明，一国可以通过需求管理政策来调整国际收支。当一国国际收支出现赤字时，当局可以实施紧缩性财政货币政策，降低国民收入，以减少进口支出，改善国际收支。

3. 哈伯格条件

（1）哈伯格条件（马歇尔—勒纳条件的修正）。

$$E_m + E_x > 1 + m$$

其中，m 为本国的边际进口倾向。

由于贬值引起的进出口变动除了直接带来国际收支的变动外，还会通过国民收入的变化，导致诱发性进口的变动，从而进一步影响国际收支状况。基于此，将贬值由弹性论所说的需求替代效应与收入效应结合，马歇尔—勒纳条件就转变为更严格的哈伯格条件：

$$E_m + E_x > 1 + m$$

哈伯格条件比马歇尔—勒纳条件更具有现实意义，因为它考虑了贬值通过收入的变动对国际收支所产生的影响，并且比出口供给弹性无穷大的假设更加接近非充分就业的现实。

（2）总弹性条件（哈伯格条件修正）。

$$E_m + E_x > 1 + m + m^*$$

这就是说，在进出口供给弹性无穷大的情况下，大国只有在进出口需求弹性之和大于1加本国和外国的边际进口倾向时，贬值才能有效地改善国际收支，而哈伯格条件更加适用于小国。

4. 评价

（1）国际收支乘数论的贡献。

国际收支乘数论建立在凯恩斯宏观经济分析框架之上，阐述了对外贸易与国民收入之间的关系，以及各国经济通过进出口途径相互影响的原理，在一定程度上对我们理解现实经济状况有一定的启发意义。

（2）国际收支乘数论的局限性。

第一，模型中没有考虑货币量和价格因素的作用。如果国内已处于充分就业状态，那么出口增加意味的是过度需求，将造成需求拉起的通货膨胀。出口增加所引起的总需求增加还不同于投资增加所引起的总需求增加，后者虽也会引起通货膨胀，但从动态上看，它过一段时期后会形成新的生产能力，增加供给，可以在一定程度上抵消过度需求，但出口所引起的过度需求则不会形成生产能力。这是以乘数论引出的新重商主义政策的应用局限性。

第二，国际收支乘数论同样没有考虑国际资本流动，因此它关于收入对国际收支的影响分析并不全面。收入上升将会刺激外国资金流入，带来资本账户收支的改善，抵消其对经常账户的不利影响。

（三）国际收支吸收论

国际收支吸收论又称支出分析法，由西德尼·亚历山大提出，它以凯恩斯宏观经济理论为理论基础，认为国际收支与整个国民经济相联系，只有理解经济政策怎样影响总的经济活动，尤其是产量变化以后，支出如何变动，才能理解国际收支的变化。它从宏观经济学中的国民收入方程式入手，着重考察总收入与总支出对国际收支的影响，并在此基础上提出国际收支调节的相应政策主张。

1. 国际收支吸收论的基本思想

$$Y = C + I + G + X - M$$

式中，Y 为国民收入，C 为消费支出，I 为投资支出，G 为政府购买支出，X 为出口，M 为进口。

$$B = X - M = Y - A$$

式中，A 为 $C+I+G$，即国内吸收。当国民收入大于总吸收时，国际收支为顺差；当国民收入小于总吸收时，国际收支为逆差。因此，要改善国际收支，最终就是要增加收入和减少吸收。

进一步，将吸收分为两部分：一部分是诱发性吸收，另一部分是自主性吸收，即

$$A = A_0 + \alpha \times Y$$

式中，α 为边际吸收倾向；A_0 为自主性吸收。

由此可得

$$\Delta B = (1 - \alpha)\Delta Y - \Delta A_0$$

国际收支吸收论具有强烈的政策搭配取向。当国际收支逆差时，应采用紧缩性的财政货币政策来减少对贸易商品的过度需求，减少国内吸收，同时采用货币贬值，消除紧缩性政策的不利影响，使进口需求减少的同时能增加收入，以达到内部经济和外部经济的同时平衡。

2. 货币贬值效应

国际收支吸收论特别重视从宏观经济的整体角度来考察贬值对国际收支的影响。它认为，贬值要起到改善国际收支的作用，必须有闲置资源的存在。只有当存在闲置资源时，贬值后闲置资源流入出口品生产部门，出口才能扩大。出口扩大会引起国民收入和国内吸收同时增加，只有当边际吸收倾向小于 1，即吸收的增长小于收入的增长，贬值才能最终改善国际收支。比如，出口扩大时，出口部门的投资和消费会增长，收入也会增长，通过"乘数"作用，又引起整个社会投资、消费和收入多倍地增长。所谓边际吸收倾向，是指每增加的单位收入中用于吸收的百分比。只有当这个百分比小于 1 时，整个社会增加的总收入才会大于增加的总吸收，国际收支才能改善。

3. 评价

（1）国际收支吸收论的贡献。

国际收支吸收论采用一般均衡分析法，将收支的变动与整个宏观经济状况结合起来分析，从总收入和总吸收的相对关系中考察收支失衡的原因并提出国际收支的调节政策，克服了国际收支弹性论从相对价格关系出发的局部均衡分析的不足。同时它起了承前启后的作用，一方面，指出了国际收支弹性论的缺点，吸纳了弹性论某些合理内容，是在弹性论基础上的一大进步；另一方面，指出了国际收支失衡的宏观原因和注意到国际收支失衡的货币方面，成为货币分析法的先驱。

（2）国际收支吸收论的局限性。

第一，国际收支吸收论是建立在国民收入核算会计恒等式的基础上的，但并没有对收入

和吸收为因、贸易收支为果的观点提供任何令人信服的逻辑分析。实际上,收入与吸收固然会影响贸易收支,但贸易收支反过来也会影响收入和吸收。

第二,对本币贬值效应的分析有两个重要的假定,即贬值是出口增加的唯一原因和生产要素的转移机制运行顺畅,这与现实存在较大差距。

第三,在贬值分析中,它完全没有考虑相对价格在调整过程中的作用。

第四,忽略了资源运用效率的问题。

第五,以贸易收支代替国际收支,忽略了资本流动的作用,不够全面。

(四) 国际收支货币论

20世纪60年代后期,蒙代尔、约翰逊和弗兰克尔等人将封闭经济条件的货币主义原理引申到待开放经济中,从而发展了国际收支货币论。它从货币的角度而不是从商品的角度,来考察国际收支失衡的原因并提出政策主张。

1. 假设

(1) 充分就业均衡状态下,一国货币需求是收入、价格等变量的稳定函数,在长期内货币需求是稳定的。

(2) 贸易商品的价格主要是外生的,在长期内,一国价格水平和利率水平接近世界市场水平;或者说本国是国际市场上利率和价格的接受者。

(3) 货币供给的变化不影响实物产量。

(4) 国际储备变化带来的货币供应变化不会被冲销掉。

(5) 基础货币等于货币供给量,忽略货币乘数。

(6) 货币市场是均衡的,即需求等于供给。

2. 基本理论

$$MS = MD$$
$$MS = m(D + R)$$
$$MD = P_f(y, i)$$
$$若 m = 1, 则 R = MD - D$$

这一方程式说明:

(1) 国际收支不平衡是货币不平衡,即人们愿意持有的货币量与货币当局货币供给量间差异的结果。具体来讲,如果货币当局的货币供应量供大于求,则过剩的货币供给会通过流向国外而消失;反之,如果货币当局的货币供应量供不应求,则对货币的超额需求将由从国外流入的货币来弥补。

(2) 国际收支本质上是一种货币现象,它可以由国内货币政策来解决,其中主要的是货币供应政策,如赤字的根源在于国内信贷扩张过大,所以要实行紧缩货币政策,以使货币增长与经济增长速度一致。

(3) 国际收支问题,实际上反映的是实际货币余额(货币存量)对名义货币供应量的调整过程。例如,国际收支逆差实际上就是一国国内的名义货币供应量超过了名义货币需求量。由于货币供应不影响实物产量,在价格不变的情况下,个人和企业就会增加货币支出,以调整他们的实际货币余额;而从整个国家来看,实际货币余额的调整就表现为货币外流,即逆差;此时在固定汇率制度下,为了保持汇率的稳定,货币当局只能动用外汇储备来干预市场,由此货币供给也随之相应减少,直到与货币需求保持相等。

3. 货币论视角下的国际收支失衡原因

国际收支货币理论通过下面的简单模型来说明国际收支失衡的原因。

$$MD = kPY$$
$$MS = m(D + F)$$
$$MD = MS$$

式中，MD 为名义货币需求量；P 为国内物价水平；Y 为实际国民收入；D 为一国基础货币的本国部分（国内信贷量）；F 为该国基础货币的国外部分（国际储备量）；m 为货币乘数；MS 为名义货币供应量；k 为一个常数，表示名义货币需求量与名义国民收入（PY）的预期比率。式 $MD = kPY$ 是货币需求方程，表明一国货币需求量是国内物价水平和实际国民收入的正比函数。这里假定利率是一个常数，因为可将其忽略不计。式 $MS = m(D + F)$ 是货币供给方程，在现代银行体系中，商业银行增加一单位国内信贷量或国际储备量都会产生乘数效应，使一国货币供应量倍数增加。式 $MD = MS$ 是货币市场均衡方程。

假定最初货币市场处于均衡状态，即 $MD = MS$，若由于某种原因（如中央银行扩大国内信贷量），使一国名义货币供应量超过名义货币需求量（$MD < MS$），则人民持有的货币存量将超过他们意愿持有的水平，人民必然会增加对国外商品和金融资产的需求，最终导致国际收支逆差；相反，若由于某种原因（如收入增加），造成名义货币需求量上升，超过名义货币供应量（$MD > MS$），则人们持有的货币存量将小于他们意愿持有的数量，人们必然会减少对国外商品和金融资产的需求，最终导致国际收支顺差。因此，国际收支货币理论认为，国际收支失衡的根本原因应归咎于货币供求的不平衡。当货币供应量大于货币需求量时，会造成国际收支逆差；当货币供应量小于货币需求量时，会造成国际收支顺差。

4. 评价

（1）国际收支货币论的贡献。

第一，国际收支货币论唤起了人们在国际收支分析中对货币因素的重新重视。在政策主张上，认为收支失衡本质上是货币性的，因此强调货币政策的运用，认为只要保证货币供应的适度增长，就可以保持国际收支的平衡。

第二，国际收支货币论主张从线下项目分析，即其研究焦点不是放在进出口、投资、消费等一国经济活动的实物层面，而是通过对货币当局国际储备额的变动及其决定因素的分析，把研究重点集中于货币层面。国际收支调节由于分析重点的转移更具一般性。

（2）国际收支货币论的局限性。

第一，国际收支货币论假定货币需求是收入和利率的稳定函数，但短期内，货币需求往往很不稳定也很难不受货币供给变动的影响；另外，它还假定货币供给对实物产量和收入没有影响，但其实货币供给变化后，人们不仅改变对国外商品和证券的支出，而且也会改变对本国商品和证券的支出，由此影响国内产量的变化。

第二，传统的吸收论和弹性论都认为成功的贬值对经济增长具有刺激作用，但货币论认为贬值仅有紧缩性影响，贬值能暂时性地改善国际收支，是因为它减少了实际货币余额和增加了名义货币需求。实际货币余额需求的减少，意味着消费投资收入的下降，这就无法解释为什么许多国家把贬值作为刺激出口和经济增长的手段。

第三，货币论还强调一价定律的作用，但从长期来看，由于垄断因素和商品供求黏性的存在，一价定律往往不能成立。

六、国际收支平衡表

(一) 国际收支平衡表的含义

国际收支平衡表是反映一定时期一国同外国的全部经济往来的收支流量表。国际收支平衡表是对一个国家与其他国家进行经济技术交流过程中所发生的贸易、非贸易、资本往来以及储备资产的实际动态所做的系统记录,是国际收支核算的重要工具。通过国际收支平衡表,可综合反映一国的国际收支平衡状况、收支结构及储备资产的增减变动情况,为制定对外经济政策,分析影响国际收支平衡的基本经济因素,采取相应的调控措施提供依据,并为其他核算表中有关国外部分提供基础性资料。

(二) 国际收支平衡表的记账方法

(1) 凡引起本国外汇收入的项目,记入贷方,记为"+"(可省略)。

(2) 凡引起本国外汇支出的项目,记入借方,记为"-"。

贸易往来,即各种物质商品的输出、输入。出口列为贷方金额,进口列为借方金额。

非贸易往来,主要包括劳务收支、投资所得等。收入列为贷方金额,支出列为借方金额。

无偿转让。从外国转入本国列为贷方金额,从本国转向外国列为借方金额。

资本往来,分为长期和短期。从外国流入本国的资本列为贷方金额,从本国流向外国的资本列为借方金额。

储备,包括本国作为国际货币基金组织的成员国分配得到的特别提款权以及作为国际储备的黄金和外汇等。储备本身是存量,其增减额是流量。本年度储备增加额列为借方金额,其减少额列为贷方金额,二者相抵得出储备净增额或净减额。

国际收支平衡总表虽然平衡,但各类项目却经常是不平衡的。商品输出大于输入,则贷方金额大于借方金额,形成外贸顺差;相反,则形成外贸逆差,或称外贸赤字。贸易项目中资本项目流入大于流出,则贷方金额大于借方金额,形成资本净流入;相反,则形成资本净流出。储备项目中本年度增加额大于减少额,则借方金额大于贷方金额形成借方净增金额,即本国的国际储备增加;相反,则形成借方净减金额,即本国的国际储备减少。

(三) 国际收支平衡表的用途

1. 进行国际收支平衡状况分析

国际收支平衡状况分析,重点是分析国际收支差额,并找出原因,以便采取相应对策,扭转不平衡状况。

2. 进行国际收支结构分析

对国际收支结构进行分析,可以揭示各个项目在国际收支中的地位和作用,从结构变化中发现问题找出原因,为指导对外经济活动提供依据。

国际收支项目众多,各国统计和编制方法也不尽相同。国际货币基金组织编制《国际收支手册》作为范本,以求得各国的国际收支平衡表内容大体一致。典型的国际收支平衡表如下:国际收支平衡以货币金额计值,既可用本国货币,也可用国际通用货币;借贷复式记录,按应收应付制记账。

(四) 国际收支平衡表的项目构成

1. 经常账户

经常账户主要反映一国与他国之间实际资源的转移,是国际收支中最重要的项目。经常账户主要包括以下几方面。

(1) 货物和服务。

货物是指通过海关的进出口货物,其反映的是对外贸易收支,也称有形收支,借方记录进口总额,贷方记录出口总额,商品进出口额均按离岸价格计算,即只包括装船前的费用,而国际运费和保险费都列入服务开支。服务包括制造服务、维修服务、运输服务、客运服务等、旅游服务、建筑服务、养老和保险服务、金融服务、知识产权收费、电信和信息服务等。服务的进口即服务的输入记入借方项目,服务的出口即服务的输出则记入贷方项目。伴随产业结构的调整和国际经济交易的发展,服务在经常账户中所占比重有不断上升的趋势。

(2) 收益。

收益主要包括职工的报酬和投资收益两类交易。其中,职工报酬主要是指本国支付给非居民工人(如季节性短期工人)的报酬以及本国居民从外国获得的短期性报酬。而投资收益则是指对外金融资产和负债产生的收入和支出,具体表现为直接投资、证券投资和其他投资的收入和支出以及储备资产的收入。最常见的投资收益是红利和利息。

(3) 经常转移。

经常转移又称无偿转移或单向转移,包括政府无偿转移和私人无偿转移。政府无偿转移主要有债务豁免、政府间经济军事援助、战争赔款、捐款等。私人无偿转移主要有侨民汇款、年金、赠予等。贷方表示外国对我国提供的无偿转移,借方反映我国对外国的无偿转移。

2. 资本账户

资本账户主要包括居民与非居民之间的资本转移和非生产性、非金融资产的交易。其中,资本转移主要涉及固定资产所有权的变更以及债权债务的减免,具体包括:①固定资产所有权的转移。②与固定资产的收买和放弃相联系的或以其为条件的资产转移。③债权人不索取任何回报而取消的债务。④投资捐赠。而非生产性、非金融资产的交易则是指非生产性有形资产(土地和地下资产)及无形资产(专利、版权、商标和经销权等)的收买和放弃。资本转移不影响可支配收入。

3. 金融账户

金融账户主要包括居民与非居民之间的直接投资、证券投资、金融衍生品及员工股票期权和其他投资。直接投资包括居民与非居民之间的股本投资、收益再投资和其他资本投资等。直接投资者可对非居民企业拥有相当程度上的控制和影响。证券投资包括居民与非居民之间股本证券和债券(直接投资和储备资产之外)的交易。本国在国外的直接投资、证券投资、金融衍生品及员工股票期权和其他投资的增加记入借方项目,外国在本国的直接投资、证券投资、金融衍生品及员工股票期权和其他投资的增加则应记入贷方项目。

4. 储备资产

储备资产是指一国货币当局所直接控制的、实际存在的可随时用来干预外汇市场、支付国际收支差额的资产,包括货币性黄金、国际货币基金组织所分配的特别提款权、在国际货币基金组织的储备头寸、外汇资产以及其他债权。如果一国一定时期内经常账户与资本账户和金融账户表现为顺差,将使该国国际储备增加;相反,则导致该国国际储备减少。近年来,我国经常账户与金融账户出现的双顺差,使我国积累了大量的储备资产。

储备资产项目本来是属于金融账户的子项目,但由于其功能和管理方式不同于其他资产,故往往将其单列。

5. 净误差与遗漏

由于国际收支核算运用的是复式记账原理,理论上所有项目的借方余额与贷方余额应相等。但实际上,由于各个项目的统计数据来源不一,有的数据甚至需要进行估算,所以,国际收支平衡表各个项目的借方余额与贷方余额经常是不相等的,其差额就作为净误差与遗漏。这是一个平衡项目,当贷方大于借方时,将差额列入该项目的借方;当借方大于贷方时,将差额列入该项目的贷方。

(五) 国际收支平衡表的分析

国际收支平衡表是各项国际交易的记录,因而从每笔交易和借贷总计来看总是平衡的。但国际交易所引起的国际收支事先无法达到平衡。反映在国际收支平衡表上的交易实际有两种:一种是事先的自主性交易,另一种是事后的调节性交易。贸易项目一般是前一种。在自主性交易中如发生差额而只能动用国际储备或借入短期资本以弥补此差额,则属于事后的调节性交易。自主性交易的国际收支如果能基本相抵,则调节性交易就不必占重要位置。在这个意义上,国际收支就基本上达到平衡;如果情况相反,则国际收支就不平衡。这里说的国际收支平衡不是指平衡表上借贷总计的平衡。国际收支的基本平衡是各国的重要经济目标之一。本国经济中许多因素,诸如生产波动、产业结构变动、金融动荡、物价升降等,都能影响这个目标的顺利实现。国外经济、政治、金融状况的变化也能产生不利影响。为避免和抵消这些影响,需要调整国际收支。这不仅为了使国际收支能保持基本平衡,而且也为本国汇价、物价的稳定以及本国对外支付能力的增强创造条件。在制定适当的政策措施以调整国际收支时,要对国际收支平衡表做全面的分析,并把国际收支与国内经济统一起来考虑。

七、国际收支的调节

(一) 国际收支失衡的原因

(1) 偶发性因素:政治、经济、自然等方面偶然的突发性事件。

(2) 周期性因素:常见于比较发达的市场经济国家。

(3) 结构性因素:贸易收支在国际收支中往往举足轻重,当一个国家的产业结构不能及时适应国际市场需求的变化时,会出现出口锐减,进出口失衡,从而造成结构性失衡。结构性失衡分为供求结构失衡和要素价格结构失衡,主要出现在发展中国家。

(4) 货币性因素:一国的价格水平、成本、汇率、利率等货币性因素变动造成的国际收支失衡。

(5) 收入性因素:一国国民收入的变化,会影响该国的进出口贸易,从而影响国际收支。

(6) 外汇投机和不稳定的国际资本流动。国际游资(Hot Money)是国际金融市场上追逐高息流动的短期资本。

(二) 国际收支自动调节机制

1. 国际金本位制度下的国际收支自动调节机制

物价变动成为调节国际收支的直接手段。

2. 纸币本位的固定汇率制度下的国际收支自动调节机制

当一国出现了国际收支赤字时，为了维持固定汇率，该国的货币当局就必须减少外汇储备，本国货币供应量减少。这首先会使银根趋紧，利率上升。利率上升又会导致本国资本外流减少，外国资本流入增加，结果使资本账户改善。反之，当国际收支出现盈余时，会通过利率下降导致本国资本流出增加，外国资本流入减少，使盈余减少或消除。这是国际收支失衡的利率效应。

国际收支出现赤字造成国内货币供给减少，会使公众手中持有的实际货币余额减少到他们愿意持有的水平。为了达到这一现金余额水平，人们就会直接减少国内支出。同时，货币供给的减少导致利率的上升也会进一步减少国内居民的当期支出。国内支出的一部分是用于购买进口品的，这样，随着国内支出的下降，进口需求也会减少，从而改善国际收支，这是现金余额效应。同样，国际收支盈余也可以通过国内支出增加造成的进口需求增加而得到自动削减。

物价的变动在国际收支自动调节中也发挥着作用。国际收支出现赤字时，货币供给的下降会引起国内价格水平的下降，而由于汇率是固定的，以外币表示的本国产品在国外的价格会相对下降，同时会引起以本币表示的国外产品的相对价格上升，这会增加本国的出口，减少对国外的进口，从而消除国际收支赤字。相反，当本国出现了大量的国际收支盈余，就会通过相反的渠道提高本国产品的相对价格，从而打击本国产品的出口，鼓励进口，自动缩小国际收支的差额。

3. 浮动汇率制度下的国际收支自动调节机制

在浮动汇率制下，由于货币当局不承担维持汇率固定的义务，汇率随外汇市场供求自由波动，因此，国际收支的赤字或盈余一般不会改变中央银行的外汇储备。但是，如果一国国际收支出现赤字，本国对外汇需求就会大于外汇供给，从而使外汇的汇率上升，本币则相对贬值。反之，如果一国国际收支出现盈余，外汇需求就会小于外汇供给，从而使本币出现升值，外汇出现贬值。汇率的波动会自动地改变本国出口产品和进口产品的相对价格，从而使国际收支赤字通过汇率的波动而得以自动地消除。

将固定汇率制与浮动汇率制下国际收支失衡的自动调整机制做一个对比，就会发现，在固定汇率制下，国际收支自动恢复均衡是通过国内宏观经济变量的变化来实现的，这就意味着对外均衡目标的实现是以牺牲国内经济均衡为代价的。在浮动汇率制下，汇率变动使国际收支自动地调整，不会影响国内货币供应和物价水平，因此，它在一定程度上起着隔绝国外经济通过国际收支途径干扰本国经济的作用。

八、国际收支的调节政策

各国政府可以选择的国际收支调节手段包括财政政策、货币政策、汇率政策、直接管制和其他奖出限入措施等。这些政策措施不仅会改变国际收支，而且会给国民经济带来其他影响。各国政府根据本国的国情采取不同措施对国际收支进行调节。

（一）财政政策

当一国出现国际收支顺差时，政府可以通过扩张性财政政策促使国际收支平衡。首先，减税或增加政府支出通过税收乘数或政府支出乘数成倍地提高国民收入，由于边际进口倾向的存在，导致进口相应增加。其次，需求带动的收入增长通常伴随着物价水平上升，后者具有刺激进口抑制出口的作用。此外,在收入和物价上升的过程中利率有可能上升,后者会刺激资本流入。一般来说,扩张性财政政策对贸易收支的影响超过它对资本项目收支的影响,因此它有助于一国在国际收支顺差的情况下恢复国际收支平衡。

(二) 货币政策

宏观货币政策指一国政府和金融当局通过调整货币供应量实现对国民经济需求管理的政策。在发达资本主义国家,政府一般通过改变再贴现率、改变法定准备率和进行公开市场业务来调整货币供应量。由于货币供应量变动可以改变利率、物价和国民收入,所以货币政策成为国际收支调节手段。

(三) 汇率政策

汇率政策指一国通过调整本币汇率来调节国际收支的政策。当一国发生国际收支逆差时,政府实行货币贬值(Devaluation)可以增强出口商品的国际竞争力并削弱进口商品的竞争力,从而改善该国的贸易收支。当一国长期存在国际收支顺差时,政府可以通过货币升值(Revaluation)来促使国际收支平衡。为了保证国际间汇率相对稳定,国际货币基金组织曾规定各会员国只有在国际收支出现基本不平衡时才能够调整汇率。

(四) 直接管制政策

直接管制政策指政府直接干预对外经济往来实现国际收支调节的政策措施。上述国际收支调节政策都有较明显的间接性,更多地依靠市场机制来发挥调节作用。直接管制可分为外汇管制、财政管制和贸易管制。

(五) 国际收支调节政策的国际协调

各国政府调节国际收支都以本国利益为出发点,它们采取的调节措施都可能对别国经济产生不利影响,并使其他国家采取相应的报复措施。为了维护世界经济的正常秩序,第二次世界大战后各国政府加强了对国际收支调节政策的国际协调。

(1) 通过各种国际经济协定确定国际收支调节的一般原则。关税及贸易总协定规定了非歧视原则、关税保护和关税减让原则、取消数量限制原则、禁止倾销和限制出口贴补原则、磋商调解原则等。国际货币基金协定规定了多边结算原则、消除外汇管制和制止竞争性货币贬值原则等。这些原则以贸易和金融自由化为核心,通过限制各国采取损人利己的调节政策来缓和各国之间的矛盾。

(2) 建立国际经济组织或通过国际协定向逆差国家提供资金融通,以缓解国际清偿力不足的问题。国际货币基金组织向会员国发放多种贷款用于解决暂时性国际收支困难,并创设特别提款权用于补充会员国的国际储备资产。借款总安排和互换货币协定要求有关国家承诺提供一笔资金,由逆差国在一定条件下动用以缓和国际收支逆差问题和稳定汇率。

(3) 建立区域性经济一体化集团以促进区域内经济一体化和国际收支调节。当前世界经济中的区域性经济一体化集团主要有优惠贸易安排、自由贸易区、关税同盟、共同市场和经济共同体等类型。其中最成功的是欧盟。它已经实现了商品和要素国际流动的自由化,制定了共同农业政策,统一了货币。

(4) 建立原料输出国组织以改善原料输出国的国际收支状况。不等价交换是许多发展中国家出现长期国际收支逆差的重要原因。为了反抗原料消费国垄断集团对原料价格的操纵,以发展中国家为主的原料出口国建立了许多原料输出国组织,如阿拉伯石油输出国组织、铜矿业出口政府联合委员会、可可生产者联盟等。特别是石油输出国组织通过限产提价等斗争手段，显著地提高了石油价格，对扭转石油输出国的国际收支状况起到了极大的作用。

（5）通过各种国际会议协调多种经济政策，以提高经济政策特别是国际收支调节政策的效力。

各国的经济政策可以相互影响，有可能使其作用相互抵消。各国领导人通过国际会议进行政策协调，可以提高政策的效力。例如，西方七国首脑定期举行最高级会议，对财政、货币、汇率等多种政策进行协调，在一定程度上缓解了它们之间的矛盾，提高了国际收支调节措施的效力。

第二节 外汇

一、外汇概述

（一）外汇的概念

当一个中国居民购买外国的商品、劳务或者金融资产时，必须把人民币兑换成外国货币。这种将本国货币兑换成外国货币，或者将外国货币兑换成本国货币以清偿国际债权债务的活动就被称为国际汇兑，而外汇则是国际汇兑的简称。Exchange 一词本身有动词和名词两种词性，所以我们应该从动态和静态两个角度来把握外汇的概念。

1. 动态的外汇

当外汇被看作一种经济活动时，它就具有了动态的含义。动态的外汇是一种汇兑行为，指把一个国家的货币兑换成另一个国家的货币以清偿国际债权债务的金融活动。比如我国某进口公司从美国进口一批机器设备，双方约定用美元支付，而我方公司只有人民币存款，为了解决支付问题，该公司用人民币向中国银行购买相应金额的美元汇票，汇给美国出口商，美国出口商收到汇票后，即可向当地银行兑取美元。这样一个过程就是国际汇兑，也是外汇最原始的概念。

2. 静态的外汇

随着世界经济的发展，国际经济活动日益活跃，国际汇兑业务的范围也越来越广泛，慢慢地，国际汇兑由一个动态的概念演变成国际汇兑中国际支付手段这样一个静态的概念，从而形成了今天广泛使用的外汇静态含义：国家间为清偿债权债务关系进行的汇兑活动所凭借的手段或工具，或者说是用于国际汇兑活动的支付手段和支付工具。国际金融学主要研究静态含义的外汇，这一含义又有广义与狭义之分。

广义的外汇是一国拥有的一切以外币表示的资产，是指货币在各国间的流动以及把一个国家的货币兑换成另一个国家的货币，借以清偿国际债权债务关系的一种专门性的经营活动。实际上就是货币行政当局（中央银行、货币管理机构、外汇平准基金及财政部）以银行存款、财政部库券、长短期政府债券等形式所保有的在国际收支逆差时可以使用的债权。

狭义的外汇是以外国货币表示的，为各国普遍接受的，可用于国际债权债务结算的各种支付手段。它必须具备三个特点：①普遍接受性，即该货币在国际经济往来中能被各国普遍接受和适用。②可偿付性，即该货币是由外国政府或货币当局发行并可以保证得到偿付，如空头支票或遭拒付的汇票不能视为外汇。③自由兑换性，即该货币必须能够自由地兑换成其他国家的货币或购买其他信用工具以进行多边支付。国际货币基金组织按照货币的可兑换程度，把各国货币大体分类为可兑换货币、有限制的可兑换货币、不可兑换货币。我国人民币属于有限度的自由兑换货币。严格意义上的外汇应是可兑换货币。目前有80多个国家和地区宣布其货币为可自由兑换货币，主要有美元、港元、日元、新加坡元、欧元、英镑、瑞士法郎、加拿大元、澳大利亚元、新西兰元等。例如，美元可以自由兑换成日元、英镑、欧元等其他货币，因而美元对其他国家居民来说是一种外汇；而我国的人民币现在还不能自由兑换成其他种类的货币，所以尽管对其他国家居民来说也是一种外汇，却不能称作外汇。

（二）外汇的特点

1. 高流通性，市场透明度和国际公平度，因为货币是以国家政府公信力为基础的

外汇市场是最完美的投资市场，由于是全人类全球性的参与，因此它是建立在国与国之间对等公正的基础上的公平交易，它每天的平均交易量都在3万亿美元左右，这个交易量是全世界的期货市场交易量总和的80倍。这样的交易量是任何一个国家的中央银行都无法长期操纵的，最多只能短期进行干预，而干预时，会在国际社会引起连锁的政治经济反应，所以这样的干预都是透明的，个人投资者也会在第一时间通过国际上的众多国家众多媒体得到这方面的信息，这些国际性的信息不可能被某一国家的政府封杀。另外，所有跨国公司都要通过外汇市场平衡它在各国的收支，学过财务的人都清楚，专门有一个"汇兑损益"的科目来核算外汇的汇率差，也就是说，外汇市场中的很多交易是沉淀下来了，你的盈利可能来自某跨国公司购汇时发生的汇率亏损。按照会计原则，这些汇率亏损是进入企业成本的。而这些成本最终由全世界的消费者承担。这样看来，外汇市场是一个比股票市场更开放的市场。一个好的投机工具，必须具有以下特点：首先是高流通性，巨大的流动性和交易量，可以降低风险并最大限度地防止少数人的长期操纵行为。其次是市场交易规则的透明、交易方式的灵活，以及低交易费用。

2. 24小时连续交易的市场

外汇交易市场，由于它的市场需求的本质不同，所以它和股票期货市场不同。作为货币交换来说是不能停市的，因此全世界的多家外汇交易所的时间重叠在一起，跨越了24小时。而24小时的不间断交易才能满足全球对货币交换的需求，因为这个星球上总是一个半球是白天，要给予全球货币需求者公平的交易时机，就必须有24小时的交易机制。这样的交易制度排除了开盘收盘价格戏剧性波动的可能性。这样可以使全球货币需求者受益。

3. T+0流转，双向交易

不管是现汇交易，还是保证金交易，外汇交易市场都是T+0流转的。你可以及时地对汇率变动做出反应，有利于个人小资金短线套利。如果进行保证金交易，则还可以双向交易。

目前大众比较流行和接受的外汇交易有两种模式。

（1）现货外汇交易。

现货外汇交易，国内称实盘交易，这是一种风险比较小收益也相对较小的外汇交易方式。国内各大银行都有这项交易服务，而国内这些银行赚取高点差，实际上等于是和国内银行做交易，然后国内银行再和国际市场交易。不同货币有不同点差，点差大致平均为20～30点，各银行有自己的点差标准，对资金需求量比较大。

(2) 保证金交易。

它类似期货的合约模式，提供一个资金杠杆，可以用少量资金进行大资金量交易。目前，这种交易方式在国内是不允许开设的，因此，国内的投机者必须到国外的一些保证金交易商那里开户。由于存在交易杠杆，所以实际上是把小资金放大了几十到几百倍，因此除去保证金交易商所收取的 3~5 点的点差之外，交易者不需要支付更多交易费用。保证金交易模式属于高风险交易，但它的交易规则和委托下单方式比现汇交易更灵活。经过四百多年的国际外汇市场的发展完善，保证金交易模式中增加了很多下单原则和风险控制元素，已经使风险降低了很多，有限的风险、巨大的资金杠杆、低廉的交易费用，确实是很吸引人的。

(三) 外汇的种类

1. 根据外汇是否可自由兑换划分

(1) 自由外汇。它是指无须外汇管理当局批准，可以自由兑换成其他国家货币或用于对第三国支付的外汇。换句话说，凡在国际经济领域可自由兑换、自由流动、自由转让的外币或外币支付手段，均称为自由外汇。例如，美元、英镑、日元、欧元、瑞士法郎等货币以及以这些货币表示的支票、汇票、股票、公债等都是自由外汇。由于许多国家基本上取消或放松外汇管制，因此目前世界上有多种货币是自由兑换货币，持有它们可自由兑换成其他国家货币或向第三者进行支付，因而成为国际上普遍可以接受的支付手段。

(2) 记账外汇。它又称为协定外汇或双边外汇，是指在两国政府间签订的支付协定项目中使用的外汇，不经货币发行国批准，不准自由兑换成他国货币，也不能对第三国进行支付。记账外汇只能根据协定在两国间使用，协定规定双方计价结算的货币可以是甲国货币，乙国货币或第三国货币；通过双方银行开立专门账户记载，年度终了时发生的顺差或逆差，通过友好协商解决，或是转入下一年度，或是用自由外汇或货物清偿。记账外汇的特点是：它只能记载在双方银行的账户上，用于两国间的支付，既不能兑换成他国货币，也不能拨给第三者使用。一些彼此友好的国家与第三世界国家之间为了节省双方的自由外汇，常采用记账外汇的方式进行进出口贸易。例如，历史上原来隶属于华沙条约组织的东欧国家之间的进出口贸易，曾经采用部分或全部记账外汇方式来办理清算。

2. 根据外汇的来源和用途不同划分

(1) 贸易外汇。它是指进出口贸易所收付的外汇，包括货物及相关的从属费用，如运费、保险费、宣传费、推销费用等。由于国际经济交往的主要内容就是国际贸易，贸易外汇是一个国家外汇的主要来源与用途。

(2) 非贸易外汇。它是指除进出口贸易和资本输出/输入以外的其他各方面所收付的外汇，包括劳务外汇、侨汇、捐赠外汇和援助外汇等。一般来说，非贸易外汇是一国外汇的次要来源与用途；也有个别国家例外，如瑞士，非贸易外汇是其外汇的主要来源与主要用途。

3. 根据外汇的交割期限划分

(1) 即期外汇，又称现汇。它是指外汇买卖成交后，在当日或在两个营业日内办理交割的外汇。交割是指本币的所有者与外币所有者互相交换其本币的所有权和外币的所有权的行为，即外汇买卖中的实际支付。

(2) 远期外汇，又称期汇。它是指买卖双方不需即时交割，而仅仅签订一纸买卖合同，预定将来在某一时间（在两个营业日以后）进行交割的外汇。远期外汇，通常是由国际贸易结算中的远期付款条件引起的；买卖远期外汇的目的，主要是避免或减少由于汇率变动所造成的风险损失。远期外汇的交割期限从1个月到1年不等,通常是3~6个月。

二、汇率

(一) 汇率的概念

汇率亦称"外汇牌价""EXR""外汇行市""汇价"等。Ex Rate 是汇率的英文"Exchange Rate"的缩写。汇率是一种货币兑换另一种货币的比率,是以一种货币表示另一种货币的价格。由于世界各国(各地区)货币的名称不同,币值不一,所以一种货币对其他国家(地区)的货币要规定一个兑换率,即汇率。

从短期来看,一国(地区)的汇率由对该国(地区)货币兑换外币的需求和供给所决定。外国人购买本国商品、在本国投资以及利用本国货币进行投资会影响本国货币的需求。本国居民想购买外国产品、向外国投资以及外汇投机影响本国货币供给。

从长期来看,影响汇率的主要因素有:相对价格水平、关税和限额、对本国商品相对于外国商品的偏好以及生产率。

(二) 汇率的标价方法

汇率的标价方法,确定两种不同货币之间的比价,先要确定用哪个国家的货币作为标准。由于确定的标准不同,于是便产生了几种不同的外汇汇率标价方法。常用的标价方法包括直接标价法、间接标价法、双向标价法、美元标价法。

1. 直接标价法

直接标价法又叫应付标价法,以一定单位(1、100、1 000、10 000)的外国货币为标准来计算应付出多少单位本国货币。就相当于计算购买一定单位外币所应付多少本币,所以叫应付标价法。包括中国在内的世界上绝大多数国家目前都采用直接标价法。在国际外汇市场上,日元、瑞士法郎、加元等均为直接标价法,如日元119.05 即1 美元兑119.05 日元。

在直接标价法下,若一定单位的外币折合的本币数额多于前期,则说明外币币值上升或本币币值下跌,叫作外汇汇率上升;反之,如果要用比原来较少的本币即能兑换到同一数额的外币,则说明外币币值下跌或本币币值上升,叫作外汇汇率下跌,即外币的价值与汇率的涨跌成反比。

2. 间接标价法

间接标价法又称应收标价法。它以一定单位(如1个单位)的本国货币为标准,来计算应收若干单位的外国货币。在国际外汇市场上,欧元、英镑、澳元等均为间接标价法。如欧元对美元汇率为1.383 0,即1 欧元兑1.383 0 美元。

在间接标价法中,本国货币的数额保持不变,外国货币的数额随着本国货币币值的对比变化而变动。如果一定数额的本币能兑换的外币数额比前期少,这表明外币币值上升,本币币值下降,即外汇汇率上升;反之,如果一定数额的本币能兑换的外币数额比前期多,则说明外币币值下降、本币币值上升,也就是外汇汇率下跌,即外币的价值和汇率的升跌成反比。

3. 双向标价法

外汇市场上的报价一般为双向报价,即由报价方同时报出自己的买入价和卖出价,由客户自行决定买卖方向。买入价和卖出价的价差越小,对于投资者来说意味着成本越小。银行间交易的报价点差正常为2~3点,银行(或交易商)向客户的报价点差依各家情况差别较大，目前国外保证金交易的报价点差基本为3~5点，香港为6~8点，国内银行实盘交易为10~50点不等。

4. 美元标价法

用于外汇市场上交易行情表。美元标价法又称纽约标价法，在美元标价法下，各国均以美元为基准来衡量各国货币的价值（即以一定单位的美元为标准来计算应该汇兑多少他国货币的表示方法），而非美元外汇买卖时，则是根据各自对美元的比率套算出买卖双方货币的汇价。这里注意，除英镑、欧元、澳元和新西兰元外，美元标价法基本已在国际外汇市场上通行。

其特点是：所有外汇市场上交易的货币都对美元报价，除英镑等极少数货币外，一般货币均采用以美元为外币的直接标价。

（三）汇率的种类

汇率的种类，是在外汇买卖中，根据制定方法不同、买卖立场不同、交割期不同、汇兑方式不同、计算方法不同、外汇管制的宽严不同、外汇资金的性质不同和交易时间的不同可分为各种不同的汇率。

1. 根据制定方法不同，汇率可以分为基准汇率和套算汇率

基准汇率是本币与对外经济交往中最常用的主要货币之间的汇率。由于外币种类繁多，要制定出本币与每一种外币之间的汇率有许多不便，因此，需要选定基准汇率。目前，各经济体的货币一般以美元为基本外币来确定基准汇率。2006年8月以后，我国基准汇率有五种：人民币兑美元、欧元、日元、港元和英镑的汇率。套算汇率又称交叉汇率，是根据本币基准汇率套算出本币兑非主要货币的其他外币的汇率或套算出其他外币之间的汇率。人民币兑美元、欧元、日元、港元、英镑以外的其他外币的汇率均为套算汇率。

2. 根据买卖立场不同，汇率可分为买入汇率和卖出汇率

买入汇率是外汇银行买进外汇（结汇）时所使用的汇率，也称买入价。卖出汇率是银行售出外汇（售汇）时所使用的汇率。买入汇率与卖出汇率间的差额即为银行买卖外汇的利润。由于汇率有两种标价方法，所以外汇银行挂牌的两种汇率的标价方法是不同的：在直接标价法下，买入汇率低于卖出汇率；在间接标价法下，买入汇率高于卖出汇率。

买入汇率和卖出汇率的算术平均数为中间汇率。目前我国外汇管理局公布的兑五种主要货币的基准汇率均为中间汇率。

3. 根据汇兑方式不同，汇率可以分为电汇汇率、信汇汇率、票汇汇率

电汇汇率是银行以电信方式通知付款时使用的汇率。由于电报付款迅速，所占外汇买卖比重很大，电汇汇率就成为国际金融市场上的基本汇率。信汇汇率是指银行卖出外汇后，用信函方式通知付款人付款时采用的汇率。票汇汇率是指银行买卖外汇汇票时所用的汇率。票汇汇率又分为即期票汇汇率和远期票汇汇率两种，远期票汇汇率较即期票汇汇率要低。

4. 根据交割期不同，汇率可分为即期汇率和远期汇率

即期汇率是即期外汇买卖使用的汇率，电汇汇率就是即期汇率。远期汇率是远期外汇买卖所使用的汇率，是一种预约性质的汇率。

5. 根据外汇管制的宽严不同，汇率可分为官方汇率和市场汇率

官方汇率是一国的外汇管理当局制定并公布实行的汇率。市场汇率则是由外汇市场供求关系决定的汇率。

6. 根据汇率制度不同，汇率可分为固定汇率和浮动汇率

固定汇率是指一国货币的汇率基本固定，汇率的波动幅度被限制在较小的范围内，中央银行有义务维持本币币值的基本稳定。浮动汇率则是不规定汇率波动的上下限，汇率随外汇市场的供求关系自由波动。如果本币钉住基本外币，汇率随其浮动，则被称为联系汇率或钉住的汇率制度。

7. 根据交易时间不同，汇率可分为开盘汇率和收盘汇率

开盘汇率是外汇银行在一个营业日开始时进行首批外汇买卖时使用的汇率。收盘汇率是外汇银行在一个营业日结束时所使用的汇率。

（四）影响汇率变动的因素

影响汇率变动的因素是多方面的。总的来说，一国经济实力的变化与宏观经济政策的选择，是决定汇率长期发展趋势的根本原因。我们经常可以看到在外汇市场中，市场人士都十分关注各国的各种经济数据，如国民经济总产值、消费者物价指数、利率变化等。在外汇市场中，我们应该清楚地认识和了解各种数据、指标与汇率变动的关系和影响，才能进一步找寻汇率变动的规律，主动地在外汇市场寻找投资投机时机和防范外汇风险。

在经济活动中有许多因素影响汇率变动，列举如下：

1. 国际收支状况

国际收支状况是决定汇率趋势的主导因素。国际收支是一国对外经济活动中的各种收支的总和。在一般情况下，国际收支逆差表明外汇供不应求。在浮动汇率制下，市场供求决定汇率的变动，因此国际收支逆差将引起本币贬值、外币升值，即外汇汇率上升。反之，国际收支顺差则引起外汇汇率下降。要注意的是，在一般情况下，国际收支变动决定汇率的中长期走势。

2. 国民收入

一般来讲，国民收入增加，促使消费水平提高，对本币的需求也相应增加。如果货币供给不变，对本币的额外需求将提高本币价值，造成外汇贬值。当然，国民收入的变动引起汇率是贬或升，要取决于国民收入变动的原因。如果国民收入是因增加商品供给而提高，则在一个较长时间内该国货币的购买力得以加强，外汇汇率就会下跌。如果国民收入因扩大政府开支或扩大总需求而提高，在供给不变的情况下，超额的需求必然要通过扩大进口来满足，这就使外汇需求增加，外汇汇率就会上涨。

3. 通货膨胀率的高低

通货膨胀率的高低是影响汇率变化的基础。如果一国的货币发行过多，流通中的货币量超过了商品流通过程中的实际需求，就会造成通货膨胀。通货膨胀使一国的货币在国内购买力下降，使货币对内贬值，在其他条件不变的情况下，货币对内贬值，必然引起对外贬值。因为汇率是两国币值的对比，发行货币过多的国家，其单位货币所代表的价值量减少，因此在该国货币折算成外国货币时，就要付出比原来多的该国货币。

通货膨胀率的变动，将改变人们对货币的交易需求量以及对债券收益、外币价值的预期。通货膨胀造成国内物价上涨，在汇率不变的情况下，出口亏损，进口有利。在外汇市场上，外国货币需求增加，本国货币需求减少，从而引起外汇汇率上升，本国货币对外贬值。相反，如果一国通货膨胀率降低，外汇汇率一般就会下跌。

4. 货币供给

货币供给是决定货币价值、货币购买力的首要因素。如果本国货币供给减少，则本币由

于稀少而更有价值。通常货币供给减少与银根紧缩、信贷紧缩相伴而行，从而造成总需求、产量和就业下降，商品价格也下降，本币价值提高，外汇汇率将相应下跌。如果货币供给增加，超额货币则以通货膨胀的形式表现出来，本国商品价格上涨，购买力下降，这将会促进相对低廉的外国商品大量进口，外汇汇率将上涨。

5. 财政收支

一国的财政收支状况对国际收支有很大影响。财政赤字扩大，将增加总需求，常常导致国际收支逆差及通货膨胀加剧，结果本币购买力下降，外汇需求增加，进而推动汇率上涨。当然，如果在财政赤字扩大时，在货币政策方面辅之以严格控制货币量、提高利率的举措，反而会吸引外资流入，使本币升值，外汇汇率下跌。

6. 利率

利率在一定条件下对汇率的短期影响很大。利率对汇率的影响是通过不同国家的利率差异引起资金特别是短期资金的流动而起作用的。在一般情况下，如果两国利率差异大于两国远期汇率、即期汇率差异，资金便会由利率较低的国家流向利率较高的国家，从而有利于利率较高国家的国际收支。要注意的是，利率水平对汇率虽有一定的影响，但从决定汇率升降趋势的基本因素看，其作用是有限的，它只是在一定的条件下，对汇率的变动起暂时的影响。

7. 各国汇率政策和对市场的干预

各国汇率政策和对市场的干预，在一定程度上影响汇率的变动。在浮动汇率制下，各国央行都尽力协调各国间的货币政策和汇率政策，力图通过影响外汇市场中的供求关系来达到支持本国货币稳定的目的，中央银行影响外汇市场的主要手段是：调整本国的货币政策，通过利率变动影响汇率；直接干预外汇市场；对资本流动实行外汇管制。

8. 投机活动与市场心理预期

自1973年实行浮动汇率制以来，外汇市场的投机活动愈演愈烈，投机者往往拥有雄厚的实力，可以在外汇市场上推波助澜，使汇率的变动远远偏离其均衡水平。投机者常利用市场顺势对某一币种发动攻击，攻势之强，使各国央行甚至西方七国央行联手干预外汇市场也难以阻挡。过度的投机活动加剧了外汇市场的动荡，阻碍正常的外汇交易，歪曲外汇供求关系。

另外，外汇市场的参与者和研究者，包括经济学家、金融专家、技术分析员、资金交易员等每天致力于汇市走势的研究，他们对市场的判断及对市场交易人员心理的影响以及交易者自身对市场走势的预测都是影响汇率短期波动的重要因素。当市场预计某种货币趋跌时，交易者会大量抛售该货币，造成该货币汇率下浮的事实；反之，当人们预计某种货币趋于坚挺时，又会大量买进该种货币，使其汇率上扬。由于公众预期具有投机性和分散性的特点，加剧了汇率短期波动的振荡。

9. 政治与突发因素

由于资本首先具有追求安全的特性，因此，政治及突发性因素对外汇市场的影响是直接和迅速的，包括政局的稳定性、政策的连续性、政府的外交政策以及战争、经济制裁和自然灾害等。另外，西方国家大选也会对外汇市场产生影响。政治与突发事件因其突发性及临时性，使市场难以预测，故容易对市场构成冲击，一旦市场对消息做出反应并将其消化，原有消息的影响力就大为削弱。

总之，影响汇率的因素是多种多样的，这些因素的关系错综复杂，有时这些因素同时起作用，有时个别因素起作用，有时甚至起互相抵消的作用，有时这个因素起主要作用，另一个因素起次要作用。但是从一段长时间来观察，汇率变化的规律受国际收支的状况和通货膨胀的制约，因而是决定汇率变化的基本因素，利率因素和汇率政策只能起从属作用，即助长或削弱基本因素所起的作用。一国的财政货币政策对汇率的变动起着决定性作用。在一般情况下，各国的货币政策中，将汇率确定在一个适当的水平已成为政策目标之一。通常，中央银行运用三大政策工具来执行货币政策，即存款准备金政策、贴现政策和公开市场政策。投机活动只是在其他因素所决定的汇价基本趋势基础上起推波助澜的作用。

四、汇率制度

（一）概念

汇率制度又称汇率安排，指各国或国际社会对于确定、维持、调整与管理汇率的原则、方法、方式和机构等所做出的系统规定。传统上，按照汇率变动的幅度，汇率制度被分为两大类型：固定汇率制和浮动汇率制。西方各国在20世纪70年代之前实行固定汇率制。后来由于美元危机，布雷顿森林体系崩溃，各国开始采用浮动汇率制。

（二）汇率制度的作用

（1）确定汇率的原则和依据。例如，以货币本身的价值为依据，还是以法定代表的价值为依据等。

（2）维持与调整汇率的办法。例如，是采用公开法定升值或贬值的办法，还是采取任其浮动或官方有限度干预的办法。

（3）管理汇率的法令、体制和政策等。例如，各国外汇管制中有关汇率及其适用范围的规定。

（4）制定、维持与管理汇率的机构，如外汇管理局、外汇平准基金委员会等。

（三）选择汇率制度时应考虑的因素

（1）经济规模与开放程度。如果贸易占国民生产总值的份额很大，那么货币不稳定的成本就会很高，最好采用固定汇率制。

（2）通货膨胀率。如果一国的通货膨胀率比其贸易伙伴高，那么它的汇率必须浮动，以防它的商品在国际市场上的竞争力下降，如果通货膨胀的差异适度，那么最好选用固定汇率制。

（3）劳动力市场弹性。工资越是具有刚性，就越需要选择浮动汇率制，以利于经济更好的对外部冲击做出反应。

（4）金融市场发育程度。金融市场发育不成熟的发展中国家，选择自由浮动制是不明智的，因为少量的外币交易就会引发市场行情的剧烈动荡。

（5）政策制定者的可信度。中央银行的声望越差，采用钉住汇率制来建立控制通货膨胀信心的情况就越普遍。固定汇率制帮助拉丁美洲经济减缓了通货膨胀。

（6）资本流动性。一国经济对国际资本越开放，保持固定汇率制就越难，就越倾向于采用浮动汇率制。

（四）汇率制度的类型

1. 固定汇率制

固定汇率制是指以本位货币本身或法定含金量为确定汇率的基准，汇率比较稳定的一种汇率制度。在不同的货币制度下具有不同的固定汇率制度。

（1）金本位制度。

特点：是一种以黄金为中心的国际货币体系。该体系的汇率制度安排，是钉住型的汇率制度。

黄金成为两国汇率决定的实在的物质基础。

汇率仅在铸币平价的上下各6‰左右波动，幅度很小。

汇率的稳定是自动而非依赖人为的措施来维持的。

（2）布雷顿体系。

实行"双挂钩"，即美元与黄金挂钩，其他各国货币与美元挂钩。

在"双挂钩"的基础上，《国际货币基金协定》规定，各国货币对美元的汇率一般只能在汇率平价±1%的范围内波动，各国必须同国际货币基金组织合作，并采取适当的措施保证汇率的波动不超过该界限。

由于这种汇率制度实行"双挂钩"，波幅很小，且可适当调整，因此该制度也称以美元为中心的固定汇率制，或可调整的钉住汇率制度。

特点：①汇率的决定基础是黄金平价，但货币的发行与黄金无关。②波动幅度小，但仍超过了黄金输送点所规定的上下限。③汇率不具备自动稳定机制，汇率的波动与波幅需要人为的政策来维持。④央行通过间接手段而非直接管制方式来稳定汇率。⑤只要有必要，汇率平价和汇率波动的界限就可以改变，但变动幅度有限。

作用：可调整的钉住汇率制度从总体上看，在注重协调、监督各国的对外经济，特别是汇率政策以及国际收支的调节，避免出现类似20世纪30年代的贬值"竞赛"，对第二次世界大战后各国经济增长与稳定等方面起了积极的作用。

缺陷：①汇率变动因缺乏弹性，因此其对国际收支的调节力度相当有限。②引起破坏性投机。③美国不堪重负，"双挂钩"基础受到冲击。

2. 浮动汇率制

浮动汇率制是指一国不规定本币与外币的黄金平价和汇率上下波动的界限，货币当局也不再承担维持汇率波动界限的义务，汇率随外汇市场供求关系变化而自由上下浮动的一种汇率制度。

该制度在历史上早就存在过，但真正流行是1972年以美元为中心的固定汇率制崩溃之后。在布雷顿森林体系的早期，成员国很难找到一个与其国际收支均衡相一致的平价，以及伴随货币危机而来的对平价的重新调整，人们由此开始了对固定汇率和浮动汇率的持久争论。传统上的汇率制度分类是两分法：固定汇率和浮动汇率（或弹性汇率），这也是最简单的汇率制度分类。但固定或浮动的程度是很难掌握的，在固定汇率或浮动汇率之间还存在众多的中间汇率制度。在20世纪90年代早期，有两种方法运用于事实上的汇率制度分类：一种方法是通过官方储备和利率的变化来分析中央银行的干预行为；另外一种方法是通过检验汇率平价的变化，来对汇率政策的结果进行经验性分析。以后的汇率制度分类方法，除了RR分类以外，一直是这两种分类方法的应用和延伸。

汇率制度分类最根本的问题是基于何种汇率进行分类。现有文献对汇率制度分类的归纳，一般有两种方法：一种是基于事实上的分类；另一种是基于各国所公开宣称的法定上的分类。由于这两种分类都是基于官方汇率的分类，所以这一归纳存在着局限性，还应进一步扩展。从经济学最核心的一个命题——市场调节还是国家干预出发，最根本的出发点应该是基于市场汇率还是基于官方汇率来进行分类。

3. 人民币汇率制度

人民币汇率制度是以市场供求为基础、参考一篮子货币进行调节、有管理的浮动汇率制度。新的人民币汇率制度，以市场汇率作为人民币对其他国家货币的唯一价值标准，这使外汇市场上的外汇供求状况成为决定人民币汇率的主要依据。根据这一基础确定的汇率与当前的进出口贸易、通货膨胀水平、国内货币政策、资本的输出输入等经济状况密切相连，经济的变化情况会通过外汇供求的变化作用到外汇汇率上。

（1）有管理的汇率。

我国的外汇市场是需要继续健全和完善的市场，政府必须用宏观调控措施来对市场的缺陷加以弥补，因而对人民币汇率进行必要的管理是必需的。这主要体现为：国家通对外汇市场进行监管、国家对人民币汇率实施宏观调控、中国人民银行进行必要的市场干预。

（2）浮动的汇率。

浮动的汇率制度就是一种具有适度弹性的汇率制度。中国人民银行于每个工作日闭市后公布当日银行间外汇市场美元等交易货币兑人民币汇率的收盘价，作为下一个工作日该货币兑人民币交易的中间价格。现阶段，每日银行间外汇市场美元兑人民币的交易价仍在中国人民银行公布的美元交易中间价上下 0.3% 的幅度内浮动，非美元货币兑人民币的交易价在中国人民银行公布的该货币交易中间价 3% 的幅度内浮动。

第三节　国际货币体系

一、国际货币体系概述

国际货币体系是与国际经济水平相适应的。一种好的国际货币体系，其汇率机制应该稳定而灵活，能使一个国家在平衡国际收支时付出最小的代价；其资信也应该是最好的，并且能够提供最合适的国际储备，而不至于引起国际性的通货紧缩和通货膨胀。只有这样，才能够有效地促进国际贸易和国际投资的发展，使世界各国均从国际经贸活动中获得好处。

国际货币体系是伴随着以货币为媒介的国际经贸活动而产生的。由于早期的国际经贸往来主要是以贵金属货币为媒介，因此，国际货币体系主要不是依靠法律的强制性及各种规章制度实施的，而是依靠贵金属货币的成色、重量及约定俗成的做法自然形成的。随着现在市场经济和信用纸币的兴起，以现在信用货币为媒介的国际经贸往来不断增长，国家间的货币往来日益频繁，国际货币体系逐步成为各经济实体在国际经贸活动中共同遵守的协议、规章及维护货币秩序的协调与监督系统。通常一种制度、体系、秩序的形成，可以有 3 种渠道：一是依靠习惯缓缓发展形成的；二是依靠法律法规和行政命令建立的；三是依靠习惯和法律二者共同形成的。现行的国际货币体系是习惯与法律结合的产物。

二、国际货币体系的含义和主要内容

国际货币体系，又称国际货币制度，是国际针对各国货币的兑换、汇率制度的确定与变化、国际收支调节方式、国际储备资产的管理等最基本问题进行的制度安排，是协调各国货

币关系的一系列国际性的规则、管理与组织形式的总和。

国际货币体系主要包括以下内容。

1. 规定汇率制度

规定一国货币与其他货币之间的汇率应如何决定和维持，能否自由兑换，是采用固定还是浮动汇率制度等。

2. 规定国际收支的调节方式

规定各国政府应采取什么方法弥补国际收支的缺口，各国之间的政策措施如何互相协调，以纠正各国国际收支的不平衡，确保世界经济的稳定与发展。

3. 规定国际储备资产

规定用什么货币作为国家间的结算和支付手段，以及来源、形式、数量和运用范围如何等。

三、国际货币体系类型的划分

判定一种货币体系的类型，可以依据国际储备资产形式和货币合作程度两种标准划分。

（一）按照国际储备资产形式的标准划分

据此，国际货币体系可分为金本位制和信用本位制两大类。

1. 金本位制

可依据黄金和信用纸币充当国际储备资产及国际货币的作用程度将其细分为金币本位制、金块本位制、金汇兑本位制。

2. 信用本位制

从19世纪到第一次世界大战爆发，国际通行的货币体系是金本位制；第一次世界大战后至20世纪30年代大危机爆发，国际通行的货币体系是金块本位制；其后至第二次世界大战结束以及1944—1973年通行的布雷顿森林体系是金汇兑本位制；1976年至今通行的国际货币体系是信用本位制。

（二）按照货币合作程度的标准划分

据此，国际货币体系可分为单一货币体系和多元货币体系。国际金本位制（亦称英镑本位制时代）、布雷顿森林体系（亦称美元本位制时代）实施的都是以某一国家的货币充当国际货币的单一货币体系。信用本位制实施以来，特别是欧元的诞生标志着国际货币体系进入了多元货币体系的时代。

四、国际货币体系的作用

（1）建立汇率机制，防止循环的恶性贬值。

（2）为国际收支不平衡的调节提供有力手段和解决途径。

（3）使各国的经济政策协调。

五、典型的国际货币体系

（一）国际金本位制度

国际金本位制度是以黄金作为国际储备货币或国际本位货币的国际货币制度。世界上首次出现的国际货币制度是国际金本位制度,它大约形成于 1880 年年末,到 1914 年第一次世界大战爆发时结束。在金本位制度下,黄金具有货币的全部职能,即价值尺度、流通手段、贮藏手段、支付手段和世界货币。英国作为世界上最早的发达资本主义国家,于 1821 年前后采用了金本位制度。19 世纪 70 年代,欧洲和美洲的一些主要国家先后在国内实行了金本位制度,国际金本位制度才大致形成。

1. 概述

国际金本位制度是世界经济体系形成过程中出现的第一个国际货币体系,以黄金本位制货币并作为货币发行基础而发挥世界货币职能的国际货币体系。它产生于 19 世纪上半期,1880—1910 年处于鼎盛时期金本位制的理论基础是格雷欣(Gresham)提出的"一价定律",即一种特定的货币在相互联系的所有市场上是等价的。英国学者戈逊也于 1861 年较为完整地提出了国际借贷说:汇率是由外汇市场上的供求关系决定的,而外汇供求又源于国际借贷,汇率变动的原因归结为国际借贷关系中债权与债务的变动。率先实行金本位制的英国当时是最大的工业强国,也是国际资本供给的最主要来源国,伦敦又是最重要的国际金融中心,资本市场业务已十分繁荣,各国同英国的经济往来以及它们之间的大部分商业关系都需要通过英国筹措资金,主观上讲,实行金本位制无疑能降低其交易成本和汇兑风险。

2. 特点及作用

黄金充当了国际货币,是国际货币制度的基础。这一时期的国际金本位制度是建立在各主要资本主义国家国内都实行金铸币本位制的基础之上,其典型的特征是金币可以自由铸造、自由兑换,以及黄金自由进出口。由于金币可以自由铸造,金币的面值与黄金含量就能始终保持一致,金币的数量就能自发地满足流通中的需要;由于金币可以自由兑换,因此各种金属辅币和银行券能够稳定地代表一定数量的黄金进行流通,从而保持币值的稳定;由于黄金可以自由进出口,因此能够保持本币汇率的稳定。所以一般认为,金本位制是一种稳定的货币制度。

虽然国际金本位制度的基础是黄金,但是实际上当时英镑代替黄金执行国际货币的各种职能。英镑的持有人可以随时向英格兰银行兑换黄金,而且使用英镑比使用黄金有许多方便和优越的地方。当时英国依靠它的"世界工厂"的经济大国地位和"日不落国"的殖民统治政治大国地位,以及在贸易、海运、海上保险、金融服务方面的优势,使英镑成为全世界广泛使用的货币,使伦敦成为世界金融中心。当时的国际贸易中,大多数商品以英镑计价,国际结算中 90% 是使用英镑,许多国家的中央银行国际储备是英镑而不是黄金。在伦敦开设英镑账户,可以获得利息,而储存黄金则非但没有利息,还要付出保管费用,持有英镑比持有黄金既方便又有利可图,所以有的西方经济学者把第二次世界大战前的国际金本位制度称作英镑本位制度。

3. 含金量比例

各国货币之间的汇率由它们各自的含金量比例决定。因为金铸币本位条件下金币的自由交换、自由铸造和黄金的自由输出输入将保证使外汇市场上汇率的波动维持在由金平价和黄金运输费用所决定的黄金输送点以内。实际上,英国、美国、法国、德国等主要国家货币的汇率平价自 1880 年到 1914 年,一直没发生变动,从未升值或贬值。所以国际金本位是严格的固定汇率制,这是个重要的特点。

4. 自动调节

国际金本位有自动调节国际收支的机制,即英国经济学家休谟于 1752 年最先提出的

"价格—铸币流动机制"。为了让国际金本位发挥作用,特别是发挥自动调节的作用,各国必须遵守三项原则:一是要把本国货币与一定数量的黄金固定下来,并随时可以兑换黄金;二是黄金可以自由输出与输入,各国金融当局应随时按官方比价无限制地买卖黄金和外汇;三是中央银行或其他货币机构发行钞票必须有一定的黄金准备。这样国内货币供给将因黄金流入而增加,因黄金流出而减少。

5. 发展

后来,新古典学派又对金本位的自动调节过程做了一点补充,它强调了国际短期资本流动对国际收支平衡的作用,国际短期资本流动将加速国际收支均衡化的过程。首先,当一国国际收支赤字造成汇率下跌时,外汇投机者深知在金本位制度下,汇率只能在黄金输送点之间波动,而黄金的流出最终将使国际收支和汇率恢复均衡,汇率下跌只是暂时现象,不久就会回升。因此,大量外汇投机性短期资金就会流向该国。其次,当国际收支赤字引起汇率下跌时,进出口贸易商也预测到汇率不久将回升,于是本国进口商将尽量推迟购买外汇对外付款,而国外出口商则倾向于尽量提前付款,这也引起短期资金的流入。再次,国际收支赤字引起黄金外流后,国内货币信用收缩,因而金融市场利率上升,大量短期套利资金也会流向该国。这样各方面短期资金的流入将加速赤字国收支恢复平衡。根据新古典学派的理论:贸易盈余的国家必然出现黄金流入,国内货币供应增加,收入和价格水平提高,于是出口减少,进口增加;同时金融市场利率下降,资金外流。与此相反,贸易赤字国家必然出现黄金流出,国内货币供应量减少,收入和价格水平下降,于是出口增加,进口减少;同时金融市场利率上升,国外资金流入。总之,休谟的"价格—铸币流动机制"仅以货币数量论作为依据,而新古典学派则看到了资本流动对国际收支调节的影响,比休谟前进了一步。

6. 形式

(1)金币本位制(Gold Specie Standard)是金本位货币制度的最早形式,亦称为古典的或纯粹的金本位制,盛行于1880—1914年。自由铸造、自由兑换及黄金自由输出输入是该货币制度的三大特点。在该制度下,各国政府以法律形式规定货币的含金量,两国货币含金量的对比即为决定汇率基础的铸币平价。黄金可以自由输出或输入国境,并在输出输入过程中形成铸币—物价流动机制,对汇率起到自动调节作用。这种制度下的汇率,因铸币平价的作用和受黄金输送点的限制,波动幅度不大。

(2)金块本位制(Gold Bullion Standard)是一种以金块办理国际结算的变相金本位制,亦称金条本位制。在该制度下,由国家储存金块,作为储备;流通中各种货币与黄金的兑换关系受到限制,不再实行自由兑换,但在需要时,可按规定的限制数量以纸币向本国中央银行无限制地兑换金块。可见,这种货币制度实际上是一种附有限制条件的金本位制。

(3)金汇兑本位制(Gold Exchange Standard)是一种在金块本位制或金币本位制下国家保持外汇,准许本国货币无限制地兑换外汇的金本位制。在该制度下,国内只流通银行券,银行券不能兑换黄金,只能兑换实行金块或金本位制国家的货币,国际储备除黄金外,还有一定比重的外汇,外汇在国外才可兑换黄金,黄金是最后的支付手段。实行金汇兑本位制的国家,要使其货币与另一实行金块或金币本位制国家的货币保持固定比率,通过无限制地买卖外汇来维持本国货币币值的稳定。

金块本位制和金汇兑本位制这两种货币制度在20世纪70年代基本消失。

7. 基本特征

金币本位制以一定量的黄金为货币单位铸造金币,作为本位币;金币可以自由铸造,自由熔化,具有无限法偿能力,同时限制其他铸币的铸造和偿付能力;辅币和银行券可以自由兑换金币或等量黄金;黄金可以自由出入国境;以黄金为唯一准备金。

金币本位制消除了复本位制下存在的价格混乱和货币流通不稳的弊病,保证了流通中货币对本位币金属黄金不发生贬值,保证了世界市场的统一和外汇行市的相对稳定,是一种相对稳定的货币制度。

金块本位制和金汇兑本位制是在金本位制的稳定性因素受到破坏后出现的两种不健全的金本位制。在这两种制度下,虽然都规定以黄金为货币本位,但只规定货币单位的含金量,而不铸造金币,实行银行券流通。

所不同的是:①在金块本位制下,银行券可按规定的含金量在国内兑换金块,但有数额和用途等方面的限制。例如,英国1925年规定在1 700英镑以上,法国1928年规定在215 000法郎以上方可兑换。黄金是集中存储于本国政府的。②在金汇兑本位制下,银行券在国内不兑换金块,只规定其与实行金本位制国家货币的兑换比率,先兑换外汇,再以外汇兑换黄金,并将准备金存于该国。

8. 实行历史

在历史上,自从英国于1816年率先实行金本位制以后,到1914年第一次世界大战以前,主要资本主义国家都实行了金本位制,而且是典型的金本位制——金币本位制。

1914年第一次世界大战爆发后,各国为了筹集庞大的军费,纷纷发行不兑现的纸币,禁止黄金自由输出,金本位制随之告终。

第一次世界大战以后,在1924—1928年,资本主义世界曾出现了一个相对稳定的时期,主要资本主义国家的生产都先后恢复到第一次世界大战前的水平,并有所发展。各国企图恢复金本位制。但是,由于金铸币流通的基础已经遭到削弱,不可能恢复典型的金本位制。当时除美国以外,其他大多数国家只能实行没有金币流通的金本位制,这就是金块本位制和金汇兑本位制。

金块本位制和金汇兑本位制由于不具备金币本位制的一系列特点,因此,也称为不完全或残缺不全的金本位制。该制度在1929—1933年的世界性经济大危机的冲击下,也逐渐被各国放弃,都纷纷实行了不兑现信用货币制度。

第二次世界大战后,建立了以美元为中心的国际货币体系,这实际上是一种金汇兑本位制,美国国内不流通金币,但允许其他国家政府以美元向其兑换黄金,美元是其他国家的主要储备资产。但其后受美元危机的影响,该制度也逐渐开始动摇,至1971年8月美国政府停止美元兑换黄金,并先后两次将美元贬值后,这个残缺不全的金汇兑本位制也崩溃了。

9. 崩溃原因

金本位制通行了约100年,其崩溃的主要原因有以下三个。

(1) 黄金生产量的增长幅度远远低于商品生产增长的幅度,黄金不能满足日益扩大的商品流通需要,这就极大地削弱了金铸币流通的基础。

(2) 黄金存量在各国的分配不平衡。1913年年末,美、英、德、法、俄五国占有世界黄金存量的三分之二。黄金存量大部分为少数强国所掌握,必然导致金币的自由铸造和自由流通受到破坏,削弱其他国家金币流通的基础。

(3) 第一次世界大战爆发,黄金被参战国集中用于购买军火,并停止自由输出和银行券兑现,从而最终导致金本位制的崩溃。

10. 崩溃影响

金本位制度的崩溃，对国际金融乃至世界经济产生了巨大的影响。

（1）为各国普遍货币贬值、推行通货膨胀政策打开了方便之门。

这是因为废除金本位制后，各国为了弥补财政赤字或扩军备战，会滥发不兑换的纸币，加速经常性的通货膨胀，不仅使各国货币流通和信用制度遭到破坏，而且加剧了各国出口贸易的萎缩及国际收支的恶化。

（2）导致汇价的剧烈波动，冲击着世界汇率制度。

在金本位制度下，各国货币的对内价值和对外价值大体上是一致的，货币之间的比价比较稳定，汇率制度也有较为坚实的基础。但各国流通纸币后，汇率的决定过程变得复杂了，国际收支状况和通货膨胀引起的供求变化，对汇率起着决定性的作用，从而影响了汇率制度，影响了国际货币金融关系。

（二）布雷顿森林体系

1. 布雷顿森林体系的含义

布雷顿森林体系是指第二次世界大战后以美元为中心的国际货币体系协定。布雷顿森林体系是该协定对各国货币的兑换、国际收支的调节、国际储备资产的构成等问题共同做出的安排所确定的规则、采取的措施及相应的组织机构形式的总和。

2. 布雷顿森林体系的历史

在布雷顿森林体系以前，两次世界大战之间的20年中，国际货币体系分裂成几个相互竞争的货币集团，各国货币竞相贬值，动荡不定，以牺牲他人利益为代价，解决自身的国际收支和就业问题，呈现出无政府状态。20世纪30年代世界经济危机和第二次世界大战后，各国的经济政治实力发生了重大变化，德、意、日是战败国，国民经济破坏殆尽。英国经济在战争中遭到重创，实力大为削弱。相反，美国经济实力却急剧增长，并成为世界最大的债权国。从1941年3月11日到1945年12月1日，美国根据"租借法案"向盟国提供了价值500多亿美元的货物和劳务。黄金源源不断流入美国，美国的黄金储备从1938年的145.1亿美元增加到1945年的200.8亿美元，约占世界黄金储备的59%，奠定了资本主义世界盟主的地位。美元的国际地位因其国际黄金储备的巨大实力而空前稳固。这就使建立一个以美元为支柱的有利于美国对外经济扩张的国际货币体系成为可能。

美国主张"在很短的一个过渡阶段之后，不允许保护关税、贸易限额，以及诸如竞争性货币贬值、多种汇价、双边清算协定、限制货币自由流通措施等各种形式的金融壁垒存在下去"。但当时英镑仍是世界主要储备货币之一，国际贸易40%左右用英镑结算，特惠制与英镑区依旧存在，英国在世界上还保持着相当重要的地位。因此，1943年，美国财政部官员怀特和英国财政部顾问凯恩斯分别从本国利益出发，设计战后国际货币金融体系，提出了两个不同的计划，即"怀特计划"和"凯恩斯计划"。"怀特计划"主张取消外汇管制和各国对国际资金转移的限制，设立一个国际稳定基金组织，发行一种国际货币，使各国货币与之保持固定比价，也就是基金货币与美元和黄金挂钩。会员国货币都要与"尤尼它"保持固定比价，不经"基金"会员国四分之三的投票权通过，会员国货币不得贬值。而"凯恩斯计划"则从当时英国黄金储备缺乏出发，主张建立一个世界性中央银行，将各国的债权、债务通过它的存款账户转账进行清算。

1944年7月，在美国新罕布什尔州的布雷顿森林召开有44个国家参加的联合国与联盟国家国际货币金融会议，通过了以"怀特计划"为基础的"联合国家货币金融会议的最后决议书"以及"国际货币基金组织协定"和"国际复兴开发银行协定"两个附件，总称为"布雷顿森林协定"，建立了金本位制崩溃后的第二个国际货币体系。在这一体系中美元与黄金挂钩，美国承担以官价兑换黄金的义务。各国货币与美元挂钩，美元处于中心地位，起世界货币的作用。实际是一种新金汇兑本位制，在布雷顿货币体制中，黄金无论在流通还是在国际储备方面的作用都有所降低，而美元成了这一体系中的主角。但因为黄金是稳定这一货币体系的最后屏障，所以黄金的价格及流动都仍受到较严格的控制，各国禁止居民自由买卖黄金，市场机制难以有效发挥作用。伦敦黄金市场在该体系建立十年后才得以恢复。

3. 布雷顿森林体系的核心内容

成立国际货币基金组织（IMF），在国家间就货币事务进行共同商议，为成员国的短期国际收支逆差提供信贷支持；美元与黄金挂钩，成员国货币和美元挂钩，实行可调整的固定汇率制度；取消经常账户交易的外汇管制等。"布雷顿森林体系"建立了两大国际金融机构，即国际货币基金组织（International Monetary Fund）和世界银行（World Bank）。前者负责向成员国提供短期资金借贷，目的是保障国际货币体系的稳定；后者提供中长期信贷来促进成员国经济复苏。

4. 储备货币发行国的责任

美国作为储备货币发行国的基本责任有两点。

（1）美联储保证美元按照官价兑换黄金，维持协定成员国对美元的信心。

（2）提供足够的美元作为国际清偿手段。

内在矛盾：美元供给过多则不能保证全部兑换黄金，供给不足则国际清偿手段不足，即"特里芬之谜"。

5. 布雷顿森林体系的作用

布雷顿森林体系有助于国际金融市场的稳定，对第二次世界大战后的经济复苏起到了一定的作用。

第一，布雷顿森林体系的形成，暂时结束了第二次世界大战前货币金融领域里的混乱局面，维持了第二次世界大战后世界货币体系的正常运转。固定汇率制是布雷顿森林体系的支柱之一，不同于金本位下汇率的相对稳定。在典型的金本位下，金币本身具有一定的含金量，黄金可以自由输出输入，汇价的波动界限狭隘。1929—1933年的资本主义世界经济危机，引起了货币制度危机，导致金本位制崩溃，国际货币金融关系呈现出一片混乱局面。以美元为中心的布雷顿森林体系的建立，使国际货币金融关系有了统一的标准和基础，混乱局面暂时得以稳定。

第二，促进各国国内经济的发展。在金本位制下，各国注重外部平衡，国内经济往往带有紧缩倾向。在布雷顿森林体系下，各国偏重内部平衡，国内经济比较稳定，危机和失业情形较之第二次世界大战前有所缓和。

第三，布雷顿森林体系的形成，在相对稳定的情况下扩大了世界贸易。美国通过赠予、信贷、购买外国商品和劳务等形式，向世界散发了大量美元，客观上起到扩大世界购买力的作用。固定汇率制在很大程度上消除了由于汇率波动而引起的动荡，在一定程度上稳定了主要国家的货币汇率，有利于国际贸易的发展。

第四，布雷顿森林体系形成后，国际货币基金组织和世界银行的活动对世界经济的恢复和发展起了一定的积极作用。其一，国际货币基金组织提供的短期贷款暂时缓和了第二次世界大战后许多国家的收支危机，促进了支付办法上的稳步自由化。国际货币基金组织的贷款业务迅速增加，重点由欧洲转至亚、非、拉第三世界。其二，世界银行提供和组织的长期贷款和投资不同程度地解决了会员国第二次世界大战后恢复和发展经济的资金需要。国际货币基金组织和世界银行在提供技术援助、建立国际经济货币的研究资料及交换资料情报等方面对世界经济的恢复与发展起到了一定的作用。

第五，布雷顿森林体系的形成有助于生产和资本的国际化。汇率的相对稳定，避免了国际资本流动中引发的汇率风险，有利于国际资本的输入与输出；为国际融资创造了良好环境，有助于金融业和国际金融市场的发展，也为跨国公司的生产国际化创造了良好的条件。

6. 布雷顿森林体系的缺陷

由于资本主义发展的不平衡性，主要资本主义国家经济实力对比一再发生变化，以美元为中心的国际货币制度本身固有的矛盾和缺陷日益暴露。

第一，金汇兑制本身的缺陷。美元与黄金挂钩，享有特殊地位，加强了美国对世界经济的影响。其一，美国通过发行纸币而不动用黄金进行对外支付和资本输出，有利于美国的对外扩张和掠夺。其二，美国承担了维持金汇兑平价的责任。当人们对美元充分信任，美元相对短缺时，这种金汇兑平价可以维持；当人们对美元产生信任危机，美元拥有太多，要求兑换黄金时，美元与黄金的固定平价就难以维持。

第二，储备制度不稳定。这种制度无法提供一种数量充足、币值坚挺、可以为各国接受的储备货币，以使国际储备的增长能够适应国际贸易与世界经济发展的需要。1960年，美国耶鲁大学教授特里芬在其著作《黄金与美元危机》中指出：布雷顿森林制度以一国货币作为主要国际储备货币，在黄金生产停滞的情况下，国际储备的供应完全取决于美国的国际收支状况：美国的国际收支保持顺差，国际储备资产不敷国际贸易发展的需要；美国的国际收支保持逆差，国际储备资产过剩，美元发生危机，危及国际货币制度。这种难以解决的内在矛盾，国际经济学界称之为"特里芬难题"，它决定了布雷顿森林体系的不稳定性。

第三，国际收支调节机制的缺陷。该制度规定汇率浮动幅度需保持在1%以内，汇率缺乏弹性，限制了汇率对国际收支的调节作用。这种制度着重于国内政策的单方面调节。

第四，内外平衡难统一。在固定汇率制度下，各国不能利用汇率杠杆来调节国际收支，只能采取有损于国内经济目标实现的经济政策或采取管制措施，以牺牲内部平衡来换取外部平衡。当美国国际收支逆差、美元汇率下跌时，根据固定汇率原则，其他国家应干预外汇市场，这一行为导致和加剧了这些国家的通货膨胀；若这些国家不加干预，就会遭受美元储备资产贬值的损失。

7. 布雷顿森林体系的崩溃

（1）前期预兆。

1949年，美国的黄金储备为246亿美元，占当时整个资本主义世界黄金储备总额的73.4%，这是第二次世界大战后的最高数字。1950年以后，除个别年度略有顺差外，其余各年度都是逆差。1971年上半年，逆差达到83亿美元。随着国际收支逆差的逐步增加，美国的黄金储备日益减少。20世纪60—70年代，美国深陷越南战争的泥潭，财政赤字巨大，国际收入情况恶化，美元的信誉受到冲击，爆发了多次美元危机。大量资本出逃，各国纷纷抛售自己手中的美元，抢购黄金，使美国黄金储备急剧减少，伦敦金价上涨。为了抑制金价上涨，保持美元汇率，减少黄金储备流失，美国联合英国、瑞士、法国、西德、意大利、荷兰、比利时于 1961 年 10 月建立了黄金总库，8 国央行共拿出 2.7 亿美元的黄金，由英格兰银行为黄金总库的代理机关，负责维持伦敦黄金价格，并采取各种手段阻止外国政府持美元外汇向美国兑换黄金。20 世纪 60 年代后期，美国进一步扩大了越南战争，国际收支进一步恶化，美元危机再度爆发。1968 年 3 月的半个月中，美国黄金储备流出了 14 亿多美元，3 月 14 日一天，伦敦黄金市场的成交量达到了 350~400 吨的破纪录数字。美国没有了维持黄金官价的能力，在与黄金总库成员协商后，宣布不再按每盎司 35 美元官价向市场供应黄金，市场金价自由浮动。

（2）崩溃标志。

第一，美元停止兑换黄金。1971 年 7 月第七次美元危机爆发，尼克松政府于 8 月 15 日宣布实行"新经济政策"，停止履行外国政府或中央银行可用美元向美国兑换黄金的义务。1971 年 12 月以《史密森协定》为标志，美元对黄金贬值，美联储拒绝向国外中央银行出售黄金。至此，美元与黄金挂钩的体制名存实亡。

第二，取消固定汇率制度。1973 年 3 月，西欧出现抛售美元、抢购黄金和联邦德国马克的风潮。3 月 16 日，欧洲共同市场 9 国在巴黎举行会议并达成协议，联邦德国、法国等国家对美元实行"联合浮动"，彼此之间实行固定汇率。英国、意大利、爱尔兰实行单独浮动，暂不参加共同浮动。其他主要西方货币实行了对美元的浮动汇率。至此，固定汇率制度完全垮台。美元停止兑换黄金和固定汇率制的垮台，标志着第二次世界大战后以美元为中心的货币体系瓦解。布雷顿森林体系崩溃以后，国际货币基金组织和世界银行作为重要的国际组织仍得以存在，发挥作用。

（3）体系瓦解。

20 世纪 70 年代初，在日本、西欧崛起的同时，美国经济实力相对削弱，无力承担稳定美元汇率的责任，贸易保护主义抬头，相继两次宣布美元贬值。各国纷纷放弃本国货币与美元的固定汇率，采取浮动汇率制。以美元为中心的国际货币体系瓦解，美元地位下降。欧洲各国的许多人一度拒收美元。在伦敦，一位来自纽约的旅客说："这里的银行、旅馆、商店都一样，他们看到我们手里的美元时流露出的神情，好像这些美元成了病菌携带物一般。"在巴黎，出租车上挂着"不再接收美元"的牌子，甚至乞丐也在自己帽子上写着"不要美元"。美元失去霸主地位，但迄今为止仍然是最重要的国际货币。

（4）根本原因。

布雷顿森林会议以美元为中心的国际货币制度崩溃的根本原因，是这个制度本身存在着不可解脱的矛盾。在这种制度下，美元作为国际支付手段与国际储备手段，发挥着世界货币的职能。一方面，作为国际支付手段与国际储备手段，美元币值稳定，其他国家就会接受。而美元币值稳定，要求美国有足够的黄金储备，而且美国的国际收支必须保持顺差，从而使黄金不断流入美国而增加其黄金储备。否则，人们在国际支付中就不会接受美元。另一方面，全世界要获得充足的外汇储备，美国的国际收支就要保持大量逆差，否则全世界就会面临外汇储备短缺，国际流通渠道出现国际支付手段短缺。随着美国逆差的增大，美元的黄金保证会不断减少，美元将不断贬值。第二次世界大战后从美元短缺到美元泛滥，是这种矛盾发展的必然结果。

(5) 直接原因。

美元与黄金直接挂钩,美元危机与美国经济危机频繁爆发。资本主义世界经济此消彼长,美元危机是导致布雷顿森林体系崩溃的直接原因。

第一,美国黄金储备减少。美国1950年发动朝鲜战争,海外军费剧增,国际收支连年逆差,黄金储备源源外流。1960年,美国的黄金储备下降到178亿美元,不足以抵补当时的210.3亿美元的流动债务,出现了美元的第一次危机。20世纪60年代中期,美国卷入越南战争,国际收支进一步恶化,黄金储备不断减少。1968年3月,美国黄金储备下降至121亿美元,同期的对外短期负债为331亿美元,引发了第二次美元危机。1971年,美国的黄金储备(102.1亿美元)是它对外流动负债(678亿美元)的15.05%。美国完全丧失了承担美元对外兑换黄金的能力。1973年,美国爆发了最严重的经济危机,黄金储备已从第二次世界大战后初期的245.6亿美元下降到110亿美元。没有充足的黄金储备作为基础,严重地动摇了美元的信誉。

第二,美国通货膨胀加剧。美国发动越南战争,财政赤字庞大,依靠发行货币来弥补,造成通货膨胀;在两次石油危机中因石油提价而增加支出;由于失业补贴增加,劳动生产率下降,造成政府支出急剧增加。美国消费物价指数1960年为1.6%,1970年上升到5.9%,1974年又上升到11%,这给美元的汇价带来了冲击。

第三,美国国际收支持续逆差。第二次世界大战结束时,美国大举向西欧、日本等地输出商品,使美国的国际收支持续出现巨额顺差,其他国家的黄金储备大量流入美国。各国普遍感到"美元荒"(Dollar Shortage)。随着西欧各国经济的增长,出口贸易的扩大,其国际收支由逆差转为顺差,美元和黄金储备增加。美国由于对外扩张和侵略战争,国际收支由顺差转为逆差,美国资金大量外流,形成"美元过剩"(Dollar Gult)。这使美元汇率承受巨大的冲击和压力,不断出现下浮的波动。

8. **失败启示**

黄金作为支付手段由来已久,正因为黄金产量少,且不可复制,所以将其作为支付手段才更为让人放心,而布雷顿森林体系的崩溃则与黄金无关,当时黄金并不与各国货币直接挂钩,问题应该出在作为可以用于兑换黄金的货币上,即美元发行过剩,无法支撑美一金互换,这才导致了体系的混乱和崩溃。

(三)牙买加体系

国际货币基金组织于1972年7月成立一个专门委员会,具体研究国际货币制度的改革问题。委员会于1974年6月提出一份"国际货币体系改革纲要",对黄金、汇率、储备资产、国际收支调节等问题提出了一些原则性的建议,为以后的货币改革奠定了基础。直至1976年1月,国际货币基金组织理事会"国际货币制度临时委员会"在牙买加首都金斯敦举行会议,讨论国际货币基金协定的条款,经过激烈的争论,签订达成了"牙买加协议"。1976年4月,国际货币基金组织理事会通过了《IMF协定第二修正案》,从而形成了新的国际货币体系。而此国际货币体系被人们普遍认为是一种过渡性的不健全的体系,需要进行彻底的改革。

1. **牙买加体系的内容**

(1)实行浮动汇率制度的改革。牙买加协议正式确认了浮动汇率制的合法化,承认固定汇率制与浮动汇率制并存的局面,成员国可自由选择汇率制度。同时国际货币基金组织继续对各国货币汇率政策实行严格监督,并协调成员国的经济政策,促进金融稳定,缩小汇率波动范围。

(2) 推行黄金非货币化。协议做出了逐步使黄金退出国际货币的决定。并规定:废除黄金条款,取消黄金官价,成员国中央银行可按市价自由进行黄金交易;取消成员国相互之间以及成员国与国际货币基金组织之间须用黄金清算债权债务的规定,国际货币基金组织逐步处理其持有的黄金。

(3) 增强特别提款权的作用。主要是提高特别提款权的国际储备地位,扩大其在国际货币基金组织一般业务中的使用范围,并适时修订特别提款权的有关条款。规定参加特别提款权账户的国家可以来偿还国际货币基金组织的贷款,使用特别提款权作为偿还债务的担保,各参加国也可用特别提款权进行借贷。

(4) 增加成员国的基金份额。成员国的基金份额从原来的 292 亿特别提款权增加至 390 亿特别提款权,增幅达 33.6%。

(5) 扩大信贷额度,以增加对发展中国家的融资。

2. 牙买加体系的运行

(1) 储备货币多元化。

与布雷顿森林体系下国际储备结构单一、美元地位十分突出的情形相比,在牙买加体系下,国际储备呈现多元化局面,美元虽然仍是主导的国际货币,但美元的地位明显削弱了,由美元垄断外汇储备的情形不复存在。西德马克(现德国马克)、日元随两国经济的恢复发展脱颖而出,成为重要的国际储备货币。国际储备货币已日趋多元化,欧洲货币单位也被欧元所取代,欧元很可能成为与美元相抗衡的新的国际储备货币。

(2) 汇率安排多样化。

在牙买加体系下,浮动汇率制与固定汇率制并存。一般而言,发达工业国家多数采取单独浮动或联合浮动,但有的也采取钉住自选的货币篮子。对发展中国家而言,多数是钉住某种国际货币或货币篮子,单独浮动的很少。不同汇率制度各有优劣,浮动汇率制度可以为国内经济政策提供更大的活动空间与独立性,而固定汇率制则减少了本国企业可能面临的汇率风险,方便生产与核算。各国可根据自身的经济实力、开放程度、经济结构等一系列相关因素去权衡得失利弊。

(3) 调节国际收支。

调节国际收支主要包括:

第一,运用国内经济政策。国际收支作为一国宏观经济的有机组成部分,必然受到其他因素的影响。一国往往运用国内经济政策,改变国内的需求与供给,从而消除国际收支不平衡。比如在资本项目逆差的情况下,可提高利率,减少货币发行,以此吸引外资流入,弥补缺口。需要注意的是:运用财政或货币政策调节外部均衡时,往往会受到"米德冲突"的限制,在实现国际收支平衡的同时,牺牲了其他的政策目标,如经济增长、财政平衡等,因而内部政策应与汇率政策相协调,才不至于顾此失彼。

第二,运用汇率政策。在浮动汇率制或可调整的钉住汇率制下,汇率是调节国际收支的一个重要工具,其原理是:经常项目赤字本币趋于下跌本币下跌、外贸竞争力增加出口增加、进口减少经济项目赤字减少或消失。相反,在经常项目顺差时,本币币值上升会削弱进出口商品的竞争力,从而减少经常项目的顺差。实际经济运行中,汇率的调节作用受到

"马歇尔—勒纳条件"以及"J曲线效应"的制约,其功能往往令人失望。

第三,国际融资。在布雷顿森林体系下,这一功能主要由国际货币基金组织完成。在牙买加体系下,国际货币基金组织的贷款能力有所提高,更重要的是,伴随石油危机的爆发和欧洲货币市场的迅猛发展,各国逐渐转向欧洲货币市场,利用该市场比较优惠的贷款条件融通资金,调节国际收支中的顺逆差。

第四,加强国际协调。这主要体现为:①以国际货币基金组织为桥梁,各国政府通过磋商,就国际金融问题达成共识与谅解,共同维护国际金融形势的稳定与繁荣。②新兴的七国首脑会议的作用。西方七国通过多次会议,达成共识,多次合力干预国际金融市场,主观上是为了各自的利益,但客观上也促进了国际金融与经济的稳定。

3. 牙买加体系的特征

(1) 黄金非货币化。即黄金与货币彻底脱钩,取消国家之间必须用黄金清偿债权债务的义务,降低黄金的货币作用,使黄金在国际储备中的地位下降,促成多元化国际储备体系的建立。

(2) 多样化的汇率制度安排。国际经济合作的基本目标是维持经济稳定而不是汇率稳定。牙买加体系允许汇率制度安排多样化,并试图在世界范围内逐步用更具弹性的浮动汇率制度取代固定汇率制度。国际货币基金组织把多样化的汇率制度安排分为以下三种:"硬钉住汇率(hard pegs)",如货币局制度、货币联盟制等;"软钉住汇率(soft pegs)",包括传统的固定钉住制、爬行钉住制、带内浮动制和爬行带内浮动制;"浮动汇率群(the floating group)",包括完全浮动汇率制以及各种实施不同程度管制的浮动汇率制。

(3) 以美元为主导的多元化国际储备体系。牙买加体系中,可供一国选择的国际储备不单是美元,还可以是黄金储备,欧元、日元和英镑等国际性货币,国际货币基金组织的储备头寸、特别提款权。尽管如此,美元仍是各国外汇储备的主要组成部分。由此可见,原有货币体系的根本矛盾仍然没有得到根本解决。

(4) 国际收支调节机制多样化。国际货币基金组织允许国际收支不平衡国家可以通过汇率机制、利率机制、资金融通机制等多种国际收支调节手段对国际收支不平衡进行相机抉择。

4. 对牙买加体系的评价

(1) 多元化的储备结构摆脱了布雷顿森林体系下各国货币间的僵硬关系,为国际经济提供了多种清偿货币,在较大程度上解决了储备货币供不应求的矛盾。

(2) 多样化的汇率安排适应了多样化的、不同发展水平的各国经济,为各国维持经济发展与稳定提供了灵活性与独立性,同时有助于保持国内经济政策的连续性与稳定性。

(3) 多种渠道并行,使国际收支的调节更为有效与及时。

5. 牙买加体系的缺陷

(1) 在多元化国际储备格局下,储备货币发行国仍享有"铸币税"等多种好处,同时,在多元化国际储备下,缺乏统一的稳定的货币标准,这本身就可能造成国际金融的不稳定。

(2) 汇率大起大落,变动不定,汇率体系极不稳定。其消极影响之一是增大了外汇风险,从而在一定程度上抑制了国际贸易与国际投资活动,对发展中国家而言,这种负面影响尤为突出。

(3) 国际收支调节机制并不健全,各种现有的渠道都有各自的局限,牙买加体系并没有消除全球性的国际收支失衡问题。如果说在布雷顿森林体系下,国际金融危机是偶然的、局部的,那么在牙买加体系下,国际金融危机就成为经常的、全面的和影响深远的。1973年浮动汇率普遍实行后,西方外汇市场货币汇价的波动、金价的起伏经常发生,小危机不断,大危机时有发生。1978年10月,美元对其他主要西方货币汇价跌至历史最低点,引起整个西方货币金融市场的动荡。这就是著名的1977—1978年西方货币危机。由于金本位与金汇兑本位制的瓦解,信用货币无论在种类上还是金额上都大大增加。信用货币占西方各通货流通量的90%以上,各种形式的支票、支付凭证、信用卡等种类繁多,现金在某些国家的通货中只占百分之几。货币供应量和存放款的增长大大高于工业生产增长速度,而且国民经济的发展对信用的依赖越来越深。总之,现有的国际货币体系被人们普遍认为是一种过渡性的不健全的体系,需要进行彻底的改革。

本章小结

- 国际收支是由一个国家对外经济、政治、文化等各方面往来活动而引起的。生产社会化与国际分工的发展,使各国之间的贸易日益增多,国际交往日益密切,从而在国家间产生了货币债权债务关系,这种关系必须在一定日期内进行清算与结算,从而产生了国家间的货币收支。国家间的货币收支及其他以货币记录的经济交易共同构成了国际收支的主要内容。

- 国际收支的概念是随着国际经济交易的发展变化(仅指一国一定时期的外汇收支)而变化的。资本原始积累时期,主要的国际经济交易是对外贸易,指一国一定时期内全部国际经济交易的货币价值总和,因而早期的国际收支概念是指一国一定时期的对外贸易差额。金本位货币制度崩溃后,演化为狭义的国际收支概念。第二次世界大战后,国际经济交易的内容和范围进一步增加与扩大,就发展为被各国普遍接受的广义的国际收支概念。

- 一国国际收支状况主要取决于经常账户、资本和金融账户;而经常账户的盈亏取决于一国商品在国际市场上的竞争力;金融账户主要决定于金融市场的利率、风险、投资报酬率与其他非经济因素的变动。就动态而言,它反映了一国在一定时期内全部对外往来的货币收付活动;就静态而言,它描述了一国与其他国家之间货币收支的对比结果。研究和探讨国际收支对于制定对外经济政策、提高竞争力、促进收支平衡有着重要的意义。

- 国际收支平衡表是反映一定时期一国同外国的全部经济往来的收支流量表。国际收支平衡表是对一个国家与其他国家进行经济技术交流过程中所发生的贸易、非贸易、资本往来以及储备资产的实际动态所做的系统记录,是国际收支核算的重要工具。通过国际收支平衡表,可综合反映一国的国际收支平衡状况、收支结构及储备资产的增减变动情况,为制定对外经济政策,分析影响国际收支平衡的基本经济因素,采取相应的调控措施提供依据,并为其他核算表中有关国外部分提供基础性资料。

- 国际收支平衡表是各项国际交易的记录,因而从每笔交易和借贷总计来看总是平衡的。但国际交易所引起的国际收支事先无法达到平衡。反映在国际收支平衡表上的交易实际有两种:一种是事先的自主性交易,另一种是事后的调节性交易。贸易项目一般是前一种。在自主性交易中如发生差额而只能动用国际储备或借入短期资本以弥补此差额,则属于事后的调节性交易。自主性交易的国际收支如果能基本相抵,则调节性交易就不必占重要位置。在这个意义上,国际收支就基本上达到平衡;如果情况相反,则国际收支就不平衡。这里说的国际收支平衡不是指平衡表上借贷总计的平衡。国际收支的基本平衡是各国的重要经济目标之一。本国经济中许多因素，诸如生产波动、产业结构变动、金融动荡、物价升降等，都能影响这个目标的顺利实现。国外经济、政治、金融状况的变化也能产生不利影响。为避免和抵消这些影响，需要调整国际收支。这不仅为了使国际收支能保持基本平衡，而且也为本国汇价、物价的稳定以及本国对外支付能力的增强创造条件。在制定适当的政策措施以调整国际收支时，要对国际收支平衡表做全面的分析，并把国际收支与国内经济统一起来考虑。

- 当一个中国居民购买外国的商品、劳务或者金融资产时，必须把人民币兑换成外国货币。这种将本国货币兑换成外国货币，或者将外国货币兑换成本国货币以清偿国际债权债务的活动就被称为国际汇兑，而外汇则是国际汇兑的简称。
- 汇率是一种货币兑换另一种货币的比率，是以一种货币表示另一种货币的价格。由于世界各国（各地区）货币的名称不同，币值不一，所以一种货币对其他国家（或地区）的货币要规定一个兑换率，即汇率。
- 汇率标价方法，确定两种不同货币之间的比价，先要确定用哪个国家的货币作为标准。由于确定的标准不同，于是便产生了几种不同的外汇汇率标价方法。常用的标价方法包括直接标价法、间接标价法、双向标价法、美元标价法。
- 影响汇率变动的因素是多方面的。总的来说，一国经济实力的变化与宏观经济政策的选择，是决定汇率长期发展趋势的根本原因。我们经常可以看到在外汇市场中，市场人士都十分关注各国的各种经济数据，如国民经济总产值、消费者物价指数、利率变化等。在外汇市场中，我们应该清楚地认识和了解各种数据、指标与汇率变动的关系和影响，才能进一步找寻汇率变动的规律，主动地在外汇市场寻找投资投机时机和防范外汇风险。
- 汇率制度又称汇率安排，指各国或国际社会对于确定、维持、调整与管理汇率的原则、方法、方式和机构等所做出的系统规定。
- 国际货币体系是与国际经济水平相适应的。一种好的国际货币体系，其汇率机制应该稳定而灵活，能使一个国家在平衡国际收支时付出最小的代价；其资信也应该是最好的，并且能够提供最合适的国际储备，而不至于引起国际性的通货紧缩和通货膨胀。只有这样，才能够有效地促进国际贸易和国际投资的发展，使世界各国均从国际经贸活动中获得好处。
- 布雷顿森林体系是指第二次世界大战后以美元为中心的国际货币体系协定。布雷顿森林体系是该协定对各国货币的兑换、国际收支的调节、国际储备资产的构成等问题共同做出的安排所确定的规则、采取的措施及相应的组织机构形式的总和。

重要概念

国际收支　国际收支平衡表　外汇　贸易外汇　自由外汇　即期外汇　汇率直接标价法　汇率制度　国际货币体系

讨论分析题

根据我国2005年度的国际收支平衡表，分析与讨论我国国际收支的主要内容和特点。

中国国际收支平衡表（2005年12月）　　单位：千美元

中国国际收支平衡表①

2005年　　　　　　　　　　　　　　　　　　　　　　　　　　　　单位：千美元

项目	行次	差额	贷方	借方
一、经常项目	1	160 818 311	903 581 787	742 763 476
A. 货物和服务	2	124 797 704	836 887 831	712 090 128
a. 货物	3	134 189 095	762 483 733	628 294 638
b. 服务	4	-9 391 392	74 404 098	83 795 490
1. 运输	5	-13 021 024	15 426 523	28 447 547
2. 旅游	6	7 536 930	29 296 000	21 759 070
3. 通信服务	7	-118 173	485 231	603 404
4. 建筑服务	8	973 567	2 592 949	1 619 382
5. 保险服务	9	-6 650 142	549 418	7 199 559
6. 金融服务	10	-14 244	145 231	159 476
7. 计算机和信息服务	11	217 676	1 840 184	1 622 509
8. 专有权利使用费和特许费	12	-5 163 852	157 402	5 321 254
9. 咨询	13	-861 408	5 322 132	6 183 540
10. 广告、宣传	14	360 521	1 075 729	715 208
11. 电影、音像	15	-20 096	133 859	153 954
12. 其他商业服务	16	7 497 029	16 884 780	9 387 752
13. 别处未提及的政府服务	17	-128 175	494 661	622 836
B. 收益	18	10 635 139	38 959 100	28 323 961
1. 职工报酬	19	1 519 648	3 337 062	1 817 414
2. 投资收益	20	9 115 491	35 622 038	26 506 547
C. 经常转移	21	25 385 468	27 734 856	2 349 387
1. 各级政府	22	-176 234	48 848	225 082
2. 其他部门	23	25 561 702	27 686 008	2 124 305
二、资本和金融项目	24	62 963 916	418 956 199	355 992 283
A. 资本项目	25	4 101 792	4 155 147	53 355
B. 金融项目	26	58 862 124	414 801 052	355 938 929
1. 直接投资	27	67 821 043	86 071 263	18 250 220
1.1 我国在外直接投资	28	-11 305 688	564 857	11 870 546
1.2 外国在华直接投资②	29	79 126 731	85 506 406	6 379 674
2. 证券投资	30	-4 932 837	21 997 437	26 930 274
2.1 资产	31	-26 156 889	74 453	26 231 342
2.1.1 股本证券	32	0	0	0
2.1.2 债务证券	33	-26 156 889	74 453	26 231 342
2.1.2.1（中）长期债券	34	-25 482 189	74 453	25 556 642
2.1.2.2 货币市场工具	35	-674 700	0	674 700

续表

项目	行次	差额	贷方	借方
2.2 负债	36	21 224 052	21 922 984	698 932
2.2.1 股本证券	37	20 346 000	20 346 000	0
2.2.2 债务证券	38	878 052	1 576 984	698 932
2.2.2.1（中）长期债券	39	567 318	1 263 324	696 006
2.2.2.2 货币市场工具	40	310 734	313 660	2 926
3. 其他投资	41	-4 026 082	306 732 352	310 758 434
3.1 资产	42	-48 947 355	10 371 244	59 318 599
3.1.1 贸易信贷	43	-22 905 281	0	22 905 281
长期	44	-916 211	0	916 211
短期	45	-21 989 070	0	21 989 070
3.1.2 贷款	46	-12 993 134	833 559	13 826 693
长期	47	-1 505 000	0	1 505 000
短期	48	-11 488 134	833 559	12 321 693
3.1.3 货币和存款	49	-10 317 342	3 921 661	14 239 003
3.1.4 其他资产	50	-2 731 599	5 616 023	8 347 622
长期	51	0	0	0
短期	52	-2 731 599	5 616 023	8 347 622
3.2 负债	53	44 921 273	296 361 109	251 439 836
3.2.1 贸易信贷	54	25 411 524	25 411 524	0
长期	55	1 168 930	1 168 930	0
短期	56	24 242 594	24 242 594	0
3.2.2 贷款	57	2 924 034	228 013 342	225 089 309
长期	58	1 444 382	16 341 770	14 897 388
短期	59	1 479 651	211 671 572	210 191 921
3.2.3 货币和存款	60	13 365 542	38 303 708	24 938 167
3.2.4 其他负债	61	3 220 174	4 632 534	1 412 360
长期	62	461 454	596 062	134 608
短期	63	2 758 720	4 036 472	1 277 752
三、储备资产	64	-207 016 000	1 929 000	208 945 000
3.1 货币黄金	65	0	0	0
3.2 特别提款权	66	-5 000	0	5 000
3.3 在基金组织的储备头寸	67	1 929 000	1 929 000	0
3.4 外汇	68	-208 940 000	0	208 940 000
3.5 其他债权	69	0	0	0
四、净误差与遗漏	70	-16 766 227	0	16 766 227

①表中数字均按四舍五入原则显示。

②2005 年国际收支平衡表中，外国在华直接投资流入（贷方）包括我国非金融部门和金融部门的外国在华直接投资流入。同时，根据国际货币基金组织发布的《国际收支手册》（第五版）的原则，境内外母子公司和关联公司往来及贷款，以及境外机构购买建筑物亦属于直接投资统计范畴，本年也纳入统计。

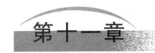

第十一章 财政政策与货币政策

第一节 财政政策

一、财政政策概述

(一) 财政政策的概念

财政政策是经济学词汇。财政政策是指国家根据一定时期政治、经济、社会发展的任务而规定的财政工作的指导原则,通过财政支出与税收政策的变动来影响和调节总需求,进而影响就业和国民收入的政策。财政政策是国家整个经济政策的组成部分。

财政政策是为促进就业水平提高,减轻经济波动,防止通货膨胀,实现经济稳定增长而对政府财政支出、税收和借债水平所进行的选择,或对政府财政收入和支出水平所做的决策。或者说,财政政策是指政府变动税收和支出以便影响总需求进而影响就业和国民收入的政策。变动税收是指改变税率和税率结构。变动政府支出指改变政府对商品与劳务的购买支出以及转移支付。它是国家干预经济的主要政策之一。

财政政策由国家制定,代表统治阶级的意志和利益,具有鲜明的阶级性,并受一定的社会生产力发展水平和相应的经济关系制约。财政政策是国家整个经济政策的组成部分,同其他经济政策有着密切的联系。财政政策的制定和执行,要有金融政策、产业政策、收入分配政策等其他经济政策的协调配合。政府支出有两种形式:其一是政府购买,指的是政府在物品和劳务上的花费——购买坦克、修建道路、支付法官的薪水等;其二是政府转移支付,以提高某些群体(如老人或失业者)的收入。税收是财政政策的另一种形式,它通过两种途径影响整体经济。首先,税收影响人们的收入。其次,税收能影响物品和生产要素,因而也能影响激励机制和行为方式。

(二) 财政政策的调控方式

1. **国家预算**

主要通过预算收支规模及平衡状态的确定、收支结构的安排和调整来实现财政政策目标。

2. **税收**

主要通过税种、税率来确定和保证国家财政收入,调节社会经济的分配关系,以满足国家履行政治经济职能的财力需要,促进经济稳定协调发展和社会的公平分配。

3. 财政投资

通过国家预算拨款和引导预算外资金的流向、流量，以实现巩固和壮大社会主义经济基础、调节产业结构的目的。

4. 财政补贴

财政补贴是国家根据经济发展规律的客观要求和一定时期的政策需要，通过财政转移的形式直接或间接地对农民、企业、职工和城镇居民实行财政补助，以达到经济稳定协调发展和社会安定的目的。

5. 财政信用

财政信用是国家按照有偿原则，筹集和使用财政资金的一种再分配手段，包括在国内发行公债和专项债券，在国外发行政府债券，向外国政府或国际金融组织借款，以及对预算内资金实行周转有偿使用等形式。

6. 财政立法和执法

财政立法和执法是国家通过立法形式对财政政策予以法律认定，并对各种违反财政法规的行为（如违反税法的偷税抗税行为等），诉诸司法机关按照法律条文的规定予以审理和制裁，以保证财政政策目标的实现。

7. 财政监察

财政监察是实现财政政策目标的重要行政手段，即国家通过财政部门对国有企业事业单位、国家机关团体及其工作人员执行财政政策和财政纪律的情况进行检查和监督。

（三）财政调控的目标

（1）实现社会总供给和总需求的总量平衡和结构平衡，促进资源的优化配置和经济结构的合理化，保持经济的适度增长和物价的基本稳定，促进充分就业等。

（2）协调各方面的分配关系，促进收入的公平分配，防止和纠正平均主义和收入差距过分悬殊两种分配不公的现象。

（3）在稳定经济的基础上促进政治稳定和社会稳定。

（四）财政调控的功能

（1）通过调整财政收支及其平衡状况可以直接影响社会总供求及其平衡。

（2）通过调整财政收支还能对企业乃至个人货币收支的增减和流向发挥重要的调控作用。

（3）财政调控渗透市场活动与非市场活动两个领域。

（五）财政政策的分类

1. 根据财政政策具有调节经济周期的作用划分

（1）自动稳定的财政政策。自动稳定的财政政策指某些能够根据经济波动情况自动发生稳定作用的政策，它无须借助外力就可直接产生调控效果。这种自动稳定性主要表现为税收的自动稳定性和政府支出的自动稳定性。

（2）相机抉择的财政政策。相机抉择的财政政策指某些财政政策本身没有自动稳定的作用，需要借助外力才能对经济产生调节作用。这种政策是政府根据当时的经济形势，采用不同的财政措施，以消除通货膨胀缺口或通货紧缩缺口，是政府利用国家财力有意识干预经济运行的行为。

按照财政政策的早期理论，相机抉择财政政策包括汲水政策和补偿政策。

汲水政策是对付经济波动的财政政策，是在经济萧条时靠付出一定数额的公共投资使经济自动恢复其活力的政策。其特点如下：

第一，汲水政策是一种诱导景气复苏的政策，是以经济本身所具有的自发恢复能力为前提的治理萧条政策。

第二，汲水政策的载体是公共投资，以扩大公共投资规模作为启动民间投资活跃的手段。

第三，财政支出规模是有限的，不进行超额的支出，只要使民间投资恢复活力即可。

第四，汲水政策是一种短期的财政政策，随着经济萧条的消失而不复存在。

补偿政策是政府有意识地从当时经济状态的反方向调节景气变动幅度的财政政策，以达到稳定经济波动的目的。

在经济繁荣时期，为了减少通货膨胀因素，政府通过增收减支等政策以抑制和减少民间的过剩需求；而在经济萧条时期，为了减少通货紧缩因素，政府又必须通过减收增支等政策来增加消费和投资需求，谋求整个社会经济有效需求的增加。

补偿政策和汲水政策的区别：

第一，汲水政策只是借助公共投资以补偿民间投资的减退，是医治经济萧条的处方；而补偿政策是一种全面的干预政策，它不但在使经济从萧条走向繁荣中得到应用，而且可用于控制经济过度繁荣。

第二，汲水政策的实现工具只有公共投资，而补偿政策的载体不仅包括公共投资，还有所得税、消费税、转移支付、存在补偿等。

第三，汲水政策的公共投资不能是超额的，而补偿政策的财政收支可以超额增长。

第四，汲水政策的调节对象是民间投资，而补偿政策的调节对象是社会经济的有效需求。

2. 根据财政政策在调节国民经济总量方面的不同功能划分

（1）扩张性财政政策。扩张性财政政策是指通过财政分配活动来增加和刺激社会的总需求，载体主要有减税（降低税率）和增加财政支出规模。

（2）紧缩性财政政策。紧缩性财政政策是指通过财政分配活动来减少和抑制总需求。实现紧缩性财政政策目标的手段主要是增税（提高税率）和减少财政支出。

（3）中性财政政策。中性财政政策是指财政的分配活动对社会总需求的影响保持中性。财政的收支活动既不会产生扩张效应，也不会产生紧缩效应。

在经济政策理论中，一般把通过增加盈余或减少盈余以及增加赤字或减少赤字的形式表现出来的赤字财政政策称为非均衡财政政策；而以收支均衡的形式表现出来的财政政策称为均衡财政政策。均衡财政政策的主要目的在于力求避免预算盈余或预算赤字可能带来的消极后果。均衡财政政策不等于中性财政政策，因为在均衡财政之下，政府支出可以通过支出乘数，按照支出规模的大小，产生使收入上升的效果，也就是所谓的平衡预算的乘数效果。

二、财政政策目标

我国现阶段财政政策的目标包括以下七个方面。

(一) 物价相对稳定

物价相对稳定是世界各国均在追求的重要目标,也是财政政策稳定功能的基本要求。物价相对稳定,并不是冻结物价,而是把物价总水平的波动约束在经济稳定发展可容纳的范围之内。物价相对稳定,可以具体解释为,避免过度的通货膨胀或通货紧缩。在采取财政措施时必须首先弄清导致通货膨胀或通货紧缩的原因,如果是由需求过旺或需求不足造成的,则需要调整投资性支出或通过税收控制工资的增长幅度,如果是由结构性摩擦造成的,则必须从调整经济结构着手。总之,物价不稳定,对于我们这样一个资源相对短缺、社会承受能力较弱的发展中国家来说,始终是经济发展中的一大隐患。因此,在财政政策目标的选择上必须予以充分考虑。

(二) 经济可持续均衡增长

经济增长是一个国家生存和发展的条件。它要求经济的发展保持在一定的速度区间,既不要出现较大的下降、停滞,也不要出现严重的过热。因此,经济增长是实际增量,而不是由于通货膨胀造成的虚假增长;增长的速度可以持续,不是大起大落。经济增长是全社会总量和实际增长和人均数量的实际增长。

衡量经济增长除总量的增长外,还应包括质的提高,比如,技术的进步、资源的合理配置、社会结构合理、生态平衡等。经济增长对质的要求是非常重要的,如果只强调量的增长,将会带来一系列社会问题,如通货膨胀加剧、环境污染严重、生态失衡、能源紧张,等等。这些后果必将导致社会资源的浪费和经济发展的不稳定。因此,健康的经济增长,应该是经济的可持续、均衡增长。财政政策的制定在于如何去引导经济发展实现最佳的经济增长。

(三) 收入合理分配

收入合理分配是指社会成员的收入分配公正、合理,公平与效率相结合,避免过于悬殊。公平分配并不是平均分配,它是在一定社会规范下既有差距又注意均衡协调的分配。我国当前处理分配问题的原则是"效率优先,兼顾公平"。财政在追求公平分配目标时要做到:首先,合理适度地确定纳税人的税收负担;其次,为所有纳税人创建一个公平竞争的税收环境,不因国别、所有制等不同而实施不同的税收政策;最后,要通过对高收入人群实行累进税率的个人所得税、财产税、遗产税等,对低收入层实行最低生活保障、社会保障等财政转移支付,防止和纠正收入水平的过分悬殊。

(四) 资源合理配置

资源合理配置是指对现有的人力、物力、财力等社会资源进行合理分配,使其发挥最有效的作用,获得最大的经济效益和社会效益。在市场经济条件下,资源的配置主要是通过市场机制来进行的,通过价值规律、供求关系以及竞争机制的作用,把有限的资源配置到能够提供最高回报的地方去。但是,市场机制不是万能的,存在着市场失灵的现象。由于许多行业和商品的生产存在自然垄断的特点,因此政府有必要从全社会的整体利益出发,在市场自发作用的基础上对社会资源的配置进行合理的调节。财政作为政府对资源配置进行调节的重要工具,其方式表现为两个方面:一是通过财政收入和支出的分配数量和方向直接影响各产业的发展,如对需要鼓励和发展的产业或事业加大财政投入的力度,或者实行财政补贴,通过财政资金的示范和鼓励引导社会资金的流入;二是通过制定合理的财政税收政策,引导资源在地区之间、行业之间的合理流动,如通过实行低税政策或加速折旧、投资抵免等税收优惠政策,吸引社会资源流入国家鼓励发展的产业。

应当指出的是,财政调节资源合理配置是为了弥补存在的市场失灵,它不能代替市场机制在资源配置方面的基础作用,更不能干扰正常的市场规则和市场运行,以免对市场效率造成伤害。

(五)提高社会生活质量

经济发展的最终目标是满足社会全体成员的需要。需要的满足程度,不仅仅取决于个人消费需求的实现,更重要的是社会共同消费需求的实现。社会共同的消费需求,包含公共安全、环境质量、生态平衡、基础科学研究和教育、文化、卫生等水平的提高。因此,社会共同消费需求的满足程度,即为社会生活质量的水平。财政政策把社会生活质量作为政策目标之一,主要采取定期提高公教人员的工资,增加社会公共设施的投资,提高公共福利的服务水平,对农副产品的生产和流通实施多种补贴等。

(六)充分就业

充分就业预算是指政府按照凯恩斯主义财政思想设计的实现充分就业、缓解经济危机的一种政策措施,事实上是一种预算政策。美国政府于20世纪60年代实行的以实现充分就业为目的的财政政策。这种政策认为联邦预算应发挥刺激经济增长的功能,既不应追求年度平衡,也不应追求周期平衡,而应以实现充分就业为目的。这样的预算在短期内可能有赤字,但随着经济的扩张可以实现平衡。

(七)物价稳定

稳定物价就是要抑制住通货膨胀、避免通货紧缩、维持币值的稳定,因此又常把这一目标称为"稳定币值"。

菲利普斯曲线属于凯恩斯主义宏观经济学派的范畴,20世纪70年代西方国家经济的"滞胀"(低增长率与高通货膨胀并存,经济放缓也不见通货膨胀的降低)就已经向它发出了挑战。经济增长与物价稳定之间并不一定存在菲利普斯曲线所描述的那种鱼与熊掌不可兼得的关系,中国经济这么多年的高增长和低通胀(物价非常稳定)并存的事实就是最好的证明。

知识拓展:积极财政政策对我国经济的影响

1. 实施背景

20世纪90年代中后期,亚洲金融危机的爆发直接导致了国际市场需求萎缩,进而演变为全球经济衰退,造成世界经济普遍性的生产过剩和通货紧缩。亚洲金融危机无疑对我国经济运行产生重大冲击。从当时国内经济情况看,物价水平持续下跌,经济增长迅速回落,国内投资和消费需求出现不足,居民收入增长放慢、失业压力增大;同时,国际市场需求低迷导致了我国出口不振。大大降低了出口对经济增长的推动作用,这些都充分说明我国经济进入了通货紧缩和经济衰退的发展阶段。面对这种从未出现过的极其复杂的经济形势,党中央、国务院审时度势,及时果断地做出了实施以增发国债、扩大内需、加大基础设施投资力度、刺激消费、扩大出口为主要内容的积极的财政政策,主要措施包括:一是发行长期建设国债,带动全社会固定资产投资。二是调整税收政策,刺激需求增长。三是调整收入分配政策,改善居民消费心理预期。四是规范收费制度,减轻社会负担,推动扩大消费。五是支持国民经济战略性调整,促进国有企业改革和产业结构优化。

2. 积极作用

积极财政政策的实施,在促进经济增长、调节供求关系和克服通货滞胀方面取得了明显的成效。

(1) 促进经济平稳发展。大规模的国债投资不仅有效遏制了经济增速下滑的局面,而且抑制了通货紧缩。1998—2004 年,国债建设资金年均拉动经济增长为 1.5%~2%,GDP 年均增长 8.56%,物价水平总体稳定。

(2) 优化经济结构。积极财政政策着眼于短期需求管理和长期供给管理有机的结合,在加强基础设施的同时,通过国债资金的直接投入、税收政策等措施,发展高新技术产业,改造传统产业,支持一些符合产业结构发展方向的重点行业和重点企业的技术改造,推动了经济结构调整和产业结构升级。

(3) 增加就业。国债资金支持的一大批新项目及其配套项目的建设共增加就业岗位 700 万~1 000 万个,对拉动相关产业发展起到了很好的刺激作用。

(4) 促进区域经济均衡发展。通过对中西部地区进行倾斜性财政资金安排,进行了诸如西电东送、青藏铁路、退耕还林还草工程、六小工程等基础设施建设和生态建设,改善了这些地区的投资经营环境,加快了中西部地区的发展步伐,使东西部地区经济社会发展不平衡格局得到一定程度的改善。

总之,作为一项反周期宏观政策,积极财政政策基本上是恰当的,它对中国经济社会相对平衡发展起到了不可低估的作用。

第二节 货币政策

一、货币政策的定义及分类

(一) 货币政策的定义

为了实现经济的宏观调控,政府会采用各种手段调节货币供求,这一系列方针与策略,总称为货币政策,它是国家宏观经济政策的重要组成部分。货币政策,是国民经济发展过程中重要的推动及保障因素之一。货币政策是为实现政府宏观经济管理服务的,其最终目标与宏观经济目标是一致的,都是实现社会总供求的平衡。但货币政策有其自身的特殊性,它是从调节与控制货币供应量的角度来实现宏观经济目标的。

(二) 货币政策的分类

货币政策可分为扩张性或膨胀性货币政策、紧缩性或收缩性货币政策、中性或均衡性货币政策。

1. **扩张性货币政策**

扩张性货币政策是通过增加货币供应量以扩大社会总需求的政策,其实施条件是社会有效需求不足而有效供给过剩。

2. **紧缩性货币政策**

紧缩性货币政策是通过减少流通中的货币量以收缩社会总需求的政策,其实施条件是社会总需求过剩而社会总供给不足。

3. 中性货币政策

中性货币政策是使货币供应量与经济增长大体一致以维持社会总供求均衡格局的政策，其实施条件是社会总供求处于基本平衡的状态。在现代市场经济条件下，一成不变的货币政策绝无可能满足或适应经济的发展。所以在不同的阶段，各国中央银行都会采取灵活多变的货币政策，以满足国民经济发展的需要。

二、货币政策的目标

中央银行只有根据具体的社会经济条件，寻求物价上涨率和失业率之间某一适当的组合点。

在中国，货币政策目标的选择在实际中有两种主张：一种是单一目标，以稳定币值为首要的基本目标；另一种是双重目标，即稳定货币和发展经济兼顾。从各国中央银行货币政策的历史演变中来看，无论是单一目标、双重目标或多重目标，都不能脱离当时的经济社会环境以及当时所面临的最突出的基本矛盾。

三、货币政策手段

货币政策手段是指中央银行为调控中介指标进而实现货币政策目标所采用的政策手段。显然，科学合理的货币政策手段有利于对货币政策的中介目标产生直接影响，进而促进货币政策最终目标的实现。

四、一般货币政策手段

(一) 法定存款准备金率

1. 概念

法定存款准备金率是法律规定的商业银行准备金与商业银行吸收存款的比率。商业银行吸收的存款不能全部放贷出去，必须按照法定比率留存一部分作为随时应付存款人提款的准备金。

2. 作用

法定存款准备金政策通常被认为是货币政策最猛烈的工具之一。因为法定存款准备金率是通过决定或改变货币乘数来影响货币供给，即使法定存款准备金率调整的幅度很小，也会引起货币供应量的巨大波动。尽管商业银行等存款机构由于种种原因持有超额准备金，而法定存款准备金的调整会增减相应的超额准备金，对商业银行创造派生存款的能力有很强的作用力。因此，这个工具的优点主要在于作用力大，主动性强，见效快。

3. 局限性

虽然法定存款准备金率的调整对社会货币供应总量有较大的影响，但很多国家尤其是西方国家的中央银行在实施货币政策时往往把重点放在再贴现率的调整和公开市场业务操作上。因为调整法定存款准备金率虽然能带来在调整货币供应总量政策上事半功倍的效果，但法定存款准备金政策也存在明显的局限性：第一，由于法定存款准备金率调整的效果较强烈，其调整对整个经济和社会心理预期都会产生显著的影响，不宜作为中央银行调控货币供给的日常性工具，这致使它有了固定化的倾向。第二，为了体现中央银行的中立性和公平性，各国的法定存款准备金率对各类存款机构都一样，但调整时对各类存款机构的冲击却不同，因而不易把握货币政策的操作力度与效果。第三，调整法定存款准备金率对商业银行的经营管理干扰较大，增加了银行流动性风险和管理的难度；当对法定存款准备金率不付息时，还会降低银行的盈利，削弱其在金融领域的竞争力。正因为如此，20世纪90年代以后许多国家逐步降低了法定存款准备金率的要求，如欧元区降至2%，有的国家如加拿大、澳大利亚、新西兰则已降为0。

4. 影响

调节法定存款准备金率，同再贴现率都是国家调节货币政策的有效方法。法定存款准备金率下降，银行吸收存款后可以将更多的份额放贷出去，留取较少的准备金，货币供应量因此增大。反之，法定存款准备金率上升，货币供应量减少。

(二) 再贴现政策

1. 概念

再贴现政策是中央银行最早拥有的货币政策工具。现代许多国家的中央银行都把再贴现作为控制信用的一项主要的货币政策工具。再贴现是指商业银行或其他金融机构将贴现所获得的未到期票据，向中央银行转让。对中央银行来说，再贴现是买进商业银行持有的票据，流出现实货币，扩大货币供应量。对商业银行来说，再贴现是出让已贴现的票据，解决一时资金短缺。整个再贴现过程，实际上就是商业银行和中央银行之间票据买卖和资金让渡的过程。

2. 分类

第一类是长期的再贴现政策，这又包括两种：一是"抑制政策"，即中央银行较长期地采取再贴现率高于市场利率的政策，提高再贴现成本，从而抑制资金需求，收缩银根，减少市场的货币供应量；二是"扶持政策"，即中央银行较长期地采取再贴现率低于市场利率的政策，以放宽贴现条件，降低再贴现成本，从而刺激资金需求，放松银根，增加市场的货币供应量。第二类是短期的再贴现政策，即中央银行根据市场的资金供求状况，随时制订高于或低于市场利率的再贴现率，以影响商业银行借入资金的成本和超额准备金，影响市场利率，从而调节市场的资金供求。

3. 内容

(1) 规定再贴现票据的种类。商业银行可以拿客户借款时提供的票据来办理再贴现，或者以中央银行同意接受的其他抵押品为保证而申请贷款。可用作抵押品的通常是政府债券，以及经审查合格的商业票据。中央银行若公开挂牌，规定某些行业的票据可优先办理再贴现，这种情况表明了中央银行的资金意向，旨在扶植某些行业的发展。

(2) 规定再贴现业务的对象。各国中央银行根据本国的不同情况，对此有不同的规定。许多国家允许商业银行和金融机构办理再贴现，但也有一些国家对贴现对象有比较严格的限制。如美国联邦储备系统的再贴现业务只限在会员银行之间进行，英格兰银行的贴现对象只是英国十一家贴现商行持有的一级证券或银行汇票。

(3) 再贴现率的决定。这个问题关系到中央银行的货币政策，所以必须谨慎行事，决定的过程也比较复杂。早期曾出现过各地中央银行自行决定再贴现率的情况，后来随着西方国家中全国性的金融市场的出现和统一的市场利率的形成，各地采取不同的贴现率在实践中已经行不通了。更重要的是，为了贯彻中央银行的货币政策，也要求再贴现率必须统一。因此，现在各国的再贴现率一般由中央银行决策机构统一确定。

中央银行的决策机构必须定期举行会议，研究再贴现率，会议通常分析现阶段的经济与金融形势，讨论再贴现率执行中的问题，最后以投票形式决定再贴现率是否变动和如何变动。

（4）再贴现业务管理。对再贴现业务的管理是再贴现政策的一个重要组成部分。对于商业银行来说，办理再贴现是中央银行给予的一种优待，使商业银行能够应付一时的准备金不足。但商业银行可能滥用贴现之便套利，如用贴现而来的资金从事有价证券、房地产或商品的投机和买卖。中央银行为避免此等事情发生，必须对再贴现业务进行管理，包括审查银行的贴现申请、了解商业银行贷款的用途和性质，等等。

4. 作用

（1）能影响商业银行的资金成本和超额准备，从而影响商业银行的融资决策，使其改变放款和投资活动。

（2）能产生告示效果，通常能表明中央银行的政策意向，从而影响到商业银行及社会公众的预期。

（3）能决定何种票据具有再贴现资格，从而影响商业银行的资金投向。

当然，再贴现政策效果能否很好地发挥，还要看货币市场的弹性。一般来说，有些国家商业银行主要靠中央银行融通资金，再贴现政策在货币市场的弹性较大，效果也就较大；相反，有些国家商业银行靠中央银行融通资金数量较小，再贴现政策在货币市场上的弹性较小，效果也就较小。尽管如此，再贴现率的调整，对货币市场仍有较广泛的影响。

5. 局限性

（1）从控制货币供应量来看，再贴现政策并不是一个理想的控制工具。首先，中央银行处于被动地位。商业银行是否愿意到中央银行申请贴现，或者贴现多少，决定于商业银行，如果商业银行可以通过其他途径筹措资金，而不依赖于再贴现，则中央银行就不能有效地控制货币供应量。其次，增加对中央银行的压力。如商业银行依赖于中央银行再贴现，这就增加了对中央银行的压力，从而削弱控制货币供应量的能力。再次，再贴现率的高低有一定的限度，而在经济繁荣或经济萧条时期，再贴现率无论高低，都无法限制或阻止商业银行向中央银行再贴现或借款，这也使中央银行难以有效地控制货币供应量。

（2）从对利率的影响看，调整再贴现利率，通常不能改变利率的结构，只能影响利率水平。即使影响利率水平，也必须具备两个假定条件：一是中央银行能随时准备按其规定的再贴现率自由地提供贷款，以此来调整对商业银行的放款量；二是商业银行为了尽可能地增加利润，愿意从中央银行借款。当市场利率高于再贴现率，而利差足以弥补承担的风险和放款管理费用时，商业银行就向中央银行借款然后再放出去；当市场利率高于再贴现率的利差，不足以弥补上述费用时，商业银行就从市场上收回放款，并偿还其向中央银行的借款，也只有在这样的条件下，中央银行的再贴现率才能支配市场利率。然而，实际情况往往并非完全如此。

（3）就其弹性而言，再贴现政策是缺乏弹性的，一方面，再贴现率的随时调整，通常会引起市场利率的经常性波动，这会使企业或商业银行无所适从；另一方面，再贴现率不随时调整，又不宜于中央银行灵活地调节市场货币供应量，因此，再贴现政策的弹性是很小的。

上述缺点决定了再贴现政策并不是十分理想的货币政策工具。

(三) 公开市场业务

1. 概念

公开市场业务是指中央银行通过买进或卖出有价证券，吞吐基础货币，调节货币供应量的活动。与一般金融机构所从事的证券买卖不同，中央银行买卖证券的目的不是盈利，而是调节货币供应量。根据经济形势的发展，当中央银行认为需要收缩银根时，便卖出证券，相应地收回一部分基础货币，减少金融机构可用资金的数量；相反，当中央银行认为需要放松银根时，便买入证券，扩大基础货币供应，直接增加金融机构可用资金的数量。

公开市场业务是中央银行根据不同时期货币政策的需要，在金融市场上公开买卖政府债券（如国库券、公债等）以控制货币供应量及利率的活动。它是中央银行，尤其是西方发达国家中央银行控制货币供应量的三大传统工具（法定存款准备金率、再贴现率和公开市场业务）之一。

2. 作用

（1）调节商业银行的准备金，影响其信用扩张的能力和信用紧缩的规模。

（2）通过影响准备金的数量控制利率。

（3）为政府债券买卖提供一个有组织的方便场所。

（4）通过影响利率来控制汇率和国际黄金流动。可见，公开市场业务的操作主要是通过购入或出售证券，放松或收缩银根，而使银行储备直接增加或减少，以实现相应的经济目标。

3. 特点

公开市场业务在三大货币政策工具中是唯一能够直接使银行储备发生变化的主动性工具，具有主动性和灵活性的特征。但也有其局限性，即中央银行只能在储备变化的方向上而不能在数量上准确地实现自己的目的。并且，通过公开市场业务影响银行储备需要时间，它不能立即生效，而要通过银行体系共同的一系列买卖活动才能实现。公开市场业务发挥作用的先决条件是证券市场必须高度发达，并具有相当的深度、广度和弹性等特征。同时，中央银行必须拥有相当的库存证券。

4. 差异

由于证券市场的发达程度不同，公开市场业务的运用在不同国家是有差异的。对市场机制高度发达的美国而言，公开市场业务是联邦储备体系使用最多和最灵活的货币政策工具，但1923年，美国联邦储备委员会只用它调节工商金融，到第二次世界大战后才成为最重要的货币政策工具。美国的公开市场政策由联邦公开市场委员会决定，具体业务则由公开市场专户经理执行。英国是由贴现行调节金融市场所需的资金，只有在贴现市场发生困难时，英格兰银行才参与公开市场国库券的买卖。日本在20世纪70年代后才积极利用公开市场业务来调节金融。意大利主要以存款准备金作为其货币政策手段，而把再贴现和公开市场业务作为辅助手段。在大多数发展中国家，由于证券市场还处于萌芽阶段，或者尚未形成，而无法开展公开市场业务。

5. 发展特征

中国人民银行公开市场业务债券交易有回购、现券交易以及发行中央银行票据三个品种。公开市场业务操作原则上每周进行一次，同时根据商业银行的大额资金要求和实际情况，进行专场交易。近几年其发展具有以下六个特征。

（1）不断扩大交易对象。公开市场业务实行一级交易商制度，中国人民银行选择了一些实力雄厚、管理规范、资产质量较好、资信较高、能承担大额债券交易的商业银行作为公开市场业务一级交易商。目前，公开市场业务一级交易商已由1998年年底的25家增加到49家，这些交易商同时也是全国银行间债券市场的交易主体，国债和政策性金融债券的承销团成员，中国人民银行与其直接交易，有利于传导中央银行的货币政策意图。

（2）逐步丰富交易期限品种。目前有7天、14天、28天、91天、182天和365天6个期限品种，在操作中，根据商业银行流动性变化相机选择，实际操作以7天、14天的居多。

（3）不断拓展交易工具。目前，国债和政策性金融债券都作为公开市场业务的操作工具。

（4）尝试不同的交易方式。公开市场业务自恢复交易以来，采用了价格招标和数量招标等不同招标方式。价格招标以利率或价格为标的，旨在发现银行间市场的实际利率水平、商业银行对利率的预期；数量招标是在事先确定利率或价格的基础上，以数量为标的进行招标，旨在引导债券市场回购利率和拆借市场利率的走势。

（5）在积极开展回购交易的同时，加大现券操作的力度。1999年9月以后，中国人民银行公开市场业务加大了对市场化发行的国债和政策性金融债券的现券买入力度。2000年累计向商业银行融出资金1 032亿元，其中债券回购721亿元，买入现券311亿元，有效地扩大了基础货币供应，增加了中国人民银行的债券资产，改善了债券资产结构。

（6）制定相关的债券交易资金清算制度和操作规程。依托中央国债登记公司的通信网络，中国人民银行开发了公开市场业务招标、投标、中标交易系统，并不断升级，实现了2000年计算机问题平稳过渡，为公开市场业务的开展提供了较好的技术支持。

6. 实施效果

公开市场业务恢复以来，在引导市场利率、满足商业银行的资金需求、配合财政政策的实施、促进银行间债券市场的发展等方面发挥了重要的作用，并取得了较为明显的效果。

（1）满足了商业银行为增加可用资金而融资的需要。中国人民银行通过公开市场业务向商业银行融出资金，适时满足了其资金需求，为商业银行增加贷款创造了良好的宏观环境。

（2）发挥了对市场利率的导向作用。随着市场利率的逐步放开，中央银行对短期利率的引导和调控就显得非常重要。中国人民银行利用公开市场业务灵活的特点，配合利率调整，适时调整公开市场业务债券回购利率，并适当引导银行间拆借利率的变化，取得了明显的效果。

（3）配合积极财政政策的实施，支持国债发行，减弱了财政政策的"挤出效应"。所谓财政政策的"挤出效应"，一般是指政府通过财政支出进行投资对非政府投资产生的抑制或削弱效应。其可分为两种情况：一是在市场经济发达及利率放开的情况下，财政支出进行投资会带来需求增加，利率上升，进而抑制其他投资的增加。二是在市场经济欠发达及利率管制的情况下，投资不受利率约束而受资源约束，在社会资源一定的条件下，以财政支出进行投资动用的社会资源增加，其他投资可利用的社会资源就会相应减少，进而抑制其他投资。中央银行以国债作为公开市场业务的操作对象，会使这种状况发生变化。近几年，中国人民银行与商业银行开展国债回购交易，向商业银行融出资金，为商业银行滚动买卖国债创造了条件。更为重要的是，通过公开市场业务现券交易，在二级市场买进国债，有力地支持了国债发行。这使商业银行在中央银行的融资支持下，不需要通过紧缩对企业的贷款等其他资金运用就能进行国债投资，有利于保证全社会投资的稳定增加。

（4）促进了银行间债券市场的发展。公开市场业务促进了债券一级市场的发展。中国人民银行以国债和政策性金融债券作为公开市场业务操作工具，并开展国债和政策性金融债券的现券交易，提高了债券的流动性，降低了财政部和政策性银行的发债成本，保证了国债和政策性金融债券在全国银行间债券市场发行的成功。公开市场业务还激活了债券二级市场。1998 年，全国银行间债券市场的成交量为 1 051 亿元，其中回购成交 1 021 亿元，现券成交 30 亿元。2000 年，随着公开市场业务的稳步发展，全国银行间债券市场的债券交易日趋活跃，全年成交量达到 16 465 亿元，其中回购成交 15 782 亿元，现券成交 683 亿元。

五、选择性货币政策手段

随着中央银行宏观调控作用重要性的增强，货币政策工具也趋向多样化。除上述调节货币总量的三大工具在操作内容和技术上更加完备之外，中央银行还增加了对某些特殊领域的信用活动加以调节和影响的一系列措施。这些措施一般都是有选择地使用，故称之为选择性货币政策工具，以便与传统的一般性政策工具相区别。选择性货币政策工具主要有以下三类。

（一）证券市场信用控制

证券市场信用控制指中央银行通过规定和调节信用交易、期货交易和期权交易中的最低保证金率，以刺激或抑制证券交易活动的货币政策手段。如规定以信用方式购买证券时按保证金比率支付款项的额度，中央银行可根据金融市场状况调整法定存款准备金比率。

（二）消费者信用控制

消费者信用控制是指中央银行对于消费者信用控制的销售融资予以控制。如在消费需求过旺和通货膨胀时，中央银行可以采取提高首次付款金额、缩短分期付款的期限、限制可用消费信贷购买的消费品种类并严格审查其付款能力等来抑制消费，促进市场供求平衡。

（三）不动产信用控制

不动产信用控制是指中央银行对商业银行办理不动产抵押贷款的管理措施，主要是规定贷款的最高限额、贷款的最长期限以及第一次付现的最低金额等。

六、其他货币政策手段

其他货币政策手段主要有直接信用控制和间接信用指导两大类。

（一）直接信用控制

直接信用控制是指以行政命令或其他方式，从质和量两个方面直接对金融机构尤其是商业银行的信用活动进行控制。其手段包括利率最高限、信用配额、流动性比率和直接干预等。直接信用控制一般根据不同情况有选择地使用，主要手段有以下四类。

1. 规定利率限额

此类政策主要是规定贷款利率下限和存款利率上限。这是最常见的手段之一，其目的是防止金融机构为谋求高利而进行风险存贷或过度竞争。在自由化程度很高的美国，这一手段曾被长期使用。

2. 采用信用配额

此类政策是指中央银行根据市场资金供求状况及客观经济需要，分别对各个商业银行的信用规模或贷款规模加以分配，限制其最高数量。在多数发展中国家，这一手段经常被采用，发达国家也曾采用过此类措施。

3. 规定金融机构流动性比率

这也是限制商业银行等金融机构信用扩张的主要措施，是保证金融机构安全的手段。流动性比率是指流动性资产占总资产的比重，一般来说，流动性比率与收益成反比。为保持中央银行规定的流动性比率，商业银行必须相应采取缩减长期放款、扩大短期放款和增加应付提现的流动性资产等措施。

4. 直接干预

此类政策主要包括中央银行直接对商业银行的信贷业务、放款范围等加以干预。如对业务经营不当的商业银行拒绝提供再贴现或实行高于一般利率的惩罚性利率，对银行吸收存款的范围加以干涉等。

（二）间接信用指导

间接信用指导主要是指中央银行通过道义劝告、窗口指导等办法间接影响商业银行的行为。道义劝告一般包括情况通报、书面文件、指示及与负责人面谈意向等。窗口指导是中央银行在其与商业银行的往来中，对商业银行的季度贷款额度附加规定，否则中央银行便削减甚至停止向商业银行提供再贷款。虽然道义劝告与窗口指导均无法律效力，但中央银行的政策目的与商业银行的经营发展总体上是一致的，且商业银行对中央银行有依赖性，所以在实际中这种做法的作用还是很大的。第二次世界大战后，日本曾把窗口指导作为主要的政策工具来使用。在发达国家，道义劝告的作用也很明显。间接信用指导比较灵活，且在感情上易为商业银行所接受。但其要真正起作用，前提条件是中央银行必须在金融体系中拥有较高的地位、较高的威望和足够的控制信用活动的法律权力及手段。

第三节　财政政策与货币政策的配合

一、财政政策与货币政策的一般作用

货币政策主要包括信贷政策和利率政策。收缩信贷和提高利率是"紧"的货币政策。收缩信贷可直接减少信贷资金量，提高利率可增加贷款使用的成本。因此，"紧"的货币政策能够见到货币供应量，对控制物价有利，能够抑制社会总需求，但对投资和短期内发展有制约作用。放松信贷和减低利率则是"松"的货币政策。放松信贷可直接扩大信贷资金量，降低利率可以减少贷款使用的成本。因此，"松"的货币政策能够增加货币供应量，扩大社会总需求，对投资和短期内发展有利，但容易引起通货膨胀率的上升。

财政政策包括国家税收政策和财政支出政策两个方面。增税和减支是"紧"的财政政策。增税使企业和公众可支配的利润及收入减少，减支可直接减少政府需求。所以，"紧"的财政政策可以减少社会需求总量，但对政府投资不利。减税和增支是"松"的财政政策。减税使企业和公众持有的货币增加，增支可直接扩大政府需求。所以，"松"的财政政策有利于投资，但社会需求总量的扩大容易导致通货膨胀。

二、财政政策和货币政策配合的必要性

为了实现经济宏观调控的目标,仅靠财政政策或仅靠货币政策都是难以奏效的,必须将财政政策与货币政策密切配合。

财政政策是指国家根据一定时期政治、经济、社会发展的任务而规定的财政工作的指导原则,通过财政支出与税收政策的变动来影响和调节总需求进而影响就业和国民收入的政策。财政政策是国家整个经济政策的组成部分。

狭义的货币政策是指中央银行为实现既定的经济目标(稳定物价、促进经济增长、实现充分就业和平衡国际收支)运用各种工具调节货币供给和利率,进而影响宏观经济的方针和措施的总和。

广义的货币政策是指政府、中央银行和其他有关部门所有有关货币方面的规定和采取的影响金融变量的一切措施,包括金融体制改革,也就是规则的改变等。

两者的不同主要在于后者的政策制定者包括政府及其他有关部门,它们往往影响金融体制中的外生变量,改变游戏规则,如硬性限制信贷规模、信贷方向,开放和开发金融市场。前者则是中央银行在稳定的体制中利用贴现率、准备金率、公开市场业务达到改变利率和货币供给量的目标。

(一)财政政策与货币政策的相互关系

宏观调控的主要目标是维持总供给与总需求的平衡,促进经济持续、健康、稳定地增长。财政政策与货币政策作为有效的经济调节手段,对国民经济的调节作用体现为能够影响总供给与总需求的规模和结构,达到总量与结构的平衡。因此,在社会主义市场经济的进程中,我们必须正确认识财政政策与货币政策在宏观调控中的相互关系,充分运用财政政策与货币政策调节总供给与总需求的作用,履行政府宏观调控的职能。

1. 财政政策与货币政策的差异性

(1)含义不同。财政政策指国家通过财政收入和财政支出调节社会总需求和总供给,以实现社会经济目标的具体措施;货币政策也称金融政策,是指一国中央银行为实现一定的宏观经济目标而对货币的供应量和货币流通的组织、管理政策。

(2)功能差异。第一是明显度不同。财政政策具有较高的明显度,而货币政策具有一定的隐蔽性。财政预算一收一支,一目了然,银行信用一存一贷,但存款可以派生货币,因而货币发行的合理界限很难掌握。第二是调控力度不同。财政政策的调节对象是财政收支,具有"刚性"特征,如税收和税率、财政补贴等,都应保持稳定。货币政策的调节对象主要是货币发行量,在操作过程中具有可塑性、灵活性。因此,货币政策较之财政政策的调控力度更大些。第三是着重点不同。财政的政策主要调节总需求与总供给的总量。财政可以通过自己的收支活动,引导货币投向,从而达到优化经济的供求结构、产业结构等目的。货币政策涉及货币运动的所有领域,对经济活动进行全面的调控,是一种总量宏观调控政策。

(3)目标选择差异。调控总需求和调整产业结构是财政政策与货币政策面临的共同的政策目标,但在总量政策方面的目标选择上,财政采取长期适度从紧政策,金融则采取稳健的货币政策。财政与金融在结构政策方面的目标选择也有一定的差异。财政采取压缩一般建设、保证重点建设的政策目标。金融部门则实行择优扶持,这样易导致信贷资金流向一般建设,加剧一般性建设的膨胀。

（4）实施差异。由于财政与货币政策的职能、作用、任务不同，因而各自采取的政策实施起来也不同。财政政策主要实行税制改革、税率调节、调节财政支出与补贴范围等，货币政策主要围绕着利率（包括贴现率）、法定存款准备金与公开市场业务制订相应的措施，如实行储蓄保值贴补、调整法定存款准备金比率、开放国债二级市场等。因此，从财政政策与货币政策的区别分析中可以看到，无论是财政政策，还是货币政策，都具有一定的局限性，如果单独运用其中某一项政策，则很难全面实现宏观调控的目标。这就要求二者互相协调，密切配合，充分发挥它们的综合调控能力。

（5）内容不同。财政政策包括财政收入和财政支出两方面的政策，如税收的变化、发行国库券、国家规定按较高的保护价收购粮食、对公共工程或商品与劳务投资的多少等；货币政策由信贷政策、利率政策和汇率政策三部分构成。

（6）类型不同。根据对经济运行的不同影响，财政政策一般可分为扩张性（积极）财政政策和紧缩性财政政策两种类型。扩张性财政政策即通过增加财政支出减少税收，以刺激总需求增长，减少失业，使经济得以较快发展；紧缩性财政政策则指通过减少财政支出和增加税收来抑制总需求，从而降低通货膨胀率。而我国在2005年实行的稳健的财政政策则不属于以上两种类型，它是既有扩张又有紧缩的松紧适度的财政政策。从总量调节出发，可以把货币政策分为均衡性货币政策、扩张性货币政策和紧缩性货币政策三种类型。均衡性货币政策保持货币供应量与经济发展对货币的需要量的大体平衡，功能是促使和保持总供给与总需求的基本平衡；扩张性货币政策使货币供应量超过流通中对货币的需要量，功能是刺激社会总需求的增长和经济的较快发展，但有可能会形成通货膨胀或使已有的通货膨胀加剧；紧缩性货币政策使货币供应量小于流通中对货币的需要量，功能是抑制社会总需求的增长，但也可能会抑制生产的发展，导致经济停滞。我国近几年来实行的稳健的货币政策并不属于以上类型，而是根据经济形势的变化，在操作层面上或采用扩张的货币政策，或采用紧缩的货币政策。

（7）政策的制定者不同。财政政策是由国家制定的，必须经全国人大或其常委会通过；而货币政策是由中国人民银行直接制定的。

2. 财政政策与货币政策的一致性

（1）二者都是国家的经济政策，都是国家宏观调控的重要的经济手段。

（2）在一般条件下，财政政策与货币政策是相互配合起作用的。由于财政政策与货币政策对经济生活的作用各有其特点，在货币政策收效不明显的经济严重萧条的局面下，财政政策则显得比较有力。例如，实行积极的财政政策、增发国债、增加财政支出、扩大财政赤字、支持大规模的公共工程建设，等等，本身可以吸收一部分失业人员，又可以带动相关部门的发展；在抑制经济过热方面则相反，因为税法的改变需要时间，如果采取增加税收等财政政策，就会使财政政策不可能具备货币政策所具有的灵活性和及时性。

货币政策仍在相当程度上服从于财政政策，货币政策的制定与实施过程中的独立性原则难以保证。一是货币政策的制定被动地服从于中央和地方的经济发展目标和财政收支目标。我国目前的经济增长方式正从粗放型转变为集约型，宏观调控仍带浓厚的行政色彩，因此货币政策不能够有效地逆经济风向行事，被动地适应经济增长和财政政策，只能对经济的周期性波动起作用。二是中央银行缺乏相对于财政部门的独立性。财政部门常常通过间接方式迫使金融部门增加货币供应量，直接或间接地增加了央行的货币投放量。同时，财政信用的发展，分散了国家财力，削弱了央行的资金实力，直接导致央行宏观调控能力的下降。三是金融部门缺乏相对于地方政府的独立性，如在人事安排、管理权限等方面常受地方政府的领导和干预。

三、财政政策与货币政策的配合模式

所谓财政政策和货币政策的配合，是指政府将财政政策和货币政策按某种形式搭配组合起来，以调节总需求，最终实现宏观经济的内外平衡。财政政策与货币政策的配合使用，一般有四种模式。

（一）扩张性的财政政策和扩张性的货币政策，即"双松"政策

松的财政政策和松的货币政策能更有力地刺激经济。一方面通过减少税收或扩大支出规模等松的财政政策来增加社会总需求，增加国民收入，但也会引起利率水平提高。另一方面通过降低法定存款准备金率、降低再贴现率、买进政府债券等松的货币政策增加商业银行的储备金，扩大信贷规模，增加货币供给，抑制利率的上升，以消除或减少松的财政政策的挤出效应，使总需求增加，其结果是可在利率不变的条件下，刺激经济，并通过投资乘数的作用使国民收入和就业机会增加。这样可以消除经济衰退和失业，比单独运用财政政策或货币政策更有缓和衰退、刺激经济的作用。扩张性的财政政策和扩张性的货币政策搭配所适用的经济初始状态是：①存在比较高的失业率。②大部分企业开工不足，设备闲置。③大量资源有待开发。④市场疲软，没有通胀现象。⑤国际收支盈余过多。在此状态下，这种搭配模式一方面会刺激对进口产品的需求，减少国际收支盈余；另一方面对推动生产和降低失业率有促进作用。这种模式能够在短时间内提高社会总需求，见效迅速，但运用时应谨慎，如果掌握的尺度不好，就会有通货膨胀的危险。

（二）紧缩性的财政政策和紧缩性的货币政策，即"双紧"政策

当经济过度繁荣，通货膨胀严重时，可以把紧的财政政策和紧的货币政策配合使用。这就是说，通过增加税收和减少政府支出规模等紧的财政政策压缩总需求，从需求方面抑制通货膨胀。而利用提高法定存款准备金率等紧的货币政策减少商业银行的准备金，会使利率提高，投资下降，货币供给量减少，有利于抑制通货膨胀，同时，由于紧的财政政策在抑制总需求的同时会使利率下降，而通过紧的货币政策使利率上升，从而不使利率的下降起到刺激总需求的作用。其结果可在利率不变的情况下，抑制经济过度繁荣，使总需求和总产出下降。实施紧缩性的财政政策和紧缩性的货币政策搭配的初始状态是：①经济处于高通货膨胀。②不存在高失业率。③国际收支出现巨额赤字。削减总需求一方面有利于抑制通货膨胀，保证货币和物价的稳定；另一方面有助于改善国际收支状况，减少国际收支赤字。但是，这一模式运用不当往往会造成经济停滞的后果。

（三）扩张性的财政政策和紧缩性的货币政策

这种政策组合的结果是利率上升，总产出的变化不确定。具体来说，这种模式在刺激总需求的同时又能抑制通货膨胀，松的财政政策通过减税、增加支出，有助于克服总需求不足和经济萧条，而紧的货币政策会减少货币供给量，进而抑制由松的财政政策引起的通货膨胀的压力。实施扩张性的财政政策和紧缩性的货币政策搭配适宜的条件是：①经济停滞不前，甚至衰退。②社会总需求不足。③物价稳定，没有通货膨胀迹象。④失业率高。⑤国际收支赤字。在这种条件下，用松的财政政策来拉动内需，对付经济衰退，用紧的货币政策来减少

国际收支赤字,调节国际收支平衡,从而有助于促进宏观经济的内外均衡。

(四) 紧缩性的财政政策和扩张性的货币政策

同扩张性的财政政策和紧缩性的货币政策相反,这种政策组合的结果是利率下降,总产出的变化不确定,一方面,通过增加税收,控制支出规模,压缩社会总需求,抑制通货膨胀;另一方面,采取松的货币政策增加货币供应,以保持经济适度增长。实施紧缩性的财政政策和扩张性的货币政策搭配的适宜条件是:①经济过热。②物价上涨,通货膨胀。③社会失业率低。④国际收支出现过多顺差。在此状态下,采取紧缩性的财政政策和扩张性的货币政策的配合是适宜的,前者可以用来对付通货膨胀,后者可用来减少过多的国际收支盈余(通过刺激进口和以低利率刺激资本流出),从而有助于促进宏观经济的内外均衡。

其应用背景是:通货膨胀与经济停滞并存,产业结构和产品结构失衡。治理"滞胀"、刺激经济增长成为首要目标。政策组合是:在实施紧的货币政策的同时实施减税和增加财政支出,利用财政杠杆调节产业结构和产品结构,促进经济增长,缓解滞胀。

一般来说,"一松一紧"主要是解决结构问题,"双松"或"双紧"主要为解决总量问题。在总量平衡的情况下,调整经济结构和政府与公众间的投资比例,一般采取货币政策和财政政策"一松一紧"的办法。在总量失衡的情况下,微量调整,一般单独使用财政政策或货币政策。根据西方国家的经验,货币政策在短期内见效快,但长期调整还要靠财政政策。在总量失衡较为严重的情况下,政府要达到"扩张"或"紧缩"的目的,一般同时使用财政政策和货币政策两种手段,即"双松"或"双紧"。在总量失衡和结构失调并存的情况下,政府一般采用先调总量、后调结构的办法,即在放松或紧缩总量的前提下调整结构,使经济在稳定中恢复均衡。

货币政策错位调控经济。从理论上讲,货币政策是总量政策,它主要是在总量上调节总供给与总需求的平衡。而财政政策是结构性政策,它主要是对需求结构和供给结构进行调节。当前我国财政政策与货币政策没有明显侧重点,突出表现为货币政策的经济总量调节作用受到财政干预而被削弱后,大量进行结构调节,货币政策的作用被无限度扩大,而财政政策的调节作用却非常小,甚至起不到结构调节的作用。出现这样的局面主要是因为:①改革开放以来,金融在国民经济中的地位得到重新确立,金融机构不断发展,金融承担了80%以上的资金聚集和供给任务,金融作用日趋明显。②国家财政下降,近年来财政收入占GDP的比重不断下降。财政收入过分依赖国有经济,税源狭窄,征管效果差,影响了财政收入的增长,使财政收入的调节作用受到限制。③财政支出结构不合理,国家政府职能部门机构庞大、人员过多,使行政和事业费用支出增长过快,而财政的投资不足,影响了通过财政支出对经济结构进行调节的能力。

财政与货币政策作为需求管理的一种手段,在现阶段的主要任务就是要适度扩大、引导和刺激国内的有效需求。其一,作为财政政策方面要充分发挥财政杠杆在扩大有效内需中的引导与刺激作用。运用财政转移性支付手段,如扩大财政补贴、增加社会福利等政策,提高转移支付水平,稳定社会经济,防止消费需求过度下降。同时,有选择地运用税率、税制等政策工具调节,如提高部分产品的出口退税率、再投资退税或所得税返还等措施,确保激活投资需求。此外,政府的财政投资行为也需按国家的产业政策进行,重点扶持农业和农村经济,开发和扩大农村内需;加强基础产业建设;支持中西部地区的经济与资源开发等。其二，在货币政策方面，可以尝试进一步降低央行法定存款准备金比率和央行的贷款利率，调动商业银行的投资贷款积极性，并通过货币创造乘数，增加货币供给量。同时可以降低贴现率，鼓励商业银行进行票据贴现业务，扩大再贴现规模，择优发放贷款，刺激投资。公开市场业务操作也是货币政策的一种切实可行的措施。当然，货币政策的制定和实施也需考虑到国家的有关产业政策和结构调整。

究竟采取什么样的货币政策和财政政策相配合，必须从实际情况出发。采用哪种组合方式，取决于对国民经济运行状况的透彻分析和对宏观经济形势的正确判断。实事求是、切合国情是十分重要的。

四、灵活运用财政政策与货币政策

在社会主义市场经济中，财政政策与货币政策是政府进行宏观调控的重要手段。由于两者根本利益的一致性和同一的总体目标，使财政政策与货币政策的实施具有良好的前提，也为两者的协调配合奠定了坚固的基础。当然两大政策各有特殊的地位，各有自身作用的范围。因此，既不能简单地等同或混同，也不能各行其是，而应该以科学发展观来合理定位，灵活地互相协调，密切地配合。财政政策是指根据稳定经济的需要，通过财政支出与税收政策来调节总需求。增加政府支出，可以刺激总需求，从而增加国民收入，反之则压抑总需求，减少国民收入。

（一）财政向银行发放国债规模的大小是调整货币供应的重要渠道

在当今社会，一国货币总量指的是以货币单位表示的社会货币购买力总额，主要包括现金（或现钞）和银行存款（"存款货币"），其中，银行存款所占的比重越来越大，而现金所占比重则很小。因此，所谓货币投放，绝不仅指现钞的投放，而更多的是指存款货币的投放。目前一国货币投放的渠道主要有：①中央银行购入发钞储备黄金（或其他储备物资）。②央行购买储备外汇。③央行购买国债或给予政府（财政）透支。④央行向各类贷款银行发放贷款，或者买入贷款银行持有的国债、央行票据、金融债券等，并通过贷款银行向社会发放贷款。⑤贷款银行吸收存款后，除交存央行一定比例的存款保证金或保持一定的备付金存款外，向社会发放贷款，并形成贷款投放的乘数效应。⑥央行外的各类银行购买国债、企业债券以及外汇等。另外，从整个国家货币购买力总额看，境外资金流入和本国货币流出境内也会影响社会货币总量（这要进行净流入或净流出量的具体分析）。

我国目前货币投放最具有调节余地的渠道，一是银行贷款，这也是货币投放最主要的一条渠道；二是各类银行购买国债并通过财政开支向社会投放货币。其他渠道投放货币的伸缩余地都是有限的。这里，财政增加向银行发放国债，就意味着银行增加货币投放（因而也会形成财政投放的乘数效应）；财政兑付向银行发放的国债，就意味着银行减少货币投放（增加货币回笼）。也就是说，财政收支不仅体现为社会货币的收付，也体现为社会货币的再分配，而且财政向银行发放国债规模的大小就是调整货币供应总量的重要渠道。这也是财政政策与货币政策紧密相关的重要表现。

（二）运用两种渠道，有效调节货币供应总量特别是"流通货币量"

一般来讲，社会货币总量就是以货币表示的社会购买力总额，即社会总需求，但从某一时间段看，社会货币总额中总会有一部分脱离社会生产流通领域而沉淀下来，并不形成当期实际的购买力。因此，社会货币总量又可以划分为"流通货币量"和"沉淀货币量"两部分。真正影响一定时期社会有效需求的，不完全是社会货币总量，而主要是流通货币量。当然，流通货币量的变动与货币总量的变动是有密切关系的。

从货币政策和财政政策对社会货币总量，特别是流通货币量的调节作用看，二者又有明显的差别，是不能相互代替的。

从货币政策调控的基本对象——银行贷款投放货币的情况看，贷款投放形成的资金属于债务资金，一般有规定的贷款期限，到期要还本付息，贷款利息就是贷款资金的价格或成本。因此，贷款投放更像是资金的买卖行为，能否投放出去，以及实际投放多少，取决于买卖双方的意愿和银行信贷资金的规模，而并不是无条件的。其中，银行可以通过降低贷款利率和贷款条件来增加贷款需求，但降低利率对贷款需求的刺激作用是有限的，特别是在一个缺乏充分成本效益意识和约束的社会更是如此；而不计成本、不顾风险地滥放贷款也是不符合银行经营原则和监管要求的，是要严格控制的。银行贷款的增长从根本上讲，决定于借款人对未来收入或投资回报的预期和信心。在面临贷款有效需求不足、存在通货紧缩压力的情况下，通过扩张性货币政策来刺激货币需求的作用往往是非常有限的。但是，在社会贷款需求旺盛、流通货币量增大、面临通货膨胀压力的情况下，银行作为货币供应者，在控制货币投放方面的作用却会远远大于其在扩大货币投放方面的作用。另外，银行通过提高或降低存款利率，可以在一定程度上调节社会存款意向，从而在一定程度上调整沉淀货币量和流通货币量的比例，但社会存款意向同样受多种因素影响，特别是还受到未来收支预期变动的影响，单纯的利率调整对存款的调节作用也是有限的。

从财政政策对货币总量和流通货币量的影响来看，在社会存款意愿强烈、投资和消费需求不足的情况下，通过发行国债吸收一部分社会沉淀货币（包括银行沉淀资金），并通过财政开支投放出去，可以直接而有效地调节当期沉淀货币量与流通货币量的比例，并通过改善投资环境带动民间投资，改善社会收支预期，增强人们对未来经济增长的信心，从而刺激社会投资和消费需求的增长。但发行国债是国家对社会的负债，是要归还的，因此，必须保证国债投资的质量和效益，并要避免因增加财政投资而产生对民间投资的"挤出效应"。国债发放的总量必须控制在财政可以承受的范围以内，避免造成严重的财政危机。同时，还必须看到，财政投资是一种权益性投资，它代表着对被投资企业或项目的所有权，因而享有对被投资企业和项目的管理、分红和处置的权力，但却没有要求其归还投资的权力。这就意味着财政扩大投资后，一旦面临通货膨胀的压力，需要控制货币投放时，要收回投资是相当困难的，对一些投资期限较长的项目，如果匆忙停止后续投资，则可能造成重大损失。

货币政策与财政政策不但在不同情况下对调节货币总量，特别是流通货币量的影响不同，而且银行贷款与财政投资的性质也是完全不同的。要正确认识和准确把握二者的本质特征和根本区别，充分发挥其应有的职能作用，而不能将二者混为一谈。我国曾实行过"拨改贷"，将国家对国有企业的拨款（投资）改为统一由银行贷款解决，这尽管为解决一定时期的特殊问题发挥过积极作用，但却带来了新的影响深远的问题：企业资本金严重缺乏，财务负担沉重；将由财政解决的拨款改为银行贷款解决，使银行失去了贷款控制的标准和自主性，银行成为财政部和发改委的出纳；银行贷款代替拨款，使企业获得贷款不还的理由（投资是不存在归还问题的），因而造成国有银行严重的贷款不还的企业诚信问题。这些都是值得我们认真吸取教训的。

要进一步建立和完善财政政策与货币政策的协调机制。建立这种协调机制，关键在于改善和理顺财政、银行等经济综合部门之间的关系。因为这两项政策的宏观调控力度应协调同步，才能在实现宏观调控的前提下，避免某一项政策的力度超出其自身承受能力而走向另一极端，出现政策偏差错位，同时对另一项政策产生消极影响，造成一定的压力。同时，还要减少地方政府对银行信贷活动的不合理干预。财政部门归各级政府领导，财政收支计划由各级政府进行安排。金融部门则实行垂直领导，货币发行量由央行确定，信贷计划通过各金融机构的信贷计划层层控制。但现实的利益冲突导致政策实施过程中政府对银行的不合理干预。地方政府从部门利益出发往往会不自觉地将银行信贷活动纳入地方政府管辖范围。因此，必须改变将信贷活动作为地方政府管辖对象的做法，减少地方政府对银行的不合理干预。

财政政策与货币政策的协调结合点应当一方牵连着财政收支的结构管理，另一方关系到货币供应量的适度调控，有互补互利的因素。在传统的计划经济时期，财政向央行透支是财政政策与货币政策的结合点，此时以财政政策为主动性手段，以货币政策为辅助性手段。而在市场经济体制下，经济转轨时期的财政体制和金融体制处在变革之中，结合点也随之变动。在目前的情况下，财政政策与货币政策的最佳结合点是国债的发行和运作，从而把财政政策和货币政策作用有机结合，使二者相辅相成、相得益彰。从国债的规模来看两种政策的协调，一方面，通过发行国债，有利于财政集中资金，改变财政收支状况，调整产业结构，增加基础设施项目投资，扩大有效内需；另一方面，国债作为货币政策操作公开市场业务的对象，其规模大小是央行调节货币供给量的前提条件。

应该强调，财政政策是国家意图的体现，尽管政策制定的内部时滞可能比较长，但一经确定，其实施带有强制性，外部时滞却非常短。而货币政策则主要依靠调整存贷款利率、存款准备金率、票据再贴现利率和再贷款利率等，间接地调整民间存贷款意向和银行贷款意向等，经过多道环节的传导才能产生效果，因此，其外部时滞是比较长的。为推动市场机制不断健全，国家对社会资金供求的调节应尽可能避免行政干预，而应主要运用经济手段加以引导，在这种情况下，当货币政策效果不明显时，财政政策就应该发挥其应有的带动作用。同时，保持一定规模的国债，不但是财政政策调控的重要手段，而且可以为中央银行发展债券市场、开展货币公开市场操作提供必要条件，增强货币政策传导机制的有效性。可见，货币政策与财政政策必须密切配合、互相支持，而不能相互代替、互相推脱。

（三）对货币总量和流通货币量调控的把握标准

货币总量或社会总需求的调节是非常复杂的事情，要准确把握调节的方向和尺度是很难的，但又是必须加以明确的关键问题。

我们知道，调节货币总量和流通货币量的目的主要是保持国民经济适度稳定增长，保持物价的相对稳定，从而保证最大限度的劳动就业、社会稳定和对外贸易的发展等。据此我们可以肯定，货币总量和流通货币量增长率的确定主要取决于国民经济（一般以国内生产总值表示）的增长目标和居民消费物价总指数的变动目标。保持多高的经济增长速度或浮动范围，消费物价总指数的波动控制在多大的范围之内，需要作为重要的国民经济计划指标予以研究并报全国人大核定。这两大指标确定后，即可据以确定货币供应量的控制目标。

由于货币投放或回笼对 GDP 的影响具有滞后性，所以货币量目标增长率还受货币供应量增长率与 GDP 增长率相关函数（简称"关系函数"）的影响。这一关系函数的准确确定，对准确把握货币供应量控制目标至关重要。为保持货币政策的连续性，避免货币流通量的大起大落,"关系函数"可按照前三年(或适当时段)货币总量(近似地以 M2 表示)和流通货币量(近似地以 M1 表示)的增长率与同期 GDP 增长率比值的平均数来分别确定 M2 和 M1 的关系函数。在此基础上,再将目标实施过程中发现的重大事项可能造成的影响程度作为"调整项"考虑进去,即可确定 M2 和 M1 的目标增长率。计算公式为:M2 目标增长率 = GDP 目标增长率 × M2 关系函数 ± 物价目标变动率 ± 调整项 M1 目标增长率 = GDP 目标增长率 × M1 关系函数 ± 物价目标变动率 ± 调整项。在实际执行过程中,如果 M2 和 M1 实际增长率与目标增长率发生较大偏差(如相差 3 个百分点以上),GDP 或物价总指数的实际变动率与目标发生较大偏离(如低于最低目标值或高于最高目标值 0.5% 以上),就应该适当进行反向调整。这样,货币增长的调节方向和目标就比较明确了。

确定了货币增长的调节方向和目标后,就要相应调整和协调财政政策和货币政策,确保货币增长调控目标的实现。

总之,财政政策和货币政策作为国家宏观经济调控的两大基本政策手段,既有不同的调节重点和手段,有着不同的调节影响和作用范围,又紧密联系、相互影响,必须正确认识和准确处理二者的关系,才能充分发挥二者应有的积极作用。

经济增长是财政政策与货币政策合理搭配、协调使用的主要任务,也是宏观调控中财政政策与货币政策相互关系的内在要求。只有正确处理好这种相互关系,才能充分发挥两种手段的积极作用;也只有这样,才能稳定我国宏观经济,实现扩大内需,促进国民经济的可持续发展,最终实现我国跨世纪的经济发展目标。

本章小结

- 财政政策是经济学词汇。财政政策是指国家根据一定时期政治、经济、社会发展的任务而规定的财政工作的指导原则,通过财政支出与税收政策的变动来影响和调节总需求,进而影响就业和国民收入的政策。财政政策是国家整个经济政策的组成部分。

- 财政政策是为促进就业水平提高,减轻经济波动,防止通货膨胀,实现经济稳定增长而对政府财政支出、税收和借债水平所进行的选择,或对政府财政收入和支出水平所做的决策。或者说,财政政策是指政府变动税收和支出以便影响总需求进而影响就业和国民收入的政策。变动税收是指改变税率和税率结构。变动政府支出指改变政府对商品与劳务的购买支出以及转移支付。它是国家干预经济的主要政策之一。

- 扩张性财政政策,又称"松的财政政策",是指通过财政分配活动来增加和刺激社会总需求,在总需求不足时,通过扩张性财政政策使总需求与总供给的差额缩小或平衡。扩张性财政政策的主要手段有减税和增加财政支出规模。

- 紧缩性财政政策,又称"紧的财政政策",是指通过财政分配活动来减少和抑制总需求。

- 中性财政政策是指财政的分配活动对社会总需求的影响保持中性,财政的收支活动既不会产生扩张效应,也不会产生紧缩效应。

- 为了实现经济的宏观调控,政府会采用各种手段调节货币供求,这一系列方针与策略,总称为货币政策,它是国家宏观经济政策的重要组成部分。货币政策,是国民经济发展过程中重要的推动及保障因素之一。货币政策是为实现政府宏观经济管理服务的,其最终目标与宏观经济目标是一致的,都是实现社会总供求的平衡。但货币政策有其自身的特殊性,它是从调节与控制货币供应量的角度来实现宏观经济目标的。

- 扩张性货币政策是通过增加货币供应量以扩大社会总需求的政策，其实施条件是社会有效需求不足而有效供给过剩。
- 紧缩性货币政策是通过减少流通中的货币量以收缩社会总需求的政策，其实施条件是社会总需求过剩而社会总供给不足。
- 中性货币政策是使货币供应量与经济增长大体一致以维持社会总供求均衡格局的政策，其实施条件是社会总供求处于基本平衡的状态。在现代市场经济条件下，一成不变的货币政策绝无可能满足或适应经济的发展。所以在不同的阶段，各国中央银行都会采取灵活多变的货币政策，以满足国民经济发展的需要。
- 货币政策主要包括信贷政策和利率政策。收缩信贷和提高利率是"紧"的货币政策。收缩信贷可直接减少信贷资金量，提高利率可增加贷款使用的成本。因此，"紧"的货币政策能够见到货币供应量，对控制物价有利，能够抑制社会总需求，但对投资和短期内发展有制约作用。放松信贷和减低利率则是"松"的货币政策。放松信贷可直接扩大信贷资金量，降低利率可以减少贷款使用的成本。因此，"松"的货币政策能够增加货币供应量，扩大社会总需求，对投资和短期内发展有利，但容易引起通货膨胀率的上升。
- 财政政策包括国家税收政策和财政支出政策两个方面。增税和减支是"紧"的财政政策。增税使企业和公众可支配的利润及收入减少，减支可直接减少政府需求。所以，"紧"的财政政策可以减少社会需求总量，但对政府投资不利。减税和增支是"松"的财政政策。减税使企业和公众持有的货币增加，增支可直接扩大政府需求。所以，"松"的财政政策有利于投资，但社会需求总量的扩大容易导致通货膨胀。
- 宏观调控的主要目标是维持总供给与总需求的平衡，促进经济持续、健康、稳定地增长。财政政策与货币政策作为有效的经济调节手段，对国民经济的调节作用体现为能够影响总供给与总需求的规模和结构，达到总量与结构的平衡。因此，在社会主义市场经济的进程中，我们必须正确认识财政政策与货币政策在宏观调控中的相互关系，充分运用财政政策与货币政策调节总供给与总需求的作用，履行政府宏观调控的职能。

重要概念

财政政策　扩张性财政政策　紧缩性财政政策　中性财政政策　财政政策目标　财政政策手段　货币政策　存款准备金率　公开市场业务

讨论分析题

根据有关资料，分析与讨论我国近年来的财政政策和货币政策的主要特点及其今后的主要走向。